Raumordnungspolitik in Deutschland

Die Deutsche Bibliothek - CIP-Einheitsaufnahme

Raumordnungspolitik in Deutschland / Akademie für Raumforschung und Landesplanung . - Hannover: ARL, 1994
 (Forschungs- und Sitzungsberichte / Akademie für Raumforschung und Landesplanung; 197: Wissenschaftliche Plenarsitzung; 1993)
 ISBN 3-88838-026-x
NE: Akademie für Raumforschung und Landesplanung <Hannover>:
 Forschungs- und Sitzungsberichte

FORSCHUNGS- UND
SITZUNGSBERICHTE

Raumordnungspolitik
in Deutschland

Wissenschaftliche Plenarsitzung 1993

Best.-Nr. 026
ISBN 3-88838-026-x
ISSN 0935-0780

Alle Rechte vorbehalten • Verlag der ARL • Hannover 1994
© Akademie für Raumforschung und Landesplanung
Druck: poppdruck, 30851 Langenhagen
Auslieferung
VSB-Verlagsservice Braunschweig
Postfach 47 38
38037 Braunschweig
Tel. 0531/70 86 45-648
Telex 952841 wbuch d; Fax 0531/70 86 19

Inhaltsverzeichnis

Gottfried Schmitz	Begrüßung und Einführung	1
Irmgard Schwaetzer	Aufgaben der Raumordnung für Deutschland	5
Antoni Kukliński	Pan-Europäische Raumentwicklungspolitik PEREP - Eine Herausforderung für das XXI. Jahrhundert	12

ARBEITSGRUPPE „GLEICHWERTIGE LEBENSBEDINGUNGEN UND DAUERHAFTE, UMWELTGERECHTE RAUMENTWICKLUNG"

Hans-Jürgen von der Heide	Gleichwertigkeit der Lebensverhältnisse	25
Gerd Tönnies	Thesen zur Gleichwertigkeit der Lebensbedingungen im vereinigten Deutschland	31
Gisa Rothe	Gleichwertige Lebensbedingungen unter besonderer Berücksichtigung der Verhältnisse in den neuen Bundesländern	35
Lothar Finke	Thesen aus ökologischer Sicht zum Themenbereich „dauerhafte, umweltgerechte Raumentwicklung" (sustainable development)	48
Hellmuth Bergmann Detlef Marx	Gleichwertige Lebensverhältnisse und dauerhafte, umweltgerechte Raumentwicklung. Fragen, die Gegenstand der Diskussion über „dauerhafte, umweltgerechte Raumentwicklung" sein könnten	57
Konrad Scherf	Gleichwertige Lebensbedingungen und dauerhafte, umweltgerechte Raumentwicklung	64
Gerd Turowski	Bericht über die Diskussion zur Gleichwertigkeit der Lebensbedingungen	67
Hellmuth Bergmann	Bericht über die Diskussion zur dauerhaften, umweltgerechten Raumentwicklung	68

Inhalt

ARBEITSGRUPPE „FINANZSYSTEM UND FÖDERALE STRUKTUR"

Eberhard Thiel	Finanzsystem und föderale Struktur	71
Arthur Benz	Föderalismus und europäische Integration	73
Konrad Lammers	Die Bewältigung der finanziellen Folgen der deutschen Einigung - Bund und Länder gefangen im Gestrüpp der Finanzverfassung	76
Ulrike Hardt	Finanzströme zwischen West- und Ostdeutschland - Aktuelle und zukünftige Belastungen für Bund und Länder	79
Marlies Hummel	Kritische Betrachtung der Neuregelung des Länderfinanzausgleichs	87
Rolf-Dieter Postlep	Einige Thesen zur schleichenden Aushöhlung der Stellung der kommunalen Ebene im föderativen Staatsaufbau der Bundesrepublik Deutschland	90
Martin Junkernheinrich	Gemeindefinanzierung in Ostdeutschland Hohe Aufgabenintensität bei geringer Einnahmeautonomie	93
Hans Pohle Eberhard Thiel	Zusammenfassende Thesen	96
Hans Pohle	Diskussionsbericht	97

ARBEITSGRUPPE „REGIONALISIERUNG"

Ernst-Hasso Ritter et al.	Regionalisierung: Hintergründe, Bewertungen und Folgerungen für die Raumordnungspolitik	99
Klaus Wolf	Diskussionsbericht	119

STATEMENTS UND BEITRÄGE IM RAHMEN DER AKADEMIEDISKUSSION		123
Karl-Hermann Hübler	Schlußwort	151

Autoren

Autoren dieses Bandes

Albers, Gerd, Dr.-Ing., Dr.-Ing. E.h., Professor, Technische Universität München, Ordentliches Mitglied der ARL

Benz, Arthur, Dr., Professor, Universität Konstanz, Fakultät für Verwaltungswissenschaften

Bergmann, Hellmuth, Dr., Chef-Ingenieur a.D., Oetrange/Luxemburg, Ordentliches Mitglied der ARL

Brenken, Günter, Dr., Ministerialdirigent a.D., Mainz, Ordentliches Mitglied der ARL

Brösse, Ulrich, Dr., Professor, Rheinisch-Westfälische Technische Hochschule Aachen, Institut für Wirtschaftswissenschaften, Ordentliches Mitglied der ARL

Finke, Lothar, Dr., Professor, Universität Dortmund, Fachbereich Raumplanung, Fachgebiet Landschaftsökologie und Landschaftsplanung, Ordentliches Mitglied der ARL

Fürst, Dietrich, Dr., Professor, Universität Hannover, Institut für Landesplanung und Raumforschung, Ordentliches Mitglied der ARL

Goedecke, Otto, Dr., Verbandsdirektor, Geschäftsführer des Planungsverbandes Äußerer Wirtschaftsraum München und des Regionalen Planungsverbandes München, Ordentliches Mitglied der ARL

Hardt, Ulrike, Dr., Wiss. Mitarbeiterin, Niedersächsisches Institut für Wirtschaftsforschung e.V., Hannover

von der Heide, Hans-Jürgen, Dr., Erster Beigeordneter a.D., Bonn, Ordentliches Mitglied der ARL

Hübler, Karl-Hermann, Dr., Professor, Technische Universität Berlin, Institut für Landschaftsökonomie, Ordentliches Mitglied der ARL, Vizepräsident der ARL

Hummel, Marlies, Dipl.-Volksw., Abteilungsleiterin im Ifo-Institut für Wirtschaftsforschung, München

Irmen, Eleonore, Dr., Referatsleiterin in der Bundesforschungsanstalt für Landeskunde und Raumordnung, Bonn

Junkernheinrich, Martin, Dr., Wiss. Abteilungsleiter im Institut für Wirtschaftsforschung, Halle

Kind, Gerold, Dr., Professor, Wissenschaftsbereichsleiter, Hochschule für Architektur und Bauwesen Weimar, Fak. Architektur, Stadt- und Regionalplanung, Ordentliches Mitglied der ARL

Kneißl Rabossi, Silvia, Dr., Professor, Universität Trient, München

Koch, Til P., Dipl.-Volksw., Ministerialrat a.D., Stuttgart, Ordentliches Mitglied der ARL

Konze, Heinz, Dipl.-Ökon., Abteilungsdirektor, Regierungspräsident Düsseldorf, Bezirksplanungsbehörde, Korrespondierendes Mitglied der ARL

Kukliński, Antoni, Dr., Professor, Universität Warschau, Europäisches Institut für Regionale und Lokale Entwicklung, Korrespondierendes Mitglied der ARL

Lammers, Konrad, Dr., Institut für Weltwirtschaft, Kiel, Korrespondierendes Mitglied der ARL

Lendi, Martin, Dr., Professor, ETH Zürich, Ordentliches Mitglied der ARL

Mäding, Heinrich, Dr., Professor, Leiter des Deutschen Instituts für Urbanistik, Berlin, Ordentliches Mitglied der ARL

Marcou, Gérard, Dr., Professor, Université de Lille II, Centre de Recherches Administratives Politiques et Sociales, Villeneuve d'Ascq, Korrespondierendes Mitglied der ARL

Marx, Detlef, Dr., Professor, Berufsm. Stadtrat a.D., Geschäftsführer der DEMA-CONSULT GmbH, Regensburg, Ordentliches Mitglied der ARL

Maurer, Jakob, Dr., Professor, ETH Zürich, Institut für Orts-, Regional- und Landesplanung, Korrespondierendes Mitglied der ARL

Autoren

Pohle, Hans, Dr., Referatsleiter im Sekretariat der ARL, Hannover

Postlep, Rolf-Dieter, Dr., Priv.-Doz., Abteilungsleiter im Deutschen Institut für Wirtschaftsforschung, Berlin, Korrespondierendes Mitglied der ARL

Rautenstrauch, Lorenz, Dr.-Ing., Leiter der Planungsabteilung beim Umlandverband Frankfurt a.M., Korrespondierendes Mitglied der ARL

Ritter, Ernst-Hasso, Dr., Staatssekretär im Ministerium für Bauen und Wohnen des Landes Nordrhein-Westfalen, Düsseldorf, Ordentliches Mitglied der ARL

Roch, Isolde, Dr., Forschungsbereichsleiterin Raumordnung und Regionalentwicklung im Institut für Ökologische Raumentwicklung e.V., Dresden, Ordentliches Mitglied der ARL

Rothe, Gisa, Dipl.-Ing., Ministerialrätin, Referatsleiterin Landesentwicklung, Staatskanzlei des Landes Brandenburg, Potsdam, Korrespondierendes Mitglied der ARL

Scherf, Konrad, Dr., Professor, Forschungsbereichsleiter, Wirtschaftsforschung GmbH Berlin

Schmitz, Gottfried, Dr., Verbandsdirektor des Raumordnungsverbandes Rhein-Neckar und des Regionalverbandes Unterer Neckar, Ltd. Planer der Planungsgemeinschaft Rheinpfalz, Mannheim, Ordentliches Mitglied der ARL, Präsident der ARL

Scholich, Dietmar, Dr.-Ing., Referatsleiter im Sekretariat der ARL, Hannover

Schwaetzer, Irmgard, Dr., MdB, Bundesministerin für Raumordnung, Bauwesen und Städtebau, Bonn

Thiel, Eberhard (†), Dr., Professor, Ltd. Wiss. Direktor, HWWA-Institut für Wirtschaftsforschung, Hamburg, Ordentliches Mitglied der ARL

Tönnies, Gerd, Dr., Referatsleiter im Sekretariat der ARL, Hannover

Turowski, Gerd, Dr.-Ing., Univ.-Professor, Baudirektor a.D., Universität Dortmund, Fachbereich Raumplanung, Fachgebiet Raumordnung und Landesplanung, Ordentliches Mitglied der ARL

Weyl, Heinz, Dipl.-Ing., Professor, Beigeordneter a.D., Hannover, Ordentliches Mitglied der ARL

Wolf, Klaus, Dr., Professor, Johann Wolfgang Goethe-Universität, Institut für Kulturgeographie, Stadt- und Regionalforschung, Frankfurt, Ordentliches Mitglied der ARL

An den Beratungen der vorbereitenden Papiere zur Wissenschaftlichen Plenarsitzung haben außerdem mitgewirkt:

Cholewa, Werner, Beigeordneter a.D. des Deutschen und Nordrhein-Westfälischen Städte- und Gemeindebundes, Bonn, Korrespondierendes Mitglied der ARL

Dyong, Hartmut, Dr., Ministerialdirigent, Bundesministerium für Raumordnung, Bauwesen und Städtebau, Bonn, Korrespondierendes Mitglied der ARL

Sinz, Manfred, Dipl.-Ing., Leiter der Abt. Grundsatzfragen und Information in der Bundesforschungsanstalt für Landeskunde und Raumordnung, Bonn, Korrespondierendes Mitglied der ARL

Einführung

GOTTFRIED SCHMITZ

Begrüßung und Einführung

Verehrte Frau Bundesministerin,
Sehr geehrter Herr Oberbürgermeister,
liebe Gäste aus dem In- und Ausland,
meine sehr geehrten Damen und Herren,

ich freue mich, Sie hier so zahlreich zu unserer Wissenschaftlichen Plenarsitzung begrüßen zu können. Ein besonderer Gruß gilt den ausländischen Gästen, die nicht nur aus Ländern wie Frankreich, Polen, Österreich und der Schweiz, sondern teilweise unter sehr widrigen Bedingungen, etwa aus Kroatien, angereist sind.

Besonders hervorheben möchte ich die Teilnahme unseres Ehrenmitgliedes aus Wien, des langjährigen Weggenossen vieler hier Anwesenden aus der Planungswissenschaft und Planungspraxis, Herrn Universitätsprof. emeritus Dr.h.c. Dr. Rudolf Wurzer, nunmehr Direktor des angesehenen Ludwig-Boltzmann-Instituts zur Erforschung von Methoden und Auswirkungen der Raumplanung an der Technischen Universität Wien.

Wir hoffen, daß durch diese Plenarsitzung - und sei es in den informellen Gesprächen am Rande der Tagung - zugleich einige Perspektiven für das friedliche und harmonische räumliche, soziale und kulturelle Zusammenleben der Völker in ganz Europa aufgezeigt werden können. Dies gilt nicht zuletzt auch für uns Deutsche. Ich freue mich deshalb sehr, daß wir bei dieser Plenarsitzung wieder zahlreiche Vertreter aus den neuen Bundesländern begrüßen können und damit auch bekunden, daß in unserem Fach- und Politikbereich die Herstellung der inneren Einheit in Deutschland gute Fortschritte macht.

Ganz besonders froh sind wir natürlich darüber, daß uns unsere Bundesministerin für Raumordnung, Bauwesen und Städtebau persönlich in die Tagungsthematik einführen wird. Seien Sie besonders herzlich begrüßt, Frau Dr. Schwaetzer. Sie kommen gerade von einer Grundsatzdebatte zur Wohnungspolitik in Bonn und sind dank der guten Verkehrslage unseres Tagungsstandortes doch noch rechtzeitig zu uns gekommen, und wir brauchen nicht umzudisponieren, was wir befürchtet hatten.

Einen besonderen Willkommensgruß richte ich an die Herren Landtagsabgeordneten und an die Herren Landräte, Oberbürgermeister und Bürgermeister, die unter uns sind.

Eigens begrüßen möchte ich auch die Referenten der Tagung sowie die Leiter und Mitglieder der Arbeitsgruppen zur Vorbereitung der Plenarsitzung und darf schon an dieser Stelle für ihre Bereitschaft zur Mitwirkung und für ihre intensive Vorarbeit herzlich danken.

Einführung

Liebe Mitglieder, verehrte Gäste, Sie sehen es mir nach, daß ich mich erst jetzt dem Herrn Oberbürgermeister unseres diesjährigen Tagungsortes zuwende.

Herr Oberbürgermeister Lewandowski, Sie sind einer der ersten nach dem neuen hessischen Kommunalwahlrecht direkt vom Volk gewählten Oberbürgermeister einer hessischen Großstadt. Die Umstände Ihrer Wahl und das bemerkenswerte, von nicht wenigen Außenstehenden mit Überraschung aufgenommene Ergebnis haben Schlagzeilen in der Republik gebracht. Einen herzlichen Glückwunsch zu Ihrem persönlichen Erfolg.

Wir sind auf die Ausführungen des Kasseler Oberbürgermeisters sehr gespannt. Sicher haben Sie uns auch Gutes über die Entwicklung Kassels zu berichten, profitiert die Stadt doch in den letzten Jahren nicht nur vom neuen ICE-Halt, sondern vor allem auch von den neuen Entwicklungschancen in einem nach Jahrzehnten der Randlage wieder durchlässigen regionalen Umfeld.

Verehrte Frau Bundesministerin Dr. Schwaetzer, Sie kommen auf direktem Wege von der bereits erwähnten wohnungspolitischen Grundsatzdebatte hierher in unsere Wissenschaftliche Plenarsitzung. Wir wissen das darin zum Ausdruck kommende Interesse an der Arbeit der Akademie sehr zu schätzen und sind Ihnen dafür und auch für die uns bisher zuteil gewordene Unterstützung sehr dankbar. Wir sind auf Ihre Ausführungen gespannt. Denn nach der bemerkenswerten Präsentation Ihres Raumordnungspolitischen Orientierungsrahmens zu Beginn dieses Jahres erhoffen wir uns nähere Informationen zu den Zielen und zum Bearbeitungsstand des nun folgenden Raumordnungspolitischen Handlungsrahmens. Die Akademie für Raumforschung und Landesplanung ist auch hierbei zum Vor- und Mitdenken und ebenfalls zur Erarbeitung konkreter Vorschläge bereit.

Gelegentlich zu hörende Befürchtungen, wir könnten uns als der verlängerte Arm oder als nachgeordnete Institution des Bundesministeriums für Raumordnung, Bauwesen und Städtebau fühlen bzw. dazu entwickeln wollen, sind wirklich unbegründet. Wir sind und bleiben eine eigenständige, wissenschaftlich arbeitende Akademie, deren nicht gerade unwesentliche Aufgabe es auch ist, für den Fachwissen-Transfer in Verwaltung und Politik auf allen Ebenen der Raumordnung und Raumplanung zu wirken. Dies verstehen wir aber nicht als Einbahnstraße, sondern wir profitieren dabei vom ständigen Dialog zwischen Raumordnungspolitik, Raumplanung und Raumforschung. Gern wollen wir heute davon profitieren, daß Sie, Frau Bundesministerin, uns persönlich die raumordnungspolitischen Perspektiven im geeinten Deutschland für die Gegenwart und Zukunft erläutern wollen. Lassen Sie mich zur Einführung in die Themenschwerpunkte unserer Tagung einige kurze Anmerkungen machen.

Die Themenpalette dieser Plenarsitzung ist bewußt relativ breit angelegt. Wir wollten und wollen damit aber keine oberflächliche „tour d'horizon" zu raumordnungs- und raumentwicklungspolitischen Fragestellungen veranstalten. Es geht uns vielmehr um die Erörterung von Grundpositionen. Die für die Sitzung der Arbeitsgruppen vorge-

Einführung

legten Papiere sind hierbei als Einstieg in die Diskussion und keineswegs als Ergebnispräsentation gedacht. Die Akademie erhofft sich jedoch von dieser Sitzung möglichst konkrete Hinweise und Anregungen für vertiefende Forschungsaktivitäten, die wir zu verschiedenen der hier behandelten Themenfelder planen. Hierbei sind für uns auch und gerade Hinweise von seiten der Verwaltungs- und Planungspraxis, vor allem auch von der regionalen Entwicklungspolitik von großem Interesse.

Raumordnungspolitik zur Entwicklung des Standortes Deutschland

Seit der Vereinigung Deutschlands haben sich die räumlichen Ungleichgewichte in den Lebens- und Arbeitsbedingungen dramatisch verschärft. Die Gefahr ist groß, daß die innerdeutsche Ost-West-Wanderung noch länger andauern und in ganz Deutschland zu gravierenden Folgeproblemen führen wird. Angespannten Wohnungsmärkten, Flächenengpässen sowie steigenden Umweltbelastungen und Ressourcenbeanspruchungen in den alten Ländern stehen Zusammenbrüche lokaler und regionaler Arbeitsmärkte sowie die schwere strukturpolitische Hypothek eines starken Verlustes an „Humankapital" in den neuen Ländern gegenüber. Was Raumordnung in den alten Bundesländern weitgehend verhindern konnte, ist durch einen historischen Prozeß kurzfristig Realität geworden: eine in hohem Maße polarisierte Raum-, Siedlungs- und Gesellschaftsstruktur. Der Abstand in der Wirtschaftskraft deutscher Regionen ist größer als je zuvor. Während viele Regionen in Westdeutschland im Spitzenfeld der leistungsstarken Räume Europas liegen, bewegen sich ostdeutsche Regionen am untersten Ende der europäischen Regionenskala.

Aufbau Ost

Die mit dem Abbau dieser Entwicklungsdisparitäten verbundenen Aufgaben sind immens. Sie umfassen beispielsweise die Revitalisierung ganzer Stadtlandschaften, den Neuaufbau kompletter Infrastruktursysteme in nahezu allen Ver- und Entsorgungsbereichen, die Rekultivierung und Sanierung riesiger Gebiete des Braunkohlen- und Uranabbaus sowie die völlige Umstrukturierung der Landwirtschaft - und dies vor dem Hintergrund einer in vielen Gebieten, vor allem im Nordosten Deutschlands, extrem niedrigen Einwohner- und Siedlungsdichte.

Wettbewerb in Europa

Zugleich stellen die Systemtransformation in Mittel- und Osteuropa, die Ausdehnung des EG-Binnenmarktes zu einem die meisten EFTA-Staaten umfassenden Europäischen Wirtschaftsraum (EWR), die angestrebte Gründung der Europäischen Union und die wachsende internationale Arbeitsteilung und Verflechtung zahlreiche neue Anforderungen an die Raumordnungspolitik. Deutschland ist aufgrund seiner zentralen kontinentalen Lage von einer Intensivierung - vielfach traditioneller - Kultur-, Wirtschafts- und Verkehrsbeziehungen besonders betroffen.

Einführung

Gleichwertige Lebensverhältnisse und nachhaltige Entwicklung

Schließlich konfrontiert auch und gerade die zunehmende Bedrohung der natürlichen Lebensgrundlagen die Raumordnungspolitik mit dem weittragenden und schwierig zu lösenden Problem, wie bei der räumlichen und sozialen Entwicklungsplanung und Daseinsvorsorge über die Lebensbedingungen hinaus auch die Überlebensbedingungen der Menschen - sowie der Natur insgesamt - verstärkt einbezogen werden können. In diesem Zusammenhang soll während der Tagung versucht werden, den Begriff der „nachhaltigen" (sustainable), d.h. dauerhaften und umweltgerechten Entwicklung aus ökologischer, ökonomischer und sozialer Sicht zu präzisieren und hieraus erste Folgerungen für die (Neu-)Ausrichtung und Gewichtung raumordnungspolitischer Ziele und Konzepte zu ziehen.

Natürlich hoffen wir, mit dieser Plenarsitzung, in deren Zentrum neben raumordnungspolitischen Grundpositionen Fragen der Implementation und Umsetzung von Raumentwicklungskonzepten stehen (sollen), auch einen Beitrag zur Klärung des planungswissenschaftlichen, -politischen und methodischen Umfeldes des Raumordnungspolitischen Handlungsrahmens leisten zu können. Wenn uns dies in ähnlicher Weise gelingt wie beim Raumordnungspolitischen Orientierungsrahmen, wären wir schon zufrieden. Jedoch scheint die „Materie" durch die Einbeziehung von Umsetzungsaspekten wesentlich komplexer und der (vertikale Bund-Länder-) Koordinationsbedarf ungleich größer zu sein. Um so überzeugender müssen die tragenden Konzepte, Entwicklungsstrategien und Handlungsansätze sein.

IRMGARD SCHWAETZER

Aufgaben der Raumordnung für Deutschland

I. In drei Tagen, am 3. Oktober, jährt sich die Vollendung der deutschen Einheit zum dritten Mal.

Über die „Zeitwende des Jahres 1989/90" ist viel Kluges und auch weniger Kluges, Eindeutiges und Widersprüchliches gesagt worden. Ich denke, es ist immer noch zutreffend, um ein Wort des Präsidenten des Berliner Wissenschaftskollegs, Wolf Lepenies, aufzugreifen, von den „Folgen einer unerhörten Begebenheit" zu sprechen - von einem Prozeß, der die Einigung Deutschlands und das Auflösen der Blöcke in Europa herbeiführte.

Die bestehenden großräumigen Ungleichgewichte zwischen alten und neuen Ländern, die wachsende Integration in die Europäische Gemeinschaft sowie die grundlegend veränderte Situation in Mittel- und Osteuropa stellen große Herausforderungen auch an die Raumordnungspolitik. Sie sieht sich völlig neuen Dimensionen gegenübergestellt. Es gilt, die veränderten Bedingungen in Deutschland aufzugreifen und ihnen Rechnung zu tragen.

Für mich stehen dabei drei Fragen im Vordergrund:

1. Welchen Beitrag kann die Raumordnungspolitik leisten, damit der innere Angleichungsprozeß voran gebracht wird?

2. Was ist angesichts eines sich international verschärfenden Wettbewerbs zu tun, damit die insgesamt günstigen regionalen Standortbedingungen erhalten und ausgebaut werden können?

3. Welchen Beitrag kann die Raumordnungspolitik leisten, damit die Zusammenarbeit in Europa gefördert wird?

II. Erste Antworten und Leitvorstellungen hierzu gibt der von mir vorgelegte Raumordnungspolitische Orientierungsrahmen. Dieser stellt - entsprechend seiner Funktion - kein Programm im engeren Sinne dar, welches unmittelbar umzusetzen ist. Er zeigt vielmehr aus Bundessicht Aufgabenschwerpunkte, Lösungsansätze, Anforderungen und Perspektiven bei der künftigen Ausgestaltung der Raumordnungspolitik auf.

Die überaus positive Resonanz auf diese Konzeption bestätigt, daß hier sowohl bei der Erarbeitung als auch der bewußten Konzentration auf ausgewählte Themenfelder der richtige Weg gegangen worden ist.

Aufgaben der Raumordnung für Deutschland

- Der Raumordnungspolitische Orientierungsrahmen ist ein Neuansatz, ein neuer Weg, um raumordnungspolitische Rahmenaussagen zu treffen, in Abkehr von dem System eines Bundesraumordnungsprogramms (1975). Er ist Ausdruck und Ergebnis einer von Bund und Ländern gemeinsam getragenen Ausarbeitung raumordnungspolitischer Schwerpunkte aus gesamtstaatlicher Sicht. Die Länder haben anerkannt, daß gerade in der jetzigen Zeit eine Raumordnungskonzeption für das gesamte Bundesgebiet nicht aus der bloßen Summierung von 16 Landesentwicklungplanungen gebildet werden kann.

- Die Bund-Länder-Kooperation in der Ministerkonferenz für Raumordnung (MKRO) hat sich bewährt und ist auf eine vertrauensvolle Basis gestellt worden. Das war - wie Sie wissen - nicht immer so.

- Es ist gelungen, Konsens darüber zu erzielen, daß das Schwergewicht der raumordnungspolitischen Entwicklungsaufgaben in den neuen Bundesländern liegen muß, bei gleichzeitiger weiterer Sicherung der Wettbewerbsfähigkeit der Leistungsregionen in den alten Bundesländern.

- Der Orientierungsrahmen bezieht erstmals die europäischen Aspekte mit ein und gibt Perspektiven auch für eine verbesserte grenzüberschreitende Zusammenarbeit in Europa. Es gilt, auf eine bessere raumordnerische Abstimmung zwischen den Mitgliedstaaten der EG hinzuarbeiten (auch bei der Förderpolitik).

- Der Raumordnungspolitische Orientierungsrahmen lag bereits ein knappes halbes Jahr nach den entsprechenden Beschlüssen der Ministerkonferenz für Raumordnung und des Deutschen Bundestages im Entwurf vor und konnte somit im November 1992 verabschiedet werden; immerhin ein Jahr vor der ursprünglich verabredeten Fertigstellung im Herbst 1993! Hierzu hat die Kooperationsfähigkeit aller Beteiligten beigetragen, nicht zuletzt der intensive Austausch zwischen Wissenschaft und Praxis und die Unterstützung der Akademie und des Beirates für Raumordnung.

III. Der Orientierungsrahmen ist offen angelegt, nicht statisch. Er bedarf der stetigen Fortentwicklung und Konkretisierung. Wir haben hierzu bei seiner Verabschiedung auch die nächsten Schritte der Ministerkonferenz für Raumordnung zu einem sogenannten Handlungsrahmen festgelegt.

Die entsprechenden Vorarbeiten zwischen Bund und Ländern im Hauptausschuß der Ministerkonferenz für Raumordnung gehen zügig voran. Wir können damit rechnen, daß die nächste Ministerkonferenz für Raumordnung, Anfang November in Magdeburg, bereits ein politisches Eckpunktepapier mit klaren Aufträgen - gewissermaßen als mittelfristiges Arbeitsprogramm - verabschieden wird.

1. Ein Schwerpunkt wird dabei die Weiterentwicklung des Regionsgedankens in Deutschland und Europa sein. Die regionalen Probleme und Aufgaben werden zunehmend differenzierter und erlauben keine pauschalen Lösungen.

Aufgaben der Raumordnung für Deutschland

Gleichzeitig stößt die zentrale Steuerungsfähigkeit des Staates an seine Grenzen.

Das föderative System der Bundesrepublik bietet günstige Voraussetzungen und Rahmenbedingungen für eine Stärkung der regionalen Planungsfähigkeit. Eine besondere Rolle spielen dabei die regionalen Entwicklungskonzeptionen.

Sie sind nicht als Konkurrenzunternehmen der staatlichen Landes- und Regionalplanung mißzuverstehen. Indem sie die Koordination der regionalen Akteure verbessern, die Stärken und Schwächen regionaler Potentiale analysieren und Planungen sowie Maßnahmen bündeln, sind sie vielmehr die notwendige Ergänzung zur Umsetzung landesplanerischer Zielsetzungen.

Gerade auch in den großen Verdichtungsräumen muß die regionale Planung stärker zu einem regionalen Projektmanagement ausgebaut werden, um die drängenden Stadt-Umland-Probleme in den Griff zu bekommen und eine gemeinsame Standortvorsorge zu betreiben.

Kritisch muß der Gesamtbereich der Förderinstrumente in bezug auf ihre Raumwirksamkeit und ihren Regionaleinsatz durchleuchtet werden. In ihrer Vielzahl, Zielrichtung und Wirksamkeit sind sie kaum noch zu überblicken. Dieses ist für alte wie neue Länder gleichermaßen ein nicht zu unterschätzendes Investitionshemmnis.

Dabei sind auf Dauer der Bund wie auch die Länder mit der Entscheidung überfordert, welche Maßnahmen im einzelnen für die konkrete kommunale und regionale Entwicklung erforderlich und auch unter Standortbedingungen sinnvoll sind.

Da unser politisches und administratives System auf Dezentralität angelegt ist, sollten die Regionen eine verstärkte Rolle sowohl in der konzeptionellen als auch in der Umsetzungsphase erhalten. Deshalb sehe ich ein wichtiges Element der Strukturpolitik in der Förderung regionaler Initiativen und Entwicklungskonzeptionen sowie der Zusammenarbeit unterschiedlicher Träger und Institutionen.

Ich hoffe, noch in dieser Legislaturperiode einen ersten Bericht zur Regionalisierung (Verteilung) der raumwirksamen Bundesmittel vorlegen zu können (erstmalige Erfüllung des Gesetzesauftrages nach § 4 Abs. 1 ROG).

2. Ein zweiter Schwerpunkt des Eckpunktepapiers betrifft die Funktionsfähigkeit der großen Verdichtungsräume. Sie ist schon heute durch erhebliche Überlastungserscheinungen deutlich eingeschränkt. Der drohende Verkehrskollaps der Innenstädte, die Umweltbelastungen, die starken Engpässe im Bereich Wohnbauland und Wohnungsversorgung sind deutliche Zeichen. Ein undifferenziertes Wachstum würde die Vorteile der bisherigen dezentralen Siedlungsstruktur und der günstigen Standortbedingungen des Bundesgebietes ernstlich gefährden. Eine engere Verzahnung der verschiedenen Nutzungen und Strukturen, z.B. zwischen Wohnen und Gewerbe (Stichwort: Wohnbaulandgesetz), ist dringend geboten. Auch eine bessere Arbeitsteilung zwischen Stadt

Aufgaben der Raumordnung für Deutschland

und Umland ist unumgänglich (Ausbau von Mittelstädten im weiteren Umland zu Entlastungsstädten - nicht Schlafstädten!). Wir kommen nicht umhin, Konzeptionen zu erarbeiten, nach welchen Kriterien die Siedlungserweiterung städtebaulich, ökologisch, aber auch volkswirtschaftlich sinnvoll weitergehen soll. Alleine Schlagworte wie „Innenentwicklung vor Außenentwicklung" helfen in der Sache nicht weiter.

Auch die von mir einberufene Kommission „Zukunft Stadt 2000" hat in ihrem Abschlußbericht eindringlich auf die Notwendigkeit solcher neuen Konzeptionen hingewiesen, wenn unsere großen Verdichtungsräume lebenswert bleiben sollen. Es führt auch - denke ich - kein Weg daran vorbei: Wir müssen jetzt Weichenstellungen entwickeln, wie der kommunale Finanzausgleich zu einem besseren Lastenausgleich zwischen Stadt und Umland beitragen kann.

3. Auch das Konzept der Städtenetze wird bei der Fortentwicklung des Orientierungsrahmens im Vordergrund stehen. Dieses Konzept betont die Wichtigkeit der Städte für eine funktionsfähige Raum-Siedlungsstruktur sowie die Notwendigkeit der interkommunalen Zusammenarbeit. Ohne Zweifel haben die Zentren in den neuen Ländern hier einen großen Nachholbedarf. Er ist vorrangig zu decken, da diese Zentren „Entwicklungsmotoren" für die weitere Regionalentwicklung in Ostdeutschland sind. Auch die Umschichtung der Städtebauförderungsmittel meines Hauses auf die neuen Länder ist Ausdruck einer solchen Prioritätensetzung.

Gleichzeitig ist festzustellen, daß die Zentren in den alten Ländern nicht länger prosperierende „Selbstläufer" sind. Vielmehr haben auch sie zum Teil gravierende Struktur- und Anpassungsprobleme, wie die jüngsten Entwicklungen in den Stahlstandorten - aber auch in der Stuttgarter Region - zeigen. Deshalb ist der Ausbau städtischer Netze im regionalen Maßstab auch in den alten Bundesländern fortzuentwickeln.

Das Konzept der Städtenetze ist nicht auf die großen Zentren beschränkt, wie es manchmal unterstellt wird. Dieses Konzept eignet sich auch in einem kleinräumigen Maßstab als Strategie zur Stabilisierung und Entwicklung ländlich geprägter Räume.

Allerdings erfordert das flankierende Maßnahmen zur Sicherung der Grundversorgung - besonders in den sehr dünn besiedelten Regionsteilen der neuen Länder. Ich denke dabei insbesondere an neue Formen der Infrastrukturversorgung wie eine mobile Infrastruktur (Versorgung) oder den „Laden 2000" - ein Modellprogramm meines Hauses, das jetzt auf breiter Basis umgesetzt wird. So wird z.B. die deutsche Bundespost in 500 Filialen des ländlichen Raumes traditionelle Postleistungen anbieten und mit einem breiten Warenangebot verbinden.

Im Rahmen des experimentellen Wohnungs- und Städtebaus wollen wir nächstes Jahr in einem mittelfristig angelegten Forschungsfeld die Konzeption der Städtenetze modellhaft fortentwickeln.

Sowohl für die Verdichtungsräume als auch für die ländlich geprägten Räume müssen die möglichen Konsequenzen aus der Bevölkerungsprognose, die die Bundesfor-

Aufgaben der Raumordnung für Deutschland

schungsanstalt für Landeskunde und Raumordnung in meinem Auftrage kürzlich erstellt hat, einbezogen werden (Zu- und Abwanderung). Wir dürfen die Augen nicht davor verschließen, daß für einige ländlich periphere Regionen die Situation sehr kritisch ist, und wir müssen nach neuen Wegen suchen, um Mindeststandards der Versorgung aufrechtzuerhalten und finanzierbar zu machen.

4. Dem Ausbau der Verkehrs- und Kommunikationsstruktur sowohl im vereinten Deutschland als auch in Europa kommt für die Raumstruktur eine Schlüsselrolle zu. Die Prognosen über die weiter steigenden Verkehrszuwächse des nächsten Jahrzehnts lassen eine Beeinträchtigung der Funktionsfähigkeit unserer Siedlungs- und Raumstruktur einschließlich unserer Umwelt befürchten, die wir alle so nicht akzeptieren wollen.

Wir sind zwar eine mobile Gesellschaft, und das muß auch so bleiben. Aber wir müssen überflüssigen Verkehr vermeiden und den unvermeidbaren Verkehr in umwelt- und strukturgerechte Wege lenken. Auch die Verlagerungsmöglichkeiten des Verkehrs auf die Schiene sind auszuschöpfen. Ich denke dabei insbesondere an eine wesentlich bessere Vernetzung der bestehenden Verkehrsinfrastruktur und der einzelnen Verkehrsträger. Wir benötigen ein wirkliches Verbundsystem (auch Güterverkehrszentren, eins realisiert, 15 in Planung).

Deshalb sollen im Handlungsrahmen raumordnerische Kriterien und Prioritäten auch für die Fortschreibung des Bundesverkehrswegeplans rasch entwickelt werden. Die Ministerkonferenz für Raumordnung beabsichtigt, mit den Verkehrs- und Umweltministern von Bund und Ländern in eine breite Diskussion einzutreten. Dabei soll auf den Ergebnissen der sog. Krickenbeck-Konferenz vor zwei Jahren aufgebaut werden.

5. Raumordnung, das heißt auch Umweltvorsorge.

Im Mittelpunkt stehen hier:

- zu entwickelnde Konzepte für großräumige Biotopverbunde in Abstimmung mit der Siedlungsentwicklung; anders als in der Vergangenheit sind die Verdichtungsräume einzubeziehen;

- neue Konzepte in bezug auf ökologische Vorrang- und Ausgleichsräume. Dies bedeutet auch: es ist zu klären, ob und wie Nutzungseinschränkungen aus übergeordneten ökologischen Gründen inner- und interregional abgegolten werden können (finanzieller Ausgleich).

6. Deutschland als Land der Mitte in Europa mit den meisten Außengrenzen der EU bedarf der guten nachbarschaftlichen Zusammenarbeit. Im Bereich der Raumordnungspolitik sind wir hier in der letzten Zeit gut vorangekommen.

Unter Federführung des BMBau wird z.Z. ein europäisches Raumentwicklungskonzept erarbeitet, das insbesondere den Gedanken der dezentralen Siedlungs- und Raum-

Aufgaben der Raumordnung für Deutschland

entwicklung, das System der Eurometropolen sowie die zentralen Verkehrslinien schwerpunktmäßig aufgreift. Ich werde im nächsten Jahr - unter deutscher EG-Präsidentschaft - meine Raumordnungskollegen einladen, um erstmals ein gesamteuropäisches Raumordnungskonzept zu beraten. Dabei ist für mich selbstverständlich, daß alle Überlegungen auch die mittel- und osteuropäischen Staaten einbeziehen müssen. Hier gilt es, noch viele Informationslücken abzubauen. Der von meinem Haus in Auftrag gegebene „Europäische Raumordnungsatlas" soll und wird hier deutliche Akzente setzen.

Besonderen Stellenwert messe ich in diesem Kontext der formellen und informellen grenzüberschreitenden Zusammenarbeit bei. Wir können dabei auf den guten Erfahrungen mit den verschiedenen Raumordnungskommissionen mit unseren westlichen Nachbarn - insbesondere der deutsch-niederländischen Raumordnungskommission - aufbauen. Mit der deutsch-polnischen Raumordnungskommission ist ein wichtiger Schritt nach vorne getan. Ein erstes gemeinsames Entwicklungskonzept für den Oderraum steht hier kurz vor dem Abschluß. Wir beteiligen uns aktiv an dem Konzept für den Ostseeraum, das insbesondere auch die baltischen Staaten einbezieht und diesem nordöstlichen Raum Europas, der lange im Windschatten stand, neue Impulse geben soll. Der im Rahmen der Unterstützung der GUS und der ost- und mitteleuropäischen Staaten aufgenommene Erfahrungsaustausch und Wissenstransfer wird auch weiterhin eine hohe Priorität haben.

IV. Raumordnung ist in besonderem Maße auf den engen Austausch von Wissenschaft und Praxis angewiesen und bedarf gründlicher Analysen und Informationen.

Ich möchte an dieser Stelle der Akademie für Raumforschung und Landesplanung nochmals meinen Dank für die vielfältigen Arbeiten und Aktivitäten - aber auch für die kooperative Zusammenarbeit - aussprechen. Gleich nach der Wende haben sie die Kontakte zu den lange isolierten Kollegen in Ostdeutschland geknüpft und neue Landesarbeitsgemeinschaften aufgebaut.

Die Bedeutung der Arbeiten am deutsch-polnischen sowie dem deutsch-tschechischen Planungshandbuch möchte ich hierbei besonders hervorheben. Ich vertraue auch weiterhin auf Ihre Unterstützung - z.B. im Zusammenhang mit der mittelfristig anstehenden Novellierung des ROG.

Ich sprach davon, daß Raumordnung in besonderem Maße auf Analysen und Information angewiesen ist. Im föderativen Staat hat die Bundesraumordnung nicht zuletzt die Aufgabe der „Koordination durch Information", um hierdurch Planungssicherheiten zu schaffen. Insoweit ist die Bedeutung der Raumordnungsberichte der Bundesregierung in letzter Zeit sicherlich deutlich gestiegen. Ich habe bereits Mitte 1991 den ersten gesamtdeutschen Raumordnungsbericht vorlegt, der erstmals das gesamte Ausmaß der regionalen Ungleichgewichte zwischen den alten und neuen Bundesländern darlegte. Unabhängig von der gesetzlichen Vierjahres-Berichtspflicht werde ich Ende diesen Jahres den Raumordnungsbericht 1993 vorlegen können, der u.a. die Aussagen des Orientierungsrahmens datenmäßig weiter vertiefen wird.

Aufgaben der Raumordnung für Deutschland

V. Lassen Sie mich zum Schluß kurz noch einen Themenbereich ansprechen, den auch Sie mit großer Aufmerksamkeit und teilweise auch mit Sorge verfolgen. Ich spreche hier die enorme Gestaltungsaufgabe für den Großraum Berlin/Brandenburg an.

Stärker noch als anderswo wird es hier in ganz entscheidendem Maße von der Kooperationsfähigkeit der Länder Berlin und Brandenburg abhängen, wie sich dieser Großraum entwickelt. Dabei geht es nicht zuletzt auch darum, ob und wie sich die Konzeption der dezentralen Konzentration verwirklichen läßt. Daß es hierbei nicht ohne Schwierigkeiten und Reibungen abgehen wird, darf einerseits nicht wundern, sollte aber angesichts der einmaligen Aufgabenstellung auch nicht entmutigen. Insoweit stehen hier die Verantwortlichen unter einem Problem- und Zeitdruck, der neue Formen der Zusammenarbeit notwendig macht, die das übliche Maß übersteigen.

VI. Raumordnung für Deutschland bleibt ein spannendes Thema und eine dauerhafte Aufgabe. Ich wünsche dieser Tagung interessante - wo notwendig auch kontroverse - Diskussionen. Die Einheit Deutschlands und die Überwindung der Spaltung Europas können zum guten Teil nur durch neue Entwürfe weiter vorangebracht werden. In diesem Sinne wünsche ich uns viele Anregungen und der Tagung einen guten, erfolgreichen Verlauf.

Antoni Kukliński

Pan-Europäische Raumentwicklungspolitik PEREP
Eine Herausforderung für das XXI. Jahrhundert

Einführung

Es ist mir eine große Ehre und Freude, der Vollversammlung der Akademie für Raumforschung und Landesplanung dieses Papier vorzutragen. Es ist eine äußerst schwierige Aufgabe, einerseits die großartigen geistigen Traditionen der Akademie zu würdigen und andererseits Ansichten vorzutragen, die als kontrovers oder nicht ausreichend wissenschaftlich fundiert verstanden werden könnten.

Ich hoffe dennoch, daß meine Gedanken und Ansätze als bescheidener Versuch der Fortführung der Diskussion einiger Themen verstanden werden, die das „Blaue Buch"[1], eine gemeinsame Arbeit von ARL und DATAR, analysiert.

Auf der Grundlage dieser Denkweise möchte ich meinen Vortrag in folgende Themenblöcke einteilen:

I. Von der Europäischen zu einer Pan-Europäischen Union
II. Das europäische Zentrum und die peripheren Gebiete Europas
III. Die Region als Baustein des Neuen Europa und der Pan-Europäischen Union
IV. Laissez-faire versus Regulierung in der Entwicklung des pan-europäischen Raumes
V. Warum eine pan-europäische Raumentwicklungspolitik?
VI. Fünf charakteristische Merkmale der PEREP
VII. Drei Ziele der PEREP
VIII. Das pluralistische Ego der PEREP
IX. Die Europäische Raumbeobachtungsagentur
X. Die Rolle der pan-europäischen Raumplanung bei der Formulierung und Umsetzung der PEREP
XI. Ein internationales Forschungsprogramm zur Schaffung einer wissenschaftlichen und Informationsgrundlage der PEREP
XII. PEREP - ein Programm für das XX. und XXI. Jahrhundert

Pan-Europäische Raumentwicklungspolitik

I. Von der Europäischen zu einer Pan-Europäischen Union

Die Europäische Union ist eine der wichtigsten institutionellen Innovationen des XX. Jahrhunderts, und im großen und ganzen funktioniert sie erfolgreich als effiziente und mehrdimensionale „Integrationsmaschine"[2].

Die wesentlichen Elemente dieser beispiellosen Einheit, die sich Europäische Gemeinschaft nennt, sind von Albert Bressand klar erfaßt worden[3].

Ihm zufolge ist eine „Gemeinschaft eine Region, in welcher Freihandel viele andere Formen wirtschaftlicher Integration fördert und in der wirtschaftliche Integration mit dem Geist des gemeinsamen kulturellen und politischen Schicksals einhergeht. Anstatt lediglich voneinander abhängige Staaten nebeneinanderzustellen, verleiht eine Gemeinschaft ihren Mitgliedern das gemeinsame Empfinden, daß sie auch ein gewisses Maß an kollektiver Kontrolle über ihre miteinander verknüpften Schicksale erreicht haben. Gemeinsame Institutionen sind natürliche Bestandteile einer Gemeinschaft, und zwar gerade deshalb, weil mehr auf dem Spiel steht als reines zwischenstaatliches Geben und Nehmen. Das heißt nicht, daß Souveränität aufgegeben werden muß, impliziert jedoch, daß ein gewisses Teilen von Souveränität oder deren teilweise gemeinsame Ausübung von der öffentlichen Meinung als natürliche Entwicklung angesehen werden darf".

Diese weitgefaßte und phantasievolle Vision der Europäischen Union kann aus zweierlei Blickwinkel betrachtet werden:

1. aus der kurzfristigen Perspektive der gegenwärtigen Erfahrungen und Schwierigkeiten der Europäischen Union von zwölf Ländern;

2. aus der langfristigen Perspektive der Pan-Europäischen Union, welche alle oder fast alle europäischen Länder umfaßt.

Dies ist ein Modell einer ganzheitlichen „Brüsselisierung" des europäischen Territoriums[4].

Natürlich müssen wir eine grundlegende strukturelle Veränderung Brüssels im XXI. Jahrhundert voraussetzen. Das Management der Pan-Europäischen Union wird viel stärker dezentralisiert sein. Vielleicht werden einige Funktionen Brüssels auf östliche Euro-Cities, z.B. Riga oder Minsk, übertragen werden.

Die kurzfristige Perspektive mag zu pessimistischen Interpretationen führen und zu der Annahme, daß die Definition von A. Bressand nicht eine Beschreibung der Realität, sondern bloß ein utopischer Traum ist. Dies wäre ein falscher Ansatz, der die historische Macht der Europäischen Union außer acht ließe, die ihre Fähigkeit zur ständigen Anpassung an neue Bedingungen bewiesen hat[5].

■ **Pan-Europäische Raumentwicklungspolitik**

Diese Fähigkeit zum Überleben und zur Entwicklung der Europäischen Union ist in der Diskussion über die langfristige Perspektive eines großen historischen Veränderungsprozesses von der Europäischen Union der zwölf Länder zur Pan-Europäischen Union, welche die Gesamtheit unseres Kontinents umfaßt, ein zugkräftiges Argument.

Die Vision der Pan-Europäischen Union des XXI. Jahrhunderts stellt gleichzeitig die Vision eines integrierten oder halbintegrierten pan-europäischen Raumes dar.

II. Das europäische Zentrum und die peripheren Gebiete Europas

Das Problem Zentrum-Peripherie ist in der europäischen Geschichte allgegenwärtig. Natürlich erlangt dieses Problem im Römischen Reich, im XIX. Jahrhundert und Ende des XX. Jahrhunderts jeweils unterschiedliche Dimensionen. Aber unter allen denkbaren geschichtlichen Bedingungen gibt es ein Zentrum, ein Kerngebiet Europas und eine bestimmte Zahl von peripheren Gebieten.

Es gibt sechs Indikatoren, mit denen die qualitativen und quantitativen Unterschiede in der Leistung des Zentrums und der peripheren Gebiete gemessen werden können:

1. Zusammensetzung, Fähigkeiten und Produktivität der menschlichen Ressourcen;
2. Zusammensetzung, Ausmaß und Produktivität der Kapitalressourcen;
3. Fähigkeiten und Motivation der Leitungsstrukturen (Management);
4. Ausmaß, Qualität und Effizienz der bürgerlichen Gesellschaft;
5. Stabilität und Effizienz der Regierungsstrukturen;
6. Langfristige Fähigkeit, Innovationen hervorzubringen und aufzunehmen.

Die Europäische Union hat eine sehr große „Maschinerie" entwickelt, um die Disparitäten zwischen den Kernregionen und den Regionen der Peripherie zu verringern.

Bewertet man diesen Vorgang optimistisch, so stellt sich heraus, daß

- das Ausmaß einiger Disparitäten abgenommen hat und
- eine gewisse Ausdehnung des Kerns und ein gewisses Schrumpfen der peripheren Gebiete stattfindet.

Das Problem Zentrum-Peripherie ist innerhalb der Europäischen Union jedoch nicht verschwunden.

Angesichts dieser Erfahrung stellen wir fest, wie riesig dieses Problem im Rahmen der Pan-Europäischen Union des XXI. Jahrhunderts sein wird. Werfen wir einen Blick auf die obenstehend erwähnten sechs Indikatoren.

Wie kann man die interregionalen Ungleichheiten in diesen sechs Bereichen auf pan-europäischer Ebene abbauen? Wie kann man neue Zentren der Innovationsschaffung[6]

Pan-Europäische Raumentwicklungspolitik

an der weiten europäischen Peripherie fördern, die in ihrer langen Geschichte auch unter besten Bedingungen jeweils lediglich in der Lage war, vom Zentrum hervorgebrachte Innovationen aufzunehmen?

Es gibt zwei theoretische Interpretationen des Problems Zentrum-Peripherie:

- Primo: im Rahmen der Abhängigkeitstheorie, welche hauptsächlich in Lateinamerika entwickelt wurde;
- Secundo: im Rahmen der Marginalisierungstheorie, welche von B. Amoroso in den neueren Studien zum mediterranen und zum baltischen Europa entwickelt wurde[7].

III. Die Region als Baustein des Neuen Europa und der Pan-Europäischen Union

Die von Hans-Jürgen von der Heide zum Ausdruck gebrachte Meinung ist auf diesem Gebiet von besonderem Wert[8].

„Die innere staatliche Gliederung unseres Landes kann daher nicht mehr allein nur unter nationalen Gesichtspunkten überdacht werden. In dem Maße, wie der europäische Einigungsprozeß mit der Vollendung des europäischen Binnenmarktes und im Zuge der Bildung der Wirtschafts- und Währungsunion und der Politischen Union fortschreitet, gewinnt die Diskussion über die regionale Gliederung in der Europäischen Gemeinschaft mehr und mehr an Gewicht. Das Gliederungssystem der Länder muß deshalb in Zukunft verstärkt auch daran gemessen werden, ob und wie es Anforderungen an eine Regionalgliederung in Europa erfüllen kann".

Die Regionalgliederung in Europa ist ein bedeutendes theoretisches und pragmatisches Problem. Jedes Land in Europa sollte sein nationales Gliederungssystem stärken, um aus seinen Regionen Bausteine des Neuen Europa und der Pan-Europäischen Union zu machen.

Diese Regionalgliederung hat zwei Dimensionen:

1. die Mindestgröße der Region[9]
2. die institutionelle Ausstattung der Region[10].

Diese Dimensionen sollten so gestaltet werden, daß die Region eine aktive Rolle spielen kann, und zwar nicht nur innerhalb des jeweiligen Mitgliedslandes, sondern auch auf europäischer Ebene. Das heißt jedoch nicht, daß die Region den Staat in seinen grundlegenden Funktionen ersetzen soll.

Diese europäische Regionalgliederung ist auch aus Sicht der Raumentwicklungspolitik einzelner Länder wichtig. Rationelle interne strategische Planung des Siedlungssystems und des Systems der technischen Infrastruktur sind ohne ein vertieftes Verständnis der europäischen Regionalgliederung nicht möglich.

Pan-Europäische Raumentwicklungspolitik

Bei den Diskussionen in diesem Bereich ist die Erfahrung zweier europäischer Länder besonders wichtig, nämlich die Erfahrung Deutschlands als klassischem Bundesstaat und die Erfahrung Frankreichs als klassischem Einheitsstaat.

Dies bedeutet jedoch nicht, daß die Erfahrung anderer Länder mit hochentwickelter und kreativer Raumentwicklungspolitik, wie z.B. den Niederlanden und Schweden, vergessen werden darf.

Es gibt zwei Typen von Regionalgliederungen: die innere Gliederung und die grenzübergreifende Gliederung. Diese Unterteilung gilt für die Euroregionen. Dabei ist interessant, darauf hinzuweisen, daß das Thema Euroregionen im Blauen Buch nicht angesprochen wird. Wir benötigen eine umfassende Untersuchung, in der die Erfahrungen der Euroregionen Westeuropas bewertet und der Versuch einer Antwort auf die Frage vorgenommen wird, wie das Konzept der Euroregionen auf Mittel- und Osteuropa angewendet werden kann. Die in diesem Bereich gemachten Erfahrungen lassen sich allerdings nur schwer übertragen. Eine für den deutsch-niederländischen Grenzbereich erfolgreiche Lösung kann an der deutsch-polnischen Grenze weniger wirksam und an der polnisch-ukrainischen Grenze möglicherweise völlig unangemessen sein.

Die Euroregion sollte in Mittel- und Osteuropa als wichtiges Experimentierfeld betrachtet werden, in dem die Möglichkeiten und Grenzen der Bildung eines pan-europäischen Raumes ausgelotet werden können.

Ich vertrete in diesem Zusammenhang die paradoxe Meinung, daß ein gut funktionierendes Netz von Euroregionen in Mittel- und Osteuropa mittelfristig nur im Rahmen starker staatlicher Organisationsstrukturen denkbar ist. Die Macht der Euroregionen darf sich nicht aus der Schwäche des Staates herleiten. Das bedeutet nicht, daß die Region in Mittel- und Osteuropa langfristig nicht auch zum wichtigsten Baustein des Neuen Europa und der Pan-Europäischen Union werden wird. Unter diesen Bedingungen wird die Region den Staat in vielen wichtigen Funktionen ersetzen.

IV. Laissez-faire versus Regulierung in der Entwicklung des pan-europäischen Raumes

In der langen Geschichte des europäischen Raumes haben spontane und gelenkte Veränderungen immer in Beziehung miteinander gestanden. Man kann sogar sagen, daß das Dilemma Laissez-faire versus Regulierung[11] in der Entwicklung des europäischen Raumes nur sehr selten zugunsten ungehinderter Laissez-faire-Ansätze gelöst wurde. Und so ist die derzeitige Situation in den nach-kommunistischen Ländern, wo der Gedanke der Regulierung fast vollständig verloren ging, eher eine Ausnahmesituation der europäischen Geschichte.

Es mag zwar paradox klingen, aber die Länder Mittel- und Osteuropas haben keine andere Wahl, als ein neues Regulierungssystem in Form einer Raumentwicklungspolitik und einer Raumentwicklungsplanung zu schaffen.

Pan-Europäische Raumentwicklungspolitik

Dieses System sollte einige gemeinsame Nenner bezüglich des in Westeuropa entwickelten Systems beinhalten, und zwar auf internationaler, nationaler, regionaler und lokaler Ebene.

Dieses System muß jedoch auch einige originelle Elemente bezüglich der historischen und prognostischen Unterschiede, welche für Mittel- und Osteuropa spezifisch sind, aufweisen.

Ein wohlorganisiertes Bemühen auf diesem Gebiet stellt die conditio sine qua non für die Beteiligung Mittel- und Osteuropas an den pan-europäischen Vorhaben dar, welche zur Entwicklung einer pan-europäischen Raumentwicklungspolitik führen sollen.

V. Warum eine pan-europäische Raumentwicklungspolitik?

Die Schaffung der Pan-Europäischen Union wird eine der wichtigsten institutionellen Innovationen des XXI. Jahrhunderts darstellen.

Wenn man von einem optimistischen Szenario ausgeht, kann die große historische Veränderung von der Europäischen zur Pan-Europäischen Union innerhalb von 20 bis 30 Jahren erreicht werden. Dies ist der zeitliche Horizont für das Entstehen eines wirklich vereinten und integrierten Europa.

Dieser Prozeß wird keine optimistische und sich von selbst erfüllende Prophezeiung sein. Er wird vielmehr das Ergebnis einer Menge an gut organisierter Befähigung und gutem Willen sein, die politischen und geistigen Ressourcen unseres Kontinents zu mobilisieren, um für die Förderung und Umsetzung des Gedankens der Pan-Europäischen Union günstige Bedingungen zu schaffen.

Dies ist der geeignete Kontext, innerhalb dessen Konzept und Institution der pan-europäischen Raumentwicklungspolitik als Vorhut der Pan-Europäischen Union beschrieben und entwickelt werden muß. Das räumliche Element ist einer der wichtigsten gemeinsamen Nenner der Geschichte und der Zukunft unseres Kontinents.

Die Schaffung eines geeigneten politischen und geistigen Klimas für die pan-europäische Raumentwicklungspolitik kommt dem Entstehen einer Herausforderung, eines Testlabors für die verschiedenen vorstellbaren und innovativen Ansätze für die Zukunft des Neuen Europa gleich.

VI. Fünf charakteristische Merkmale der PEREP

Politik ist die Kunst zu regieren[12]. Die PEREP sollte als nicht-konventionelle Politik so gestaltet und gefördert werden, daß sie nicht auf den klassischen Instrumenten der Regierungen und internationalen Organisationen beruht, sondern auf der Kraft der Innovation, der Überzeugung und der geistigen Führerschaft. Die folgenden Merkmale der PEREP sollten in diesem Zusammenhang erläutert werden:

1. PEREP ist die Kunst des imaginativen Nachdenkens über die Zukunft des pan-europäischen Raumes.
2. PEREP ist die geistige Fähigkeit, im Entscheidungsfindungsprozeß bezüglich des pan-europäischen Raumes innovative Ansätze zu finden.
3. PEREP ist die Kunst des umfassenden Denkens, das die Phänomene und Prozesse der Veränderung des pan-europäischen Raumes als mehrdimensional betrachtet.
4. PEREP ist die Kunst des integrativen Denkens, das den pan-europäischen Raum in einem systemischen Rahmen sieht.
5. PEREP ist die Kunst des holistischen Denkens, das ständig unseren gesamten Kontinent vom Atlantik bis zum Ural bedenkt. Diese Kunst des holistischen Denkens zu beherrschen ist besonders wichtig für jene, die in den letzten vierzig Jahren den Begriff „Europa" als nur auf Westeuropa bezogen verwendeten.

Diese fünf Merkmale der PEREP legen nahe, daß diese Politik in der ersten Diskussions- und Untersuchungsphase als eine quasi utopische Perspektive betrachtet werden sollte. Sie stellt ein Beispiel dafür dar, daß kreative Utopie dazu veranlassen kann, das reale Nachdenken unkonventionell zu gestalten. Wir sollten eine Reihe von Idealvorstellungen vom pan-europäischen Raum und eine Reihe von Idealmodellen der PEREP entwickeln.

In einem späteren Stadium der Diskussion sollten diese Modelle dann der empirischen Realität des europäischen Raumes und der empirischen Realität der europäischen Institutionen gegenübergestellt werden.

In diesem Bereich sollte unvoreingenommen und pluralistisch über die Entstehung eines pan-europäischen Raumes nachgedacht werden; nicht nur vernunftgeleitete Diagnosen und Vorhersagen sollten dabei Berücksichtigung finden, sondern auch der unergründliche Bereich des Irrationalen und Emotionalen, den die Realität auf unserem Kontinent verkörpert.

Pan-Europäische Raumentwicklungspolitik

VII. Drei Ziele der PEREP

Der Zielfindungsprozeß der PEREP ist äußerst schwierig und kontrovers. Zur Einleitung in die Diskussion dieses Themas darf ich drei Ziele anführen:

1. die Verbesserung der pan-europäischen Kulturlandschaft,
2. die Verbesserung der pan-europäischen Lebensqualität,
3. die Verbesserung des pan-europäischen Wettbewerbsvorteils im weltweiten Vergleich.

1. Die Verbesserung der pan-europäischen Kulturlandschaft

Kultur ist der wichtigste integrative Wert der pan-europäischen Perspektive. Wir müssen die Renaissance des klassischen Konzepts der Kulturlandschaft fördern und die Verbesserung dieser Landschaft als oberstes Ziel der PEREP definieren.

Die Vielfalt und Verschiedenheit der Kulturlandschaften sollten als die wichtigsten Merkmale unseres Kontinents im XXI. Jahrhundert anerkannt werden.

2. Die Verbesserung der pan-europäischen Lebensqualität

Im Rahmen der PEREP sollte die langfristige rationale Anwendung des Gedankens der Gleichwertigkeit der Lebensverhältnisse auf pan-europäischer Ebene besonders berücksichtigt werden.

Als Ausgangspunkt unserer Diskussion möchte ich folgendes Zitat von Hans-Jürgen von der Heide vorstellen[13]:

"Der raumordnungspolitische Orientierungsrahmen ist dem Ziel verpflichtet, einen Beitrag zur Gleichwertigkeit der Lebensverhältnisse gerade zwischen dem westlichen und dem östlichen Teil Deutschlands zu leisten. Dies bedeutet aber zugleich, in eine Diskussion zur Neubestimmung des Gleichwertigkeitsziels einzutreten:

- Gleichwertigkeit der Lebens-, Arbeits- und Umweltbedingungen ist eine situationsabhängige, dynamische Zielrichtung, kein absoluter Maßstab.
- Stärker als bisher muß mit längerfristigen Übergangszeiten in den neuen Ländern gerechnet werden, ohne daß damit das Ziel der Gleichwertigkeit aufgegeben wird.
- Bei der Verfolgung des Ziels der Gleichwertigkeit ist verstärkt nach sachlicher und zeitlicher Prioritätensetzung zu unterscheiden.
- Der Staat kann die Gleichwertigkeit der Lebensverhältnisse nur in bestimmten Bereichen - Rechtsordnung und Sicherheit sowie Daseinsvorsorge im infrastrukturellen Bereich (Sozial- und Bildungsinfrastruktur, technische Infrastruktur, regionale Standortvorsorge, Umweltvorsorge) - unmittelbar sichern.

Pan-Europäische Raumentwicklungspolitik

Gleichwertigkeit ist demnach nicht mißzuverstehen als

- pauschale Gleichartigkeit,
- Anspruch auf gleiche, undifferenzierte Förderung und auf Nivellierung,
- pauschale Verpflichtung des Staates zum Ausgleich".

Das nächste Jahrzehnt wird zeigen, wie erfolgreich die Deutschen bei der Umsetzung des Gedankens der Gleichwertigkeit der Lebensverhältnisse zwischen den westlichen und östlichen Teilen des Landes sein werden.

Auf pan-europäischer Ebene muß dieser Gedanken viel bescheidener gefaßt werden, nämlich als die Verringerung der drastischen interregionalen Ungleichheiten in der Lebensqualität.

3. Die Verbesserung des pan-europäischen Wettbewerbsvorteils im weltweiten Vergleich[14]

Das vereinigte und integrierte Europa des XXI. Jahrhunderts muß im weltweiten Vergleich ein hochgradig wettbewerbsfähiger Kontinent sein. In diesem Rahmen sollte die PEREP die Entwicklung jener Regionen und Standorte fördern, die aktive Teilnehmer der Weltwirtschaft sind oder werden können.

Dies stellt eine besondere Herausforderung für die Regionen und Standorte der pan-europäischen Peripherie dar und insbesondere für die peripheren Bereiche Mittel- und Osteuropas. Dieser Teil Europas muß eine innere Kraft der Erneuerung hervorbringen, um die Herausforderung annehmen zu können, nach der der Tüchtigste überlebt.

Der Zielfindungsprozeß wird bei der Formulierung der PEREP das kontroverseste Problem sein. Das Hauptkriterium ist dabei der Vorteil des Kontinents als Ganzem.

Dies wird nur möglich sein, wenn sich eine tiefgreifende Erkenntnis der pan-europäischen Identität durchsetzt, die alle an der Formulierung und Umsetzung der PEREP Beteiligten verinnerlichen.

Dieser pan-europäische Zielfindungsprozeß wird sich mit dem Dilemma Effizienz versus Gleichheit auseinandersetzen müssen.

Gibt man der Gleichheit (Gleichwertigkeit) den Vorzug, fördert man sozial ausgerichtete Maßnahmen zur Unterstützung der Entwicklung zurückgebliebener Regionen mit dem Ziel, die interregionalen Ungleichheiten zu vermindern.

Gibt man der Effizienz den Vorzug, fördert man global ausgerichtete Maßnahmen zur Unterstützung der Entwicklung innovativer Regionen, die weltweit Wettbewerbsvorteile einbringen.

Pan-Europäische Raumentwicklungspolitik

Mit anderen Worten: Die PEREP kann entweder eine introspektive Ideologie entwickeln und ihre Aufmerksamkeit vorrangig auf die internen Themen unseres Kontinents richten - auch auf die Verringerung von Ungleichheiten; oder sie kann eine extrospektive Ideologie entwickeln und ihre Aufmerksamkeit vorrangig auf die weltweiten Aufgaben sowie insbesondere auf Themen im Zusammenhang mit dem geostrategischen Wettbewerb zwischen den Ländern, Regionen und Orten des atlantischen und denjenigen des pazifischen Raumes richten.

Der Zielsetzungsprozeß ist sehr schwierig und kontrovers, denn er gründet sich nicht nur auf unterschiedliche theoretische Annahmen, sondern auch auf unterschiedliche politische Weltanschauungen und Werturteile.

VIII. Das pluralistische Ego der PEREP

Das Ego der PEREP ist ein kompliziertes institutionelles Problem. Das ihm zugrundeliegende Netz besteht aus dem weit gestreuten Ego der nationalen, regionalen und lokalen Regierungen, die als wichtige Partner im Formulierungsprozeß der PEREP verstanden und behandelt werden müssen.

Der Gedanke der gemeinsamen Souveränität im Bereich des pan-europäischen Raumes muß entwickelt werden. Wir beginnen nicht mit einer tabula rasa. Hierbei können die beiden internationalen Organisationen, die bereits gewisse Elemente überstaatlichen Egos im Bereich des europäischen Raumes geschaffen haben - die Europäische Union und der Europarat - wesentliche Beiträge leisten.

Das pluralistische Ego der PEREP wird ein dynamisches Phänomen sein, das für die Anerkennung der PEREP seitens der politischen und akademischen Gemeinschaften auf pan-europäischer Ebene sehr wichtig ist.

IX. Die Europäische Raumbeobachtungsagentur

ARL und DATAR haben vorgeschlagen, mit Unterstützung der Europäischen Union eine Europäische Raumbeobachtungsagentur einzurichten[15].

Ich meine, die Hauptaufgabe dieser Agentur sollte in der Förderung der PEREP bestehen.

Diese Behörde könnte ein pan-europäisches Netz von Institutionen entwickeln, das bei den Prozessen der Schaffung und Umsetzung der PEREP beteiligt wäre.

Diese Behörde könnte auch die Informations- und wissenschaftlichen Grundlagen der PEREP entwickeln und selbst die Position der geistigen Führerschaft für diesen Bereich übernehmen.

X. Die Rolle der pan-europäischen Raumplanung bei der Formulierung und Umsetzung der PEREP

Es gibt unterschiedliche Ansätze zur Beschreibung des Zusammenhangs zwischen Politik und Planung. Meiner Meinung nach ist Planung eine eher technokratische Tätigkeit, welche jedoch dem allgemeinen Entscheidungsfindungsprozeß im Rahmen der Politik als der Tätigkeit demokratischer Institutionen auf lokaler, regionaler, nationaler und internationaler Ebene untergeordnet ist.

Auf der Grundlage dieser Denkweise gehe ich davon aus, daß das erste Stadium in der Entwicklung einer allgemeinen PEREP-Doktrin bestehen sollte. Im Rahmen dieser Doktrin sollte das eher technokratische Denken bezüglich pan-europäischer Raumplanung entwickelt werden.

Diese Planung wird äußerst wichtig sein, wenn einige der PEREP-Gedanken in spezifische Investitionsvorhaben zum Aufbau neuer Elemente im pan-europäischen Raum umgesetzt werden sollen.

Die Via Baltica als Straße der Guten Hoffnung ist ein ausgezeichnetes Beispiel für ein solches Investitionsvorhaben[16].

XI. Ein internationales Forschungsprogramm zur Schaffung einer wissenschaftlichen und Informationsgrundlage der PEREP

Entwurf und Umsetzung aufeinander folgender PEREP-Modelle müssen ihren Hintergrund in einem gut entwickelten Forschungsprogramm finden, das von der Europäischen Raumbeobachtungsagentur gefördert und organisiert wird. Zu Beginn der Diskussion über Ausmaß und Inhalt dieses Programms darf ich folgende Themen für eine kritische Auseinandersetzung vorschlagen:

1. Die Europäische Union und die Entwicklung des Europäischen Raumes - Erfahrungen und Aussichten
2. Der Europarat und die Entwicklung des Europäischen Raumes - Erfahrungen und Aussichten
3. Die Diagnose des unorganisierten Raumes in Mittel- und Osteuropa
4. Die ökologische Katastrophe des Geteilten Europa und die ökologische Renaissance des Vereinten Europa im XXI. Jahrhundert
5. Die Veränderung der kulturellen Landschaften aus pan-europäischer Perspektive
6. Diagnostische und prognostische Ansätze der Entwicklung des pan-europäischen Raumes
7. Nationale Formen der Raumentwicklungspolitik - Erfahrungen und Aussichten in ausgewählten europäischen Ländern[17]
8. Theoretische und empirische Grundlagen der PEREP

Pan-Europäische Raumentwicklungspolitik

9. Politische, wirtschaftliche und soziale Bedingungen für Entwicklung und Umsetzung der PEREP
10. Theoretische und empirische Grundlagen der pan-europäischen Raumplanung
11. PEREP als Vorhut der Pan-Europäischen Gemeinschaft.

Diese Themenliste kann natürlich unterschiedlich gestaltet werden. Das Programm sollte jedoch auf jeden Fall ein der PEREP förderliches geistiges Klima schaffen und sie als wichtiges Instrument im Prozeß der Schaffung des Neuen Europa im XXI. Jahrhundert betrachten.

XII. PEREP - ein Programm für das XX. und XXI. Jahrhundert

Ohne Zweifel werden die wissenschaftlichen und Informationsgrundlagen der PEREP im Rahmen eines Dreijahresprogrammes Mitte der 90er Jahre festgelegt werden können. Entwurf und Umsetzung dieses Programms hängen hauptsächlich von den finanziellen Grundlagen und der Entschlossenheit der Verwaltung ab, hervorragende geistige Ressourcen in diesem Bereich zu mobilisieren. Das Programm könnte auch das PEREP-Image in weiten Bereichen der pan-europäischen öffentlichen Meinung, nämlich bei politischen Eliten und akademischen Gemeinschaften, fördern.

Dies bedeutet, daß Konzept und Image der PEREP vor Ende des XX. Jahrhunderts entwickelt werden können.

Programm und Herausforderung für das XXI. Jahrhundert werden darin bestehen, das gut entwickelte Konzept und Image der PEREP in eine politische Institution umzuwandeln, welche eine echte Möglichkeit zur Veränderung einiger Elemente des pan-europäischen Raumes besitzt, wobei pan-europäische Kriterien im politischen Entscheidungsfindungsprozeß anzuwenden sind.

Für die PEREP ist also die Herausforderung des XX. Jahrhunderts eine Herausforderung an unsere wissenschaftlichen Fähigkeiten.

Die Herausforderung des XXI. Jahrhunderts liegt im Bereich des politischen Entscheidungsfindungsprozesses auf pan-europäischer Ebene sowie auf herkömmlicher nationaler, regionaler und lokaler Ebene.

Der politische Erfolg der PEREP wird natürlich davon abhängen, inwiefern es gelingt, die Europäische Union in Richtung einer Pan-Europäischen Union zu verändern. Dieser Prozeß wird sich wahrscheinlich im ersten Jahrzehnt des XXI. Jahrhunderts beschleunigen.

Pan-Europäische Raumentwicklungspolitik

Schlußfolgerung

Ich hoffe, daß diese Fassung meines Papiers einige innovative Gedanken bezüglich der Entwicklung des pan-europäischen Raumes bietet.

Ich weiß sehr wohl, daß es sich bei diesem Papier eher um eine Reihe von Notizen handelt, mit Hilfe derer die wissenschaftliche Diskussion angeregt werden soll, und nicht um eine elegante Demonstration akademischen Wissens.

Für eine kritische Bewertung meiner Ausführungen wäre ich äußerst dankbar; sie könnte für nachfolgende Untersuchungen über Konzept und Image der pan-europäischen Raumentwicklungspolitik sowie deren Herausforderungen für das XXI. Jahrhundert durchaus förderlich sein.

Anmerkungen

Der Beitrag wurde aus dem Englischen übersetzt von Elke Nowak-Lehmann, Homburg.

[1] ARL/DATAR: Perspektiven einer europäischen Raumordnung. Hannover/Paris 1992.

[2] A. Bressand: Between chaos and pan-European Community - European integration at a watershed. In: A. Bressand/G. Csáki (Hg.): European reunification in the age of global networks. Promethee Paris, Institute for World Economics. Budapest 1992.

[3] A. Bressand, a.a.O.

[4] The geography of New Europe; in: European regional planning, Nr. 54, Council of Europe Press 1993.

[5] The European Community. Back to the drawing board. The Economist, London, July 3 - 9, 1993.

[6] P. Cooke: Regional Innovation Centres: Recent Western Experience and its Possible Relevance for Central and Eastern Europe - Regional Industrial Research of the European Communities, April 1993.

[7] B. Amoroso et al.: Marginalization, Specialization and Cooperation in the Baltic and Mediterranean Region - Monitor - Fast Programme. Commission of the European Communities, April 1993.

[8] H.-J. von der Heide: Grundpositionen. Entwurfsfassung. ARL 5.5.1993.

[9] H.-J. von der Heide, a.a.O.

[10] L. J. Sharpe (Hg.): The Rise of Meso Government in Europe, Sage Publication, London 1993.

[11] DATAR: Les Territoires du Futur. Editions de l'Aube, Paris 1993.

[12] A. Kukliński: Regional Policy - Experiences and Prospects. International Social Sciences Journal, Vol. 112, UNESCO, Mai 1987.

[13] H.-J. von der Heide, a.a.O., zit. n.: Raumordnungspolitischer Orientierungsrahmen - Leitbilder für die räumliche Entwicklung der Bundesrepublik Deutschland, Bundesministerium für Raumordnung, Bauwesen und Städtebau, Februar 1993, S. 21.

[14] M. E. Porter: The Competitive Advantage of Nations. Macmillan, London 1990.

[15] ARL/DATAR, a.a.O., S. 190.

[16] A. Kukliński: Via Baltica as a Route of Good Hope. Europe in search of a map. Project Promethee Perspectives no. 20, April 1992.

[17] DATAR: Les Territoires du Futur, a.a.O.; Bundesministerium für Raumordnung, Bauwesen und Städtebau: Raumordnungspolitischer Orientierungrahmen. Februar 1993.

Hans-Jürgen von der Heide

Gleichwertigkeit der Lebensverhältnisse

In der alten Bundesrepublik Deutschland hatten wir uns in einer mehr als dreißigjährigen Raumordnungs- und Strukturpolitik daran gewöhnt, den Grundsatz des Sozialstaatsprinzips unserer Verfassung nach gleichwertigen Lebensverhältnissen in allen Teilräumen des Landes als eine selbstverständliche Leitschnur für alle Entscheidungen anzusehen. Wir haben im westlichen deutschen Teilstaat dieses Ziel im großen und ganzen auch erreichen können. Eine konsequente Raumordnungs- und Regionalpolitik hatte dazu geführt, daß das Gefälle zwischen den Regionen weitgehend abgebaut, mindestens aber wesentlich abgemildert werden konnte. Das galt in erster Linie für die Ausstattung mit Einrichtungen der Infrastruktur, des Bildungswesens, für die Einrichtungen des Gesundheitswesens und die soziale Absicherung, aber auch für die Sicherung von Einkommen und von Arbeitsplätzen.

Als nach dem Krieg Ende der 40er Jahre der Wiederaufbau in Westdeutschland begann, war eine solche Gleichwertigkeit durchaus nicht gegeben; man dachte damals nicht einmal daran. Elf Millionen Vertriebene und Flüchtlinge waren in die Bundesrepublik geströmt, die Städte waren weitgehend durch die alliierten Luftangriffe zerstört, viele Industriebetriebe wurden demontiert, andere durch Produktionsauflagen behindert, es fehlte an Rohstoffen zur Verarbeitung, Millionen von Männern waren noch in Kriegsgefangenschaft. Beim Mangel an Lebensmitteln lebten in den ersten Nachkriegsjahren die Menschen auf dem Lande besser als in den Städten. Erst mit dem wirtschaftlichen Aufschwung und mit den großen Umsiedlungen in der Mitte der 50er Jahre begannen sich die Verhältnisse umzukehren. Die großen Städte gewannen ihre führende wirtschaftliche Funktion zurück. Mit dem Aufschwung bei Kohle und Stahl stellte sich ein zunehmend deutlicheres West-Ost-Gefälle ein. Die Situation im Grenzstreifen entlang der durch die Teilung Deutschlands entstandenen innerdeutschen Grenze verschlechterte sich zusehends, weil hier alle gewachsenen Lebens- und Wirtschaftsbeziehungen mit der Absperrung der Grenze abrissen. Das Gebiet, das einmal Herzstück Deutschlands war, geriet nun in eine zum Teil dramatische Randlage.

Schon in der ersten Legislaturperiode des Deutschen Bundestages begannen die Bemühungen, durch Notstandsprogramme Hilfe für die besonders hart betroffenen Gebiete und Städte zu leisten. Nachdem die größten Kriegsschäden beseitigt waren, entwickelte sich aus der Notstandshilfe die regionale Strukturpolitik im heutigen Sinne. In ihrer Zielsetzung tauchte erstmals der Grundsatz auf, sie solle dafür sorgen, daß in allen Teilräumen gleichwertige Lebensbedingungen entstehen können. Die neu entstehende Raumordnung nahm dieses Ziel sogleich als tragende Leitschnur mit auf. Dennoch wurde es Mitte der 60er Jahre noch nicht im Bundesraumordnungsgesetz normiert. Dies geschah erst fast ein Vierteljahrhundert später bei der großen Novellierung des ROG.

Gleichwertige Lebensbedingungen

Prof. Thoss hat im Laufe der 70er Jahre mit seinen Modellrechnungen die Gleichwertigkeit meßbar gemacht. Auch der Beirat für Raumordnung hat sich mehrfach intensiv darum bemüht, Leitlinien für die Handhabung eines solchen Indikatorensystems zu entwickeln. Mit den Arbeitsmarktregionen, die Prof. Klemmer für die Gemeinschaftsaufgabe „Verbesserung der regionalen Wirtschaftsstruktur" entwickelte, entstand ein handhabbares System wenigstens für den Aufgabenbereich der regionalen Wirtschaftsförderung. Nunmehr konnte anhand meßbarer Daten festgestellt werden, welche Teilräume wirtschaftlich benachteiligt waren oder für welche eine solche Benachteiligung drohte. In dieses System wurden später auch die Hilfen der europäischen Gemeinschaft eingegliedert.

Zwei Dinge waren für den Erfolg dieser Politik maßgeblich:

- die enge Zusammenarbeit zwischen den beteiligten Ressorts und
- die Verwirklichung des Gegenstromprinzips.

In der Regionalpolitik, aber auch in der Raumordnung - hier vor allem im Beirat für Raumordnung - wirkten Bund, Länder, Kommunen und die Verbände der Wirtschaft, der Landwirtschaft und der Arbeitnehmer vertrauensvoll zusammen, so daß sich die Vorstellungen und Zielsetzungen „von oben" mit den Bedürfnissen und Wünschen „von unten" befruchten und ausgleichen konnten. In der alten Bundesrepublik hatten wir uns an den erreichten Erfolg so gewöhnt, daß im letzten Jahrzehnt Raumordnungs- und Strukturpolitik von Bund und Ländern darauf ausgerichtet werden konnten, den noch zurückgebliebenen Gebieten gezielt zu helfen und jene Gebiete zu ermitteln und in die Hilfe einzubeziehen, bei denen ein Rückgang in der Wirtschaftskraft drohte.

Nach der Vereinigung Deutschlands hat sich diese Ausgangslage dramatisch verändert. Der Abstand in der Leistungskraft deutscher Regionen ist noch viel größer, als er in der Vergangenheit jemals war. Regionen im Westen Deutschlands stehen heute an der Spitze der leistungsfähigen Regionen Europas, und die Regionen in Ostdeutschland liegen ganz am unteren Ende der europäischen Regionenskala, noch hinter solchen in den besonders wirtschaftsschwachen Teilen Europas wie in Irland, Spanien, Portugal und Griechenland. Die Spannweite in der Leistungskraft unseres Landes ist damit heute größer, als sie es vor der Vereinigung in der EG gewesen ist.

Dies macht deutlich, daß wir in Gesamtdeutschland nicht mehr an die Ausgleichspolitik anknüpfen können, wie sie in den 80er Jahren in der Bundesrepublik bestand. Auch die Ausgleichsmaßstäbe, die wir damals entwickelt hatten, sind für die jetzige riesige Aufgabe nicht anwendbar. Das gilt sowohl in tatsächlicher wie auch in rechtlicher Hinsicht. Wir müssen vielmehr realistisch davon ausgehen, daß es in Deutschland noch lange große Unterschiede in der Ausstattung mit Infrastruktur, Arbeitsplätzen, im Einkommen, aber auch bei weiteren Indikatoren der Lebensqualität geben wird, bedauerlicherweise wohl auch - zumindest zeitweise noch - im Bildungssystem und bei der Berufsausbildung. Unterschiede wird es in Zukunft auch bei der finanziellen Ausstattung der Regionen geben. Die neuen Länder und mit ihnen ihre Regionen werden

Gleichwertige Lebensbedingungen

deutlich weniger Einkommen haben als die alten Länder und ihre regionalen Teilräume. Daran ändert auch der sogenannte Solidarpakt nur wenig, wenngleich er den Bundesfinanzausgleich zugunsten der neuen Länder erheblich verändern wird.

Es fragt sich also, ob man die Forderung, in allen Teilräumen gleichwertige Lebensverhältnisse anzustreben, überhaupt noch aufrechterhalten kann. Diese Frage ist jedoch vorbehaltlos zu bejahen. Gleichwertigkeit der Lebensverhältnisse muß das große Leitziel der Raumordnungspolitik, aber auch aller anderen raumwirksamen Politikbereiche bleiben. Die Menschen in allen Teilen unseres Landes haben Anspruch darauf, daß Politik und Regierung sich darum bemühen, einen entsprechenden Ausgleich in der Lebensqualität für alle Teilräume des Landes zu unterstützen. Sie werden den Menschen in besonders rückständigen Gebieten nicht klarmachen können, daß sie auf den Anschluß an die Lebensqualität im Bundesdurchschnitt verzichten müssen. Die Folge wäre überdies, daß viele aus solchen Regionen abwandern würden. Eine passive Sanierung in großem Flächenmaßstab wäre die unvermeidliche Folge.

Die für die ehemalige Bundesrepublik entwickelten Auslegungsgrundsätze für das Prinzip der Gleichwertigkeit der Lebensverhältnisse können deshalb sicher nicht ohne weiteres auf das jetzige Deutschland übertragen werden. In einer Eingabe an die Vorsitzenden der Verfassungskommission ist die Akademie hierauf näher eingegangen. Dies erkennt auch die Bundesministerin für Raumordnung, Bauwesen und Städtebau in ihrem aktuellen raumordnungspolitischen Orientierungsrahmen an. Zum Leitbild Ordnung und Entwicklung heißt es dort (5.1.):

„Nach dem Raumordnungsgesetz hat die Raumordnung gleichzeitig mehrere Hauptziele zu verfolgen, die sich unter den Kategorien von Ordnungs-, Entwicklungs- und Ausgleichsziel zusammenfassen lassen. Aus den generellen Zielen des Raumordnungsgesetzes folgt, daß je nach räumlicher und zeitlicher Situation und Ausgangslage sich die Prioritätensetzung mit ändert. Dies gilt ganz besonders stark für das Ausgleichsziel, das insoweit nicht starr, sondern dynamisch ist. Raumordnungspolitik kann das Spannungsverhältnis zwischen Ordnungs-, Ausgleichs- und Entwicklungsziel nicht grundsätzlich aufheben, jedoch aufgrund detaillierter räumlicher Analysen Kriterien für die Prioritäten setzen.

Der raumordnungspolitische Orientierungsrahmen ist dem Ziel verpflichtet, einen Beitrag zur Gleichwertigkeit der Lebensverhältnisse gerade zwischen dem westlichen und dem östlichen Teil Deutschlands zu leisten. Dies bedeutet aber zugleich, in eine Diskussion zur Neubestimmung des Gleichwertigkeitsziels einzutreten:

- Gleichwertigkeit der Lebens-, Arbeits- und Umweltbedingungen ist eine situationsabhängige dynamische Zielrichtung, kein absoluter Maßstab.
- Stärker als bisher muß mit längerfristigen Übergangszeiten in den neuen Ländern gerechnet werden, ohne daß damit das Ziel der Gleichwertigkeit aufgegeben wird.
- Bei der Verfolgung des Ziels der Gleichwertigkeit ist verstärkt nach sachlicher und zeitlicher Prioritätensetzung zu unterscheiden.

Gleichwertige Lebensbedingungen

- Der Staat kann die Gleichwertigkeit der Lebensverhältnisse nur in bestimmten Bereichen - Rechtsordnung und Sicherheit sowie Daseinsvorsorge im infrastrukturellen Bereich (Sozial- und Bildungsinfrastruktur, technische Infrastruktur, regionale Standortvorsorge, Umweltvorsorge) - unmittelbar sichern.

Gleichwertigkeit ist demnach nicht mißzuverstehen als

- pauschale Gleichartigkeit,
- Anspruch auf gleiche undifferenzierte Förderung und auf Nivellierung,
- pauschale Verpflichtung des Staates zum Ausgleich.

Hervorzuheben ist deshalb, daß der Abbau der räumlichen Ungleichheiten sich langfristig nur durch die gezielte Förderung der regionalen Eigenentwicklung erreichen läßt. Hierbei fällt - bei aller staatlicher Verantwortung - den privaten Investitionen die Schlüsselrolle zu. Deshalb müssen die Rahmenbedingungen hier neu geschaffen und die Unterstützungsmaßnahmen fortgeführt werden, um regionale Entwicklungsprozesse in Gang zu setzen, die tendenziell zu einer Angleichung der Lebensverhältnisse führen. Hierzu zählen in hohem Maße der Ausbau der Siedlungs- und Verkehrsstrukturen und der technischen Infrastruktur (Ver- und Entsorgung) sowie die Verbesserung der Standortqualitäten einschließlich der Sicherung und Entwicklung des Freiraums. Vor allem rechnen hierzu auch die umfangreichen Förderprogramme für private Investitionen".

Für die deutsche Raumordnung wird damit in Ausführung des Leitsatzes in § 1 ROG die zukünftige Zielrichtung absolut zutreffend und umfassend beschrieben. Damit ist indessen die verfassungsrechtliche Frage im Rahmen des Sozialstaatsprinzips noch nicht endgültig beantwortet. Wie in der Eingabe der Akademie beschrieben, wird der Grundsatz verfassungsrechtlich in Zukunft sehr viel differenzierter betrachtet werden müssen als bisher. Er läßt sich dreifach abschichten:

- Gleichwertigkeit in der Infrastruktur (einschließlich Bildung und Ausbildung),
- Gleichwertigkeit in der sozialen Sicherung und
- Gleichwertigkeit im Einkommen.

Auf dem Gebiet der sozialen Sicherheit wird die Gleichwertigkeit unverzüglich anzustreben sein. Beim Ausbau der Infrastruktur gilt dies im Rahmen des Möglichen und deshalb mit starkem Vorrang für die neuen Länder. Beim Einkommen kann die öffentliche Hand nur Hilfe bei Maßnahmen der privaten Wirtschaft leisten. Solche Hilfen zu leisten ist allerdings verfassungsrechtlich geboten. Richtig muß aber auch hierfür sein, daß in Zukunft der Grundsatz nach Gleichwertigkeit der Lebensverhältnisse nicht mehr statisch, sondern nur noch dynamisch betrachtet werden kann. Es wird aller Voraussicht nach noch lange Zeit dauern, bis in Deutschland der Zustand wieder erreicht werden kann, wie er zum Zeitpunkt der Wiedervereinigung in der ehemaligen Bundesrepublik bestand. Der Nachholbedarf ist in den neuen Ländern und in Ostberlin überall außerordentlich und erfaßt alle Lebensbereiche. Er gilt für die Wirtschaft und die Land-

Gleichwertige Lebensbedingungen

wirtschaft ebenso wie für das Wohnungswesen, den Städtebau und die Infrastruktur in allen ihren unterschiedlichen Sparten, für die staatliche Infrastruktur wie für die kommunale bis hinein in den privaten Bereich. Ein starkes Gefälle ergibt sich auch mindestens in Teilräumen der neuen Länder hinsichtlich der Umweltbedingungen. Nicht nur im ehemaligen Uranabbaugebiet und in den Braunkohleabbaugebieten müssen erhebliche Umweltschäden ausgeglichen werden, wenn in diesen Regionen wieder Lebensqualität entstehen soll. Ähnliches gilt auch für Teilräume des ostdeutschen Industrierreviers. Andererseits ist positiv zu vermerken, daß nicht zuletzt wegen der geringen Bevölkerungsdichte in vorwiegend ländlichen Gebieten der ehemaligen DDR der Zustand von Natur und Landschaft günstiger ist als in weiten Teilen der alten Länder.

Der ARL-Arbeitskreis „Fortentwicklung des Föderalismus" hat den Fragenkreis gleichwertiger Lebensbedingungen gründlich diskutiert. Er war sich darüber einig, daß die Auswirkungen der Vereinigung auch die Situation in den alten Ländern verändern werden. Mit dem erheblichen Mitteltransfer von West nach Ost haben die Maßnahmen in den neuen Ländern einen deutlichen Vorrang vor solchen in den alten Ländern. Das wird zu einer Konzentration des Mitteleinsatzes auf jene Gebiete der alten Länder zwingen, die gegenüber dem Durchschnittswert in den alten Ländern besonders benachteiligt sind. Das sind im wesentlichen Randregionen wie die Nordseeküste, Ostfriesland, Teile der Eifel und der Pfalz (auch wegen des Abzugs amerikanischer Truppen) und das bayerische Grenzland zur tschechischen Republik. Hinzu kommen Gebietsteile an der ehemaligen deutschen Grenze wie Lüchow-Dannenberg und Uelzen.

Zusammenfassend sei noch einmal auf folgendes hingewiesen:

Die zum Ausgleich der Lebensbedingungen zwischen Ost- und Westdeutschland notwendigen Maßnahmen setzen eine auch langfristig hohe Leistungsfähigkeit der öffentlichen Verwaltung auf allen Stufen voraus. Dies gilt für die Bundesdienststellen und -einrichtungen in den neuen Ländern ebenso wie für die Landesverwaltung und für die kommunalen Verwaltungen der Städte, Kreise und Gemeinden. Diese Leistungsfähigkeit ist in der gegenwärtigen Übergangsphase sicherlich noch keineswegs erreicht und wird zum Teil noch länger auf sich warten lassen müssen, zumal es im kommunalen Bereich geboten ist, in einer grundlegenden Gebiets- und Verwaltungsreform ein kommunales Verwaltungssystem zu schaffen, das demjenigen in den alten Bundesländern ähneln sollte. Die in aller Regel viel zu klein geschnittenen Gemeinden der neuen Länder können gegenwärtig weder ihren Planungsaufgaben noch auch vielen anderen kommunalen Verwaltungsaufgaben wirklich gerecht werden. Auch für die Kreisverwaltungen läßt sich ähnliches feststellen. Viele Aufgabenbereiche der Landesverwaltung, die unmittelbar auf die wirtschaftliche Leistungsfähigkeit einwirken, wie die Hochschulverwaltung, Forschungseinrichtungen, die Verwaltung für das höhere Schulwesen, werden noch Zeit brauchen, bis sie einen Leistungsstandard erreichen, mit dem die anstehenden Umstrukturierungsaufgaben wirklich und nachhaltig gelöst werden können. Auch bei technischen Verwaltungen (z.B. Vermessungswesen, Katasterverwaltung) und in der Gerichtsbarkeit (z.B. Grundbuchämter) sind noch große Aufbauleistungen zu vollbringen.

Gleichwertige Lebensbedingungen

Noch wesentlicher als dies wird sich aber eine unterschiedliche Finanzausstattung sowohl bei den Ländern wie bei den Gemeinden auswirken. Ganz gleich wie endgültig die neue Finanzverfassung des Bundes und der Bundesfinanzausgleich aussehen werden, wird es in der finanziellen Leistungskraft der Länder wesentlich größere Unterschiede als bisher geben. Es wird lange dauern, bis die neuen Länder und Berlin das Niveau der westlichen Bundesländer erreicht haben werden. Unterschiedliche finanzielle Leistungskraft macht es aber um so schwerer, die Forderung nach gleichwertigen Lebensverhältnissen in allen Teilen Deutschlands zu erfüllen. Unterschiedliche Finanzkraft und wertgleiche Lebensverhältnisse stehen insoweit in einem deutlichen Widerspruch zueinander.

Die Menschen in den neuen Ländern werden sich auf längere Zeit damit abfinden müssen, daß sie einen Lebensstandard, der mit dem in den alten Ländern vergleichbar ist, zunächst noch nicht erreichen werden. Zu Recht hat vor allem der sächsische Ministerpräsident, Prof. Dr. Biedenkopf, immer wieder darauf hingewiesen, daß dies nicht unbedingt ein Nachteil sein müsse. Die Regionen im östlichen Deutschland müssen sich, damit sie ihre Identität auf Dauer wahren können, zunächst auf Ziele einstimmen, die den dort lebenden Menschen unter den jetzt gegebenen Voraussetzungen Lebensqualität ermöglichen. Richtig ist auch, daß Aufbauerfolge Kräfte freisetzen, die ihrerseits zu weiterem Aufschwung führen. Aus den Erfahrungen der Nachkriegszeit wissen wir, wie groß solche Kräfte sein können und wie sehr sie die Entwicklung ganzer Regionen befördern können.

Ein ganz anderer Faktor kommt hinzu: der menschliche. Die Menschen in den neuen Ländern sind in eine ihnen bis dahin weitgehend fremde Welt eingetreten. Sie sind verunsichert und auf der Suche nach dem neuen Weg. Sie leben nun in einer Wirtschafts- und Rechtsordnung, die sie noch lernen müssen, um sie ihrerseits beherrschen zu können. In 45 Jahren der Trennung ist ein unterschiedliches Lebensgefühl und eine andere Werteordnung entstanden; wir messen gegenwärtig noch mit unterschiedlichen Wertmaßstäben. Die Zusammensetzung der Bevölkerung hat sich verändert, denn die Abwanderung von fünf Mio. Menschen vor dem Bau der Mauer konnte nicht ohne Auswirkung bleiben. Wir haben ganz unterschiedliche Erfahrungen im Umgang mit der Welt und damit ein unterschiedliches Weltbild. Beide Seiten müssen neue Erfahrungen sammeln, wenn die Deutschen in Zukunft wieder von einem gleichen Weltbild ausgehen wollen. Das kann nicht ohne Bedeutung für die Auslegung der Maßstäbe für Wertgleichheit sein.

GERD TÖNNIES

Thesen zur Gleichwertigkeit der Lebensbedingungen im vereinten Deutschland

1. Herstellung gleichwertiger Lebensbedingungen muß strategische Grundorientierung bleiben

Auch und gerade vor dem Hintergrund tiefgreifend veränderter gesamteuropäischer und innerdeutscher Rahmenbedingungen für die Raumentwicklungspolitik muß das Ziel der Sicherung/Herstellung gleichwertiger Lebensbedingungen in allen Teilen des neuen Bundesgebietes strategische Grundorientierung der raumordnungs-, regional- und strukturpolitischen Aktivitäten bleiben. Wohl mehr denn je stellt es eine Grundvoraussetzung für die Schaffung/Erhaltung einer dezentral organisierten, sozial und räumlich ausgewogenen (stabilen) Gesellschaft in einer föderativen Republik dar. Das Ausmaß der Disparitäten in den Lebens-, Arbeits- und Umweltbedingungen sowie hinsichtlich der Entwicklungschancen von Teilräumen (Regionen) hat eine für deutsche Verhältnisse völlig neue Dimension angenommen.

2. Gleichwertige Lebensbedingungen und interregionale Wanderungen

Die aus den Zusammenbrüchen regionaler Arbeitsmärkte und der dramatischen Verschärfung der räumlichen Disparitäten in nahezu allen daseinsrelevanten Bereichen resultierende „Abstimmung der Regionalbevölkerung mit den Füßen" über die Qualität der Lebensbedingungen und die zukünftigen Entwicklungschancen ihres Lebensraumes, d.h. die innerdeutsche Ost-West-Wanderung, stellt für zahlreiche Regionen in den neuen Bundesländern eine schwere, nachhaltig wirksame struktur- und entwicklungspolitische „Hypothek" dar (selektive Abwanderung, Verluste an Humankapital).

Ohne eine am Disparitätenabbau orientierte Politik des aktiven Gegensteuerns bzw. der aktiven und prioritären Entwicklung der neuen Länder besteht die Gefahr, daß sich - gesamtdeutsch - die gravierenden Entwicklungsprobleme in Ostdeutschland (Entindustrialisierung, Entagrarisierung) mit den Folgen starker Zuwanderung in Westdeutschland (angespannte Wohnungsmärkte, Flächenengpässe, steigende Umweltbelastungen und Ressourcenbeanspruchungen, kurz: „Wachstumsschmerzen") zu einem „zirkulär-kumulativen" Prozeß im Sinne Myrdals verketten. Das Menetekel eines ostdeutschen „Mezzogiorno" besäße dann einen durchaus beunruhigenden Realitätsgehalt - mit der Perspektive separatistischer/regionalistischer Autonomieforderungen und -bewegungen im Osten wie im Westen.

■ Gleichwertige Lebensbedingungen

3. Gleichwertige Lebensbedingungen und nachhaltige Wirtschaftsentwicklung

Zentrale Voraussetzung für eine Abnahme der Ost-West-Migration und die Herstellung ausgewogener Lebens-, Arbeits- und Umweltbedingungen in ganz Deutschland ist eine umweltverträgliche, eigenständige, multifunktionale (-sektorale) Wirtschaftsentwicklung in den neuen Ländern, die am ehesten einen raschen Abbau der Einkommensdisparitäten ermöglicht.

Die rasante Deindustrialisierung in den neuen Ländern muß gestoppt werden. Die Standortvoraussetzungen für die Ansiedlung moderner, innovativer und international konkurrenzfähiger Industriebetriebe mit umweltverträglichen Produktionsmethoden sind zügig zu verbessern. Eine ausschließlich bzw. dominierend dienstleistungsorientierte oder langfristig durch Transfereinkommen gestützte Wirtschaftsentwicklung kann keine tragfähige Entwicklungsalternative sein. Eigenständige, funktionsfähige regionale Arbeitsmärkte mit qualifizierten, zukunftsträchtigen Arbeitsplätzen sind neben funktionsfähigen Siedlungs- und Freiraumstrukturen konstitutive Elemente ausgeglichener Lebens-/Funktionsräume.

4. Relativierung des Gleichwertigkeitsziels im europäischen Kontext?

Die enormen innerdeutschen Entwicklungsunterschiede lassen es nicht zu, direkt an die Ausgleichspolitik und die Ausgleichsmaßstäbe der alten Bundesrepublik anzuknüpfen. Darüber hinaus wirken sich durch die (west-)europäische Integration generell und speziell über den Einsatz der Strukturfondsmittel der EU in zunehmendem Maße (gesamt-)europäische Disparitätenmaßstäbe auch in Deutschland aus.

Ein in letzter Zeit häufig gebrauchtes Zauberwort zur „Lösung" von Disparitätenproblemen ist der Begriff „Dynamisierung". Das Ausgleichsziel sei nicht statisch, sondern dynamisch zu verstehen. Die Gleichwertigkeit der Lebens-, Arbeits- und Umweltbedingungen stelle eine situationsabhängige, dynamische Zielrichtung dar und sei nicht als absoluter Maßstab (miß-)zu verstehen. In Anbetracht des erheblich verstärkten Disparitätengefälles müsse mit längeren Übergangszeiten gerechnet werden, wobei der Staat die Gleichwertigkeit der Lebensbedingungen nur in bestimmten Bereichen herstellen, sichern oder unterstützen könne (Raumordnungspolitischer Orientierungsrahmen der Bundesregierung 1993, S. 21).

Hierzu ist zu sagen: Die Herstellung gleichwertiger Lebensbedingungen war auch bisher - zwar bei deutlich geringeren Unterschieden in den Lebensverhältnissen - ein dynamischer (Ende-offen-)Prozeß, der nicht auf bestimmte Zeithorizonte programmiert war und sein konnte. Eine solchermaßen umfassende Entwicklungssteuerung hat es und wird es niemals geben. Dies würde auch für ein künftiges Staatsziel, das als globale Handlungsmaxime zum Disparitätenabbau durchaus anzustreben ist, gelten.

In eher planungstechnokratischer Hinsicht wären in diesem Zusammenhang gleichwohl zu diskutieren:

Gleichwertige Lebensbedingungen

- grobe Zeithorizonte der Zielerreichung je nach Daseinsvorsorgeaspekt und Versorgungs-/Funktions-/Ausstattungsbereich,

- die Anpassung der Mindeststandards an neue sozio-ökonomische, ökologische und sonstige räumlich-disparitäre Rahmenbedingungen (Europa). Hierzu gehören etwa
  - die Relativierung und ggf. Absenkung der Mindeststandards (neue Normvorstellungen über sozialstaatliche Mindestversorgungsgrade, Konsequenzen eines sustainable development für die hochentwickelten Konsumgesellschaften),
  - mehr Spielraum für Substitutionsprozesse zwischen Teilkomponenten der Lebensqualität,
  - mehr Spielraum für die regionale Differenzierung von Versorgungsgraden.

Zudem ist die Gleichwertigkeit der Lebensverhältnisse ein Mehrebenenphänomen/-problem in dem Sinne, daß Disparitätenabbau auf einer bestimmten Ebene (z.B. national) mit Disparitätenverschärfungen auf einer oder mehreren anderen Ebenen (etwa regional, lokal) verbunden sein kann und in der Regel auch ist (z.B. wenn knappes Entwicklungspotential in Entwicklungszentren konzentriert und aus der Fläche abgezogen wird).

Durch die Konfrontation mit gesamteuropäischen - insbesondere mittel- und osteuropäischen - Disparitätennormen und -graden werden die deutsche Situation und der deutsche Disparitätenbegriff erheblich relativiert. Dennoch kann es in Europa realistischerweise nicht um eine „Nivellierung nach unten", sondern muß es zuallererst und entscheidend um einen Abbau der Disparitäten in den zurückgebliebenen Ländern und Regionen gehen.

6. Gleichwertige Lebensbedingungen und Wertewandel

Bei der Beurteilung der Gleichwertigkeit der Lebensbedingungen sollte versucht werden, neben materiell-ökonomischen in stärkerem Maße immaterielle, qualitative und zukunftsorientierte Aspekte zu berücksichtigen. Kriterien einer ökologisch nachhaltigen Einwicklung werden dadurch ebenso an Bedeutung gewinnen wie die breite Palette Wertewandel-bedingter Ziel-, Norm- und Verhaltensorientierungen (etwa: Partizipation, Dezentralisierung, personale Solidarität, kleinere regionale und selbstbestimmbare Lebenskreise bzw. Überschaubarkeit von Lebensräumen, soziale Vernetzung auf lokaler/regionaler Ebene, regionale Identität/Identifikation und Regionalbewußtsein, langfristiges ressourcenschonendes Denken, neues Verhältnis zu Umwelt und Natur).

Für die alten Bundesländer wäre dies - um mit Brugger zu sprechen -, nachdem der Wunsch nach „Haben" hinreichend erfüllt ist, die ohnehin notwendige Suche nach mehr „Sein" bzw. der Übergang von primär materiellen zu immateriellen, emanzipatorischen, partizipatorischen Werten. Für die neuen Länder könnte hierin zugleich eine Alternative zur - ohnehin nicht finanzierbaren - „kulturschockartigen" Schnell-Anpassung an die materielle Lebens- und Verhaltensorientierung der Gesellschaft, der man

Gleichwertige Lebensbedingungen

beigetreten ist, gesehen werden. Hierbei besteht allerdings die Gefahr, daß kulturelle Normen, Werte und Lebens-Sinngebungen im Rahmen einer fiskalpolitisch motivierten Entlastungsstrategie für einen Bewußtseinswandel zugunsten einer generell stärkeren Akzeptanz regionaler Unterschiede in den Lebensbedingungen mißbraucht werden.

7. Gleichwertigkeit der Lebensbedingungen und nachhaltige Entwicklung

Zwischen der Sicherung/Herstellung gleichwertiger Lebensbedingungen, den Zielen einer eigenständigen - endogenen, dezentralen, selbstverantworteten - Entwicklung regionaler Lebensräume und dem Leitgedanken einer nachhaltigen Regionalentwicklung bestehen direkte und enge Zielkomplementaritäten. Global bezeichnet sustainable development eine Entwicklung, die in dem Sinne nachhaltig bzw. dauerhaft oder zukunftsträchtig ist, daß sie den sozialen, ökologischen und ökonomischen Bedürfnissen der heutigen Generationen entspricht, ohne die Möglichkeiten künftiger Generationen zu gefährden, ihre eigenen Bedürfnisse und Nutzungsanforderungen an räumliche Ressourcen angemessen befriedigen und ihren eigenen Lebensstil wählen zu können (ähnlich der Brundtland-Bericht).

Entscheidendes Kriterium ist somit die Chancengleichheit für künftige Generationen, breite Wahlmöglichkeiten und einen angemessenen Standard der Lebensqualität auch in der Zukunft zu haben bzw. realisieren zu können. Der Begriff Entwicklung ist in diesem Zusammenhang weit über die rein quantitative Erhöhung des Pro-Kopf-Einkommens hinaus im Sinne der Lebensqualitäts-Diskussion und des raumordnungspolitischen Gleichwertigkeitspostulats als Bündel von Zielen zu verstehen, die sich beispielsweise auch auf die Angleichung von Einkommensunterschieden (faire Einkommensverteilung), die Garantie von Grundrechten sowie die Erhöhung des sozialen und politischen Friedens (nachhaltige Wirtschafts- und Gesellschaftsordnung, geringe sozialräumliche Disparitäten und soziale Polarisation) sowie die Verbesserung der sozialen Infrastruktur - und hierbei insbesondere des Bildungswesens - beziehen.

Gleichwertige Lebensbedingungen sind von der Natur der Sache her nicht als kurzfristiges Zielerreichungsstadium, sondern nur als dauerhafte Entwicklungsperspektive und/ oder Lebenssituation zu verstehen. Dies gilt für die jeweils lebenden Generationen ebenso wie für die Ermöglichung einer breiten Palette von Optionen und Nutzungsanforderungen an den Raum zukünftiger Generationen (Offenhalten für Entscheidungen in der Zukunft) und ist nur auf der Grundlage nachhaltig funktionsfähiger ökologischer Ressourcen und Potentiale denkbar.

GISA ROTHE

Gleichwertige Lebensbedingungen unter besonderer Berücksichtigung der Verhältnisse in den neuen Bundesländern

Es ist mir wichtig, Ihnen die problematischen Entwicklungen in den ostdeutschen Bundesländern in Erinnerung zu bringen und dies im Zusammenhang mit dem Thema der Schaffung gleichwertiger Lebensverhältnisse zu diskutieren. Zugleich möchte ich aber auch Chancen für die räumliche Entwicklung unter dem Ziel gleichwertiger Lebensverhältnisse am Beispiel der Konzeption der gemeinsamen Landesentwicklung der Länder Brandenburg und Berlin aufzeigen.

Ich möchte meinen Beitrag in drei Punkte gliedern:

1. Problemdarstellung
2. Raumordnerische Antwort - Leitbild der dezentralen Konzentration
3. Praktische Umsetzung.

1. Problemdarstellung

Es gibt eine Vielzahl von negativen Erscheinungen, die in den ostdeutschen Ländern kumulieren und zu dramatischen Entwicklungen führen. Allerdings müssen diese auch unter Beachtung der Weltsituation gesehen und interpretiert werden. So hat 1992 ein UNO-Gremium folgende Statistik ermittelt:

- Das reichste Fünftel der Weltbevölkerung erhält 82,7 % des gesamten Welteinkommens,
  - das zweite Fünftel 11,7 %,
  - das dritte 2,3 %,
  - das vierte 1,9 %,
  - das fünfte und ärmste 1,4 %.

Ich möchte dieses Ergebnis nicht näher kommentieren. Jedoch meine ich, daß dies die uns hier beschäftigende Frage der gleichwertigen Lebensverhältnisse relativiert und deutlich macht, daß wir zugleich global denken müssen. Dies führt zu der Erkenntnis, daß wir unseren Lebensstandard und die Lebensqualität nicht weiterhin unter dem Gesichtspunkt quantitativer Wachstumsbedingungen betrachten können. Global und regional kann der Standard Westdeutschlands nicht der richtige Maßstab sein. Es bedarf der Umverteilung. Dies machen auch die folgenden Daten deutlich:

- In der Europäischen Union sind 17,5 Mio. Menschen ohne Arbeit. Das sind 10,3 % der arbeitsfähigen Bevölkerung.

Gleichwertige Lebensbedingungen

- Weltweit sieht es in den Industriestaaten nicht besser aus. Die OECD sagt für ihre Mitgliedsländer für das nächste Jahr 36 Mio. ohne Arbeit voraus.

In Deutschland fehlen nicht nur gut 3 Mio. Arbeitsplätze, sondern über 5 Mio., denn wir haben eine verdeckte Arbeitslosigkeit von über 2 Mio.

Es ist mir wichtig, darauf hinzuweisen, daß die Massenarbeitslosigkeit ein Phänomen unserer westlichen Gesellschaftsordnung ist, also ursächlich nicht mit dem Einigungsprozeß zusammenhängt. Dies müssen wir den Menschen in Ostdeutschland sagen. Es ist irreführend, wenn die Situation in den neuen Ländern immer nur als Ergebnis von „40 Jahren sozialistischer Mißwirtschaft" abgetan wird. Lassen Sie mich nun darauf eingehen, wie sich die Verhältnisse dort gestalten:

- Die Vernichtung des DDR-Wissenschaftspotentials hat ein unvorstellbares Ausmaß angenommen. Bereits im Dezember 1992 hatten von den 195.073 in Forschung und Lehre Beschäftigten lediglich noch 12,1 % eine Vollzeitstelle. Der Ausschluß der nahezu gesamten DDR-Intelligenz vom offiziellen gesellschaftlichen Leben der BRD hat ohne Zweifel neben moralischen Fragen negative ökonomische Konsequenzen.

- Hinzu kommt der Niedergang der industriellen Forschung. 1989 gab es in der ehemaligen DDR etwa 85.000 Forscher in der industriellen Produktion. 1992 waren es noch etwa 13.000. Zum Jahresende 1993 wird mit einem Abbau auf 10.000 gerechnet.

- Mehr als 1 Mio. Menschen sind seit Öffnung der Mauer in den Westen gegangen. Dies ist ein Ergebnis der massiven Beseitigung von Arbeitsplätzen in Ostdeutschland. Vor allem junge Menschen stehen vor der Entscheidung, zu bleiben oder ihre Heimat zu verlassen: von den 20- bis 25jährigen Ostdeutschen will jeder zehnte innerhalb dieses Jahres Richtung Westen ziehen, ergab eine Untersuchung des Bundesinstitutes für Berufsbildung (BIBB). Noch bedrohlicher: jeder vierte 20jährige denkt daran, in diesem Jahr vorübergehend oder dauerhaft in die Altbundesländer zu ziehen.

- In den neuen Bundesländern fehlen derzeit rund 22.500 Lehrstellen. 40.000 nichtvermittelten Jugendlichen stehen 17.500 offene Stellen gegenüber. Immer mehr Jugendliche versuchen deshalb, einen Ausbildungsplatz im Westen zu finden. Dort sieht das Verhältnis mit rund 91.000 Bewerbern bei 196.000 offenen Stellen anders aus. Während im Osten sich mehr als zwei Jugendliche um einen Ausbildungsplatz bemühen, stehen im Westen jedem Jugendlichen mehr als zwei offene Ausbildungsplätze zur Verfügung.

Gleichwertige Lebensbedingungen

Zur Arbeitsplatz- und Abwanderungsentwicklung in Brandenburg

Fläche und Bevölkerung

In Brandenburg leben etwa 2,5 Mio. Einwohner auf einer Fläche von rund 29.000 km². Das sind 87 Einwohner pro km². 1989 waren es noch 90. Insgesamt nahm die Bevölkerungszahl seit der Wende um 6 % ab. Nur Mecklenburg-Vorpommern ist mit 80 Einwohnern pro km² dünner besiedelt. Hierzu Vergleichsdaten: Das am dichtesten besiedelte Flächenland in der Bundesrepublik Deutschland ist Nordrhein-Westfalen mit etwa 500 Einwohnern pro km². Die Bevölkerungsdichte bezogen auf das Gesamtgebiet der Bundesrepublik liegt bei 220 Einwohnern pro km².

Die größten Städte Brandenburgs sind Potsdam: 139.000 Einwohner, Cottbus 123.000, Brandenburg 86.000, Frankfurt/Oder 85.000. Von der Einwohnerzahl her gesehen sind sie nicht mehr als größere Mittelstädte.

Arbeitsplatzentwicklung

Die durchschnittliche offizielle Arbeitslosenquote 1992 betrug 14,8 %, im Sommer 1993 15,3 %. Von 400.000 Industriearbeitsplätzen blieb ein Viertel übrig.

Die Zahl der Beschäftigten in der Brandenburgischen Landwirtschaft ist seit dem Zusammenbruch der DDR von rund 180.000 Bauern auf gerade noch 35.000, d. h. auf ein Fünftel der ursprünglichen Zahl gesunken. Der Brandenburger Landwirtschaft läuft der Nachwuchs weg. Dieses Jahr machen 781 Lehrlinge ihren Abschluß. 1995 werden es nur noch 150 sein. Vielen der privatisierten Genossenschaften und Gärtnereien fehlt das Geld, um Ausgebildete nach drei Jahren Lehre einzustellen. Den umgewandelten LPGen fehlt das Geld, insbesondere auch deshalb, weil die Treuhand nicht bereit ist, langfristige Pachtverträge abzuschließen mit der Folge, daß die Banken keine Kredite gewähren.

Von 1989 bis Ende 1991 reduzierte sich die landwirtschaftlich genutzte Fläche um 250.000 ha bzw. etwa 25% der gesamten landwirtschaftlich genutzten Fläche. Dramatisch ist der Rückgang der Viehbestände; die Zahl der Rinder nahm von 1,2 Mio. auf 780.000 ab; statt fast 3 Mio. Schweinen standen nur noch 1,086 Mio. Tiere in den Ställen. Von 420.000 Schafen blieben gar nur 178.000 übrig. Entsprechend rückläufige Zahlen auch bei den gewerblichen Schlachtungen: statt 293.000 Rindern 1990 ein Jahr später noch 143.000; bei den Kälbern gar ein Einbruch von 21.000 auf 7.200.

Angesichts dieser Fakten ist von einer anhaltenden Entleerung des ländlichen Raumes auszugehen. Gleichzeitig setzen sich auch die Abwanderungen aus den Städten des Landes Brandenburg fort.

Gleichwertige Lebensbedingungen

Entwicklung der Abwanderungen

Das Institut „empirica - Gesellschaft für Struktur- und Stadtforschung mbH" hält qualifizierte Abwanderungsstudien, in denen die Motivationen der Abwanderung dezidiert erforscht werden, für erforderlich, weil das Thema insgesamt zunehmend eine erhebliche politische Brisanz haben wird. In einer Vorstudie wird hierzu ausgeführt:

Die besonderen Gefahren der Abwanderung ergeben sich aus ihrem „doppelt" selektiven Charakter, nämlich:

- Die Abwanderer sind überdurchschnittlich jung. In der Altersgruppe zwischen 35 und 40 betrug die Nettoabwanderung aus Brandenburg 1991 weniger als 1.000; Nettoabwanderung in der Altersgruppe 21 bis 25 fast 5.000; 18 bis 21 über 4.000; 6 bis 14 fast 2.500.

Die gegenwärtige Diskussion hingegen wird von einer relativ einfachen Hypothese bestimmt. Danach ist die Abwanderung im wesentlichen durch die Abwanderungsneigung der ostdeutschen Bewohner charakterisiert, wobei die Abwanderungsneigung sehr stark von der Höhe der Arbeitslosigkeit abhängt. Im Laufe der 90er Jahre wird eine Stabilisierung der Arbeitsmärkte erwartet. Daraus würde sich dann nach den gängigen Thesen eine allmählich rückläufige Abwanderung ergeben, wobei unterstellt wird, daß die Abwanderungspotentiale allmählich erschöpft sein werden.

- Die Abwanderer sind in der Regel überdurchschnittlich qualifiziert. Damit führt eine länger anhaltende Abwanderung zu einer erheblichen Erosion der Arbeitsmärkte. Für expandierende Unternehmen und für neu gegründete Unternehmen sinkt die Attraktivität der regionalen Arbeitsmärkte erheblich, denn es kommt nicht darauf an, daß generell Arbeitskräfte vorhanden sind; entscheidenden Einfluß haben spezifische Engpässe bei spezifischen Qualifikationen. Solche Engpässe bestehen bereits und werden sich durch weitere Abwanderungen verstärken.

- Empirica weist anhand der Wanderungsmuster über die Grenzen der Bundesrepublik West seit 1961 nach, daß die Wanderungen jeweils sehr zyklisch waren. In Perioden aufsteigender Konjunktur kam es zu kräftigen Zuwanderungen nach Westdeutschland, in Perioden der Rezession zu Abwanderungen, wobei jedoch jeweils ein Teil der Menschen in Westdeutschland seßhaft wurde. Aufgrund dieser Erfahrungen kann man unterstellen, daß die Wanderungen von Ostdeutschland nach Westdeutschland sehr stark zyklischen Charakter haben werden. Dies bedeutet, daß in einer wieder günstigen Konjunkturentwicklung angesichts des Nachwuchsmangels in Westdeutschland, der sich schon heute in unattraktiven Bereichen (Pflege, einfache Dienstleistungen, Bauwirtschaft, Bahn, Post) zeigt, der Abwanderungssog wieder zunehmen wird. Diese Hypothese wird auch dadurch gestützt, daß sich bisher die Zielregionen der Abwanderer sehr stark auf die expansiven Räume Westdeutschlands konzentrierten, hier besonders auf stark industriell geprägte Bereiche, weil Fertigungsarbeiter und Techniker in Westdeutschland leichter integriert werden kön-

Gleichwertige Lebensbedingungen

nen als sozial- und staatswissenschaftlich geprägte Berufstätige. Ist die Sog-Hypothese richtig, dann wird sich die Abwanderung aus den Ostländern in den kommenden Jahren wieder erhöhen. Die befürchteten Erosionstendenzen, die in Ansätzen schon heute zu beobachten sind, können sich verschärfen. In einer Periode längerfristig wieder steigender Investitionsbereitschaft in Ostdeutschland könnte dann aufgrund spezifischer Engpässe auf dem Arbeitsmarkt die Standortattraktivität Ostdeutschlands erheblich gefährdet sein. Diese Sog-Hypothese spielt in der politischen Diskussion bisher eine geringe Rolle, sie hat jedoch eine besondere Brisanz.

- Neben den gefährlichen Auswirkungen der Wanderungen auf die wirtschaftliche Entwicklung der Ostländer führt die Abwanderung junger Menschen zu deutlich geschrumpften Geburtenraten. Während in diesem Jahr noch 34.500 Kinder in Brandenburg vor der Einschulung stehen, werden es im Jahre 1998 voraussichtlich nur noch 22.700 sein. Im ländlichen Raum führt dies zu außerordentlichen Versorgungsschwierigkeiten im Bereich des Schulwesens.

Die Daten machen deutlich, daß die räumlichen Konsequenzen, die sich aus der Ost-West-Einigung ergeben, gravierend sind. Diese müssen in Ihrer Komplexität durchleuchtet und begriffen werden, wenn weitere Abwanderungen verhindert und im Interesse der Sicherung der räumlichen Ordnung erfolgreich gegengesteuert werden soll.

Was die Verhältnisse in den jungen Bundesländern anbelangt, ist die Wahrnehmung der Westdeutschen nicht hinreichend sensibilisiert. Die psychologische Komponente wird von der westlichen Gesellschaft nicht erkannt. Die Wirkung außerökonomischer Faktoren wird unterschätzt. Die sozialen, kulturellen und emotionalen Brüche der Menschen werden nicht hinreichend berücksichtigt. Die familiären Strukturen sind kaputt. Die Geborgenheit in der Gruppe des Betriebes fehlt. Die einzigen Geborgenheit schaffenden Strukturen sind für viele junge Menschen Jugendgruppen zweifelhafter Zielrichtung.

Im Rahmen einer Talk-Show wurde auf die Frage:" Wie lange dauert der Annäherungsprozeß zwischen beiden Teilen Deutschlands?" geantwortet:

> „Zwei Jahre für die Straßen,
> zehn Jahre für die Wirtschaft und
> vierzig Jahre für die Köpfe.".

Dies betrifft die Köpfe in Ost und West. Die Tatsache, daß die ostdeutschen Länder der Bundesrepublik beigetreten sind, verleitet die westlichen Länder in vielen Fällen zu anmaßendem Verhalten. Es muß viel mehr unter der Prämisse des Zusammenschlusses gehandelt werden, d.h. die Teile müssen sich gegenseitig beeinflussen - Aufbaujahre im Osten müssen Veränderungsjahre im Westen sein. Die Angleichung des Lebensstandards ist eine gemeinsame Aufgabe für Berlin und Brandenburg und ganz Deutschland. Alle Teilgebiete müssen sich aufeinander zubewegen.

Gleichwertige Lebensbedingungen

Tatsächlich findet aber dieses Aufeinanderzubewegen nicht statt. Im Wege der Wanderungen wird der Beitritt vom Osten zum Westen täglich praktiziert mit der Folge, daß die Ballungsräume in Westdeutschland immer dichter werden und die ostdeutschen Länder sich mehr und mehr entleeren.

Wie die Brandenburger Landesentwicklung mit diesen Rahmenbedingungen umgeht, soll jetzt am Beispiel des raumordnerischen Leitbildes der dezentralen Konzentration dargestellt werden.

2. Das raumordnerische Leitbild der dezentralen Konzentration

Ausgangssituation

Neben den vorstehend aufgezeigten Problemen hat die Raumplanung die besondere räumliche Ausgangssituation in der Region Berlin/Brandenburg zu berücksichtigen.

Sie wird geprägt einerseits von der dynamischen hochverdichteten Metropole Berlin mit knapp 4.000 Ew/qkm inmitten des Landes Brandenburg - noch immer die größte Industriestadt zwischen Moskau und Paris - und andererseits durch das sehr dünn besiedelte, weiträumige und überwiegend ländlich strukturierte Flächenland Brandenburg mit nur 87 Ew/qkm im Landesdurchschnitt (vgl. Abb. 1).

Nach allen relevanten Prognosen wird sich dieses Verhältnis der Einwohnerdichten noch verschärfen. Bis zum Jahre 2010 wird mit einem Bevölkerungsrückgang von bis zu 250.000 Einwohnern im ländlichen Raum Brandenburgs gerechnet; bei gleichzeitigem Zuwachs von 180.000 Einwohnern im engeren Verflechtungsraum des Landes. Dies bedeutet einen absoluten Rückgang von 70.000 Einwohnern in Brandenburg. Diese Prognosen machen die Dringlichkeit raumordnerischen Gegensteuerns deutlich.

Raumordnerischen Gegensteuerns bedarf auch die Entwicklung Berlins. Das Beispiel anderer europäischer Metropolen zeigt, wie solche Agglomerationszentren ungeordnet weit ins Land ausufern können. Diese Gefahr besteht hier um so mehr, als Berlin nun nach dem Fall der Mauer in kurzer Zeit einen vierzigjährigen Nachholbedarf befriedigen will und neue Raumansprüche auch aufgrund der Hauptstadtentscheidung virulent werden.

Ich vergleiche diese Situation immer gern mit dem Bild eines gefüllten Sirup-Fasses, dessen Ringe gesprengt werden und dessen Faßdauben dann nach außen klappen, so daß diese Masse langsam, aber unaufhaltsam in die Landschaft vordringt. Der Expansionsdrang Berlins dürfte allerdings nur bis zu den S-Bahn-Endhaltepunkten reichen und damit eine Zersiedlung des engeren Verflechtungsraumes bewirken, jedoch keine hinreichenden Entwicklungsimpulse für die äußeren dünn besiedelten Räume Brandenburgs bedeuten. Eine solche Zersiedlung würde mit enormen Zuwächsen des Individualverkehrs einhergehen und sowohl Berlin als auch den engeren Verflechtungsraum

Gleichwertige Lebensbedingungen

Abb. 1: Die räumliche Situation der Länder Berlin und Brandenburg

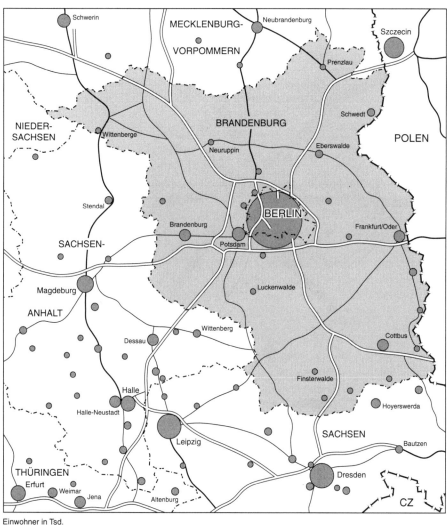

Einwohner in Tsd.
(Stand 31.12.1991)

Gleichwertige Lebensbedingungen

Abb. 2: Leitbild "Dezentrale Konzentration"

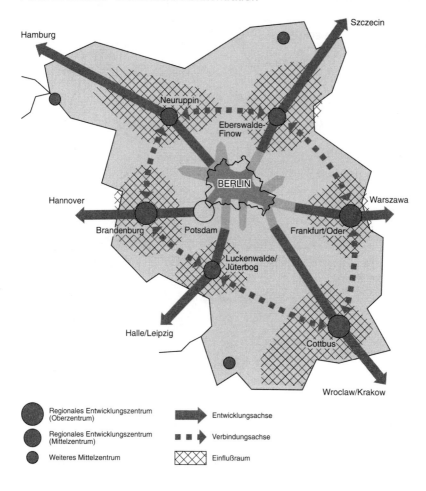

42

Gleichwertige Lebensbedingungen

der Funktionsfähigkeit berauben. Ziel der Raumordnung muß es sein, die noch weitgehend intakte und einmalig schöne Kulturlandschaft um Berlin zu erhalten und zu verhindern, daß die ländlichen Räume zu Restgrößen der Entwicklung degradiert werden.

Dazu brauchen wir einen Grüngürtel um Berlin und anstelle des „Speckgürtels" um Berlin einen Entwicklungsgürtel (3. Ring) auf der Höhe der Städte Brandenburg an der Havel, Neuruppin, Eberswalde, Frankfurt/Oder, Cottbus und Luckenwalde/Jüterbog (vgl. Abb. 2). Dieses Bild lag der Beschlußfassung der Gemeinsamen Regierungskommission der Länder Brandenburg und Berlin am 5. Dezember 1992, als die Eckwerte für ein gemeinsames Landesentwicklungsprogramm behandelt wurden, zugrunde. Es geht von der Bündelung der Potentiale zugunsten weniger historisch gewachsener Städte im Land Brandenburg aus. Diese Städte haben aufgrund ihrer Erreichbarkeit über Autobahn und Schiene eine besondere Lagegunst zu Berlin und den Zentren der Nachbarländer. Durch den weiteren zügigen Ausbau ihrer Infrastruktur, den zügigen Ausbau der Schnellbahnverbindungen nach Berlin sowie der Konzentration von Entwicklungspotentialen sollen diese Städte als sog. Regionale Entwicklungszentren nachhaltige Entwicklungsimpulse für das Land Brandenburg bewirken und zugleich als Entlastungsstandorte den Druck auf das Berliner Umland vermindern.

Modifizierung des raumordnerischen Leitbildes der dezentralen Konzentration

In einem umfassenden Erarbeitungs- und Diskussionsprozeß im Laufe des Jahres 1993 hat die Landesregierung Brandenburg die Eckwerte für ein gemeinsames Landesentwicklungsprogramm der Länder Brandenburg und Berlin vervollständigt. Diese Vervollständigung war für das weiträumige Flächenland Brandenburg erforderlich, um einen problemgerechten Orientierungsrahmen für die räumliche Entwicklung des Landes zu schaffen.

Während die in der Gemeinsamen Regierungskommission der Länder Brandenburg und Berlin abgestimmten Eckwerte für ein gemeinsames Landesentwicklungsprogramm als Schwerpunkte der räumlichen Entwicklung die Regionalen Entwicklungszentren nur auf dem sog. Städtekranz vorsahen, definiert das vervollständigte Leitbild nunmehr auch Regionale Entwicklungszentren in den äußeren Entwicklungsräumen des Landes (Wittenberge, Prenzlau, Schwedt, Finsterwalde und Lauchhammer/Senftenberg). Die Stabilisierung dieser Regionalen Entwicklungszentren und ihre Entwicklung ist eine langfristige Aufgabe mit offenem Zeithorizont.

Hinzu kommen die kurzfristigen bzw. vorübergehenden Handlungsbedarfe. Dies betrifft die Entwicklung der „Zentren im engeren Verflechtungsraum" (Nauen, Oranienburg, Bernau usw.) sowie „Orte mit besonderem Handlungsbedarf im engeren Verflechtungsraum", in denen zum Beispiel Konversionspotentiale sinnvoll genutzt werden sollen, und „industriell-gewerbliche Entwicklungsstandorte", in denen es gilt, durch Umstrukturierungen industrielle Arbeitsplätze zu erhalten.

Gleichwertige Lebensbedingungen

Mit diesem Leitbild soll ein Interessenausgleich zwischen dem Zentrum Berlin, seinem Umland sowie dem ländlichen äußeren Entwicklungsraum Brandenburgs geschaffen werden. Hinsichtlich der zukünftigen Nutzung des engeren Verflechtungsraumes ist zu betonen, daß dieser vorrangig Ausgleichsfunktionen für den hochverdichteten Metropolenraum zu erfüllen hat. In ihm muß die langfristige Erhaltung der natürlichen Lebensgrundlagen dauerhaft gesichert werden. Zugleich hat der engere Verflechtungsraum aber auch Ergänzungs- und Entlastungsfunktionen für den Metropolenraum und Entwicklungsaufgaben für das Land Brandenburg wahrzunehmen. Diese Entwicklungsaufgaben sollen solange berücksichtigt werden, bis die Regionalen Entwicklungszentren des Städtekranzes ihre Entlastungsfunktion für Berlin als auch ihre Entwicklungsfunktion für das Land Brandenburg voll wahrnehmen können. Hierzu sollen in einem ersten Schritt die Regionalen Entwicklungszentren mit Berlin durch einen „Regionalexpreß" im 30-Minuten-Takt verbunden werden. Damit würde der ursprünglich „langsame" - weiter von Berlin entfernt liegende Raum - zum „schnellen Raum". Der näher an Berlin liegende engere Verflechtungsraum, der nicht an den Regionalexpreß angebunden wird, wäre dann der „langsame Raum". Die Standorte der Regionalen Entwicklungszentren würden damit eine besondere Attraktivität und die Chance erhalten, Entwicklungsimpulse auch in die Tiefe des Landes Brandenburg zu geben.

Das Konzept setzt an den historisch gewachsenen Potentialen der Städte Brandenburgs an und nutzt das positive Erbe der DDR, nämlich die unmittelbare Nähe von Wohnen und Arbeiten, als wesentlichen Bestandteil einer verkehrsvermeidenden Siedlungspolitik, die in Ostdeutschland bewußt betrieben wurde (nicht in erster Linie aus dem geringen Pkw-Besatz resultierend!).

Die Regionalen Entwicklungszentren sollen als urbane Haltepunkte die Möglichkeit des regionalen und überregionalen Austausches und die Voraussetzung bieten, die Siedlungsstrukturen im Lande zu stabilisieren und zu entwickeln.

3. Umsetzung des Raumordnerischen Leitbildes

Es besteht die deutliche Gefahr, daß angesichts der Verdopplung der Zahl der Regionalen Entwicklungszentren und im Hinblick auf die aktuellen Förderungsbedarfe im Zuge der gewerblich industriellen Umstrukturierungsprozesse im Land Brandenburg eine wirkungsvolle Konzentration der insgesamt knappen Potentiale auf die lagemäßig bevorzugten Standorte des sog. Städtekranzes nicht zum Tragen gebracht werden kann. Von zu vielen Seiten wird an der zu kurzen Finanzdecke gezogen. Dies macht sie jedoch weder im Jahr der Kommunal- und Kreistagswahl (Dezember 1993) noch im Jahr der Landtagswahl 1994 länger. Im Gegenteil, es muß dafür gesorgt werden, daß sie nicht zerrissen wird und dann die Fördermittel ohne nennenswerte Entwicklungseffekte im Lande versickern.

Zur Umsetzung des raumordnerischen Leitbildes der dezentralen Konzentration ist nach meiner Auffassung die Unterstützung des Bundes vonnöten. Einen ersten richti-

Gleichwertige Lebensbedingungen

Abb. 3: Raumordnerisches Leitbild der Dezentralen Konzentration

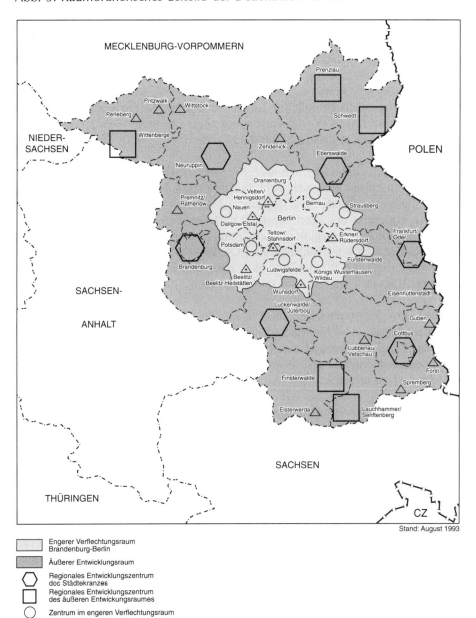

45

Gleichwertige Lebensbedingungen

gen Schritt hierzu stellt die Aufnahme des Konzeptes der dezentralen Konzentration (3. Ring) in den Raumordnungspolitischen Orientierungsrahmen des Bundesbauministeriums dar. Parallel dazu sollten Fördermittel des Bundes als „goldener Zügel" für seine Verwirklichung eingesetzt werden - auch wenn damit ein indirekter Eingriff in die Landeshoheit verbunden ist. Dies bedingt natürlich, daß spezielle Fördermaßstäbe zugunsten der ostdeutschen Länder entwickelt werden und sich die Mittelvergabe des Bundes daran orientiert - Förderung sog. Bundesausbauorte. Ich denke hierbei unter anderem an eine staatlich beeinflußte Tarifgestaltung im Nachrichtenwesen, in der Energieversorgung und der Ver- und Entsorgung zugunsten besonders zu entwickelnder Wirtschaftsstandorte in den Ostdeutschen Ländern.

Die Antwort auf die Grundsatzfrage nach der Angleichung der Lebensverhältnisse in Ost- und Westdeutschland kann sich nicht darauf beschränken, daß dies das unumstrittene Ziel der Politik des Bundes und der Länder bleibe. Die Antwort muß klarmachen, daß dies eine Änderung der Wertmaßstäbe und Wertverhältnisse in West und Ost erfordert. Diese Forderung ergibt sich auch aus dem Anspruch einer nachhaltigen Raumordnung. Die sich jetzt vollziehenden Ost-West-Wanderungen verschärfen die Disparitäten innerhalb der Bundesrepublik ständig und stetig. Dies kann ökologisch und ökonomisch sowie sozial nicht akzeptiert werden.

Wenn die Kräfte des Marktes sich allein überlassen bleiben, wird diese kritische Entwicklung unaufhaltsam fortschreiten und damit gleichwertige Lebensverhältnisse in allen Teilen des Bundesgebietes in zunehmende Ferne rücken. Daher bedarf es einer grundlegenden staatlichen Gegensteuerung, um soziale, ökologische und wirtschaftliche Gerechtigkeit zu erreichen.

Sinnvolle Ansätze gäbe es neben der o. a. Tarifgestaltung z. B. im Wege einer gemeinsamen Bodenpolitik der Länder Brandenburg, Berlin und des Bundes sowie der Treuhandanstalt. Noch nie gab es soviel Grund und Boden in der Verfügungsgewalt der öffentlichen Hände. Noch nie war die Chance, raumplanerische Zielvorstellungen im Interesse des allgemeinen Wohls umsetzen zu können, so günstig wie jetzt. Und vieles spricht dafür, im Interesse sozialer Gerechtigkeit die im Einigungsprozeß ohne Zweifel geschehenen Ungerechtigkeiten durch einen sozial verträglichen Umgang mit dem Boden auszugleichen.

Aber auch noch nie waren die Gräben so tief: Z. Zt. klagt das Land Brandenburg gegen den Bund auf Rückgabe des preußischen Grundbesitzes (250.000 ha). Zugleich bietet der Bund dem Land die problematischen, ehemals militärisch genutzten Liegenschaften der Westgruppen zum Eigentum an. Von insgesamt ca. 110.000 ha will der Bund - im wesentlichen im Umland von Berlin - 60.000 ha in seinem Eigentum behalten. 50.000 ha - im wesentlichen in den äußeren Lagen des Landes Brandenburg gelegen, davon 44 % zu großen Teilen minenverseuchtes Waldgelände - soll das Land Brandenburg übernehmen. Dies scheint mir kein positives Vorgehen im Sinne eines konstruktiven Ost-West-Vereinigungsprozesses zu sein. Die Dominanz westdeutscher Eliten - ohne deren positiven Willen in Frage stellen zu wollen - auf administrativer, politischer und ökonomischer Ebene hat zu einem tiefen und langfristig nachwirkenden antiwestdeutschen Vorbehalt in Ostdeutschland geführt. Es wird Zeit, daß die Gestaltungsspielräume, die mit der Deutschen Einheit eröffnet wurden, bzw. die Chancen, die die Deutsche Einheit für innovatives Handeln bietet, genutzt werden. In diesem Sinne bedarf es auch einer kritischen Politikberatung der Akademie.

■ Gleichwertige Lebensbedingungen

LOTHAR FINKE

Thesen aus ökologischer Sicht zum Themenbereich „dauerhafte, umweltgerechte Raumentwicklung" (sustainable development)

1. Seit der Veröffentlichung des Brundtland-Berichtes im Jahre 1987 und der Rio-Konferenz im Jahre 1992 ist der Begriff sustainable development zur neuen Zauberformel entwicklungspolitischer Überlegungen aufgestiegen. Wie ein historischer Abriß zur Entstehung dieses Begriffes (s. Anl. 1) verdeutlicht und wie auch Wolfgang Haber in seinem Referat auf der Mitgliederversammlung der ARL am 16.04.1993 in Frankfurt/Oder zeigen konnte, stellt das mit diesem Begriff eingeforderte Prinzip des nachhaltigen Wirtschaftens grundsätzlich nichts revolutionär Neues dar, sondern ist prinzipiell sowohl als ökologisches als auch als ökonomisches Prinzip in einigen Fachplanungen und der Wirtschaft vorhanden. Die aktuelle Diskussion um diesen schillernden Begriff veranlaßte den Gesprächskreis „Umwelt" der Akademie, der im Jahre 1992 zweimal unter der Leitung von Werner Buchner getagt hatte, dem Präsidium diesen Themenbereich einer nachhaltigen Entwicklung wegen der Vielzahl der damit verbundenen, offenen raumplanerischen Fragen dringend zur Aufnahme in das künftige Arbeitsprogramm zu empfehlen. Dieser Gesprächskreis „Umwelt" sah die Aufgabe der Entkoppelung des scheinbar naturgesetzlichen Zusammenhanges von wirtschaftlichem Wachstum und Belastungen der natürlichen Lebensgrundlagen als eine zentrale raumordnungspolitische Aufgabe an, die in der Bundesrepublik Deutschland bis in alle Teilräume hinein gelöst werden müsse (s. ARL-Nachrichten, Nr. 58 aus 12/92, S. 14/15).

2. Der Vielfalt der Verwendung des Begriffspaares sustainable development entspricht eine Vielfalt im Verständnis. Wie Kopfmüller (1993) zeigt, handelt es sich bei sustainable development um ein höchst unscharfes Begriffspaar - so haben beispielsweise Pearce et al. (1989) bereits vor vier Jahren über 30 verschiedene Definitionen aufgelistet.

Gerade wegen dieser höchst unklaren Begriffsklärung erscheint es dringend geboten, hier auch aus raumplanerischer Sicht eine schnelle Klärung herbeizuführen, da sonst beliebig behauptet werden kann, gerade die eigenen Ideen und der eigene Plan entsprächen just diesem Prinzip.

3. Nähert man sich dem Prinzip des sustainable development aus ökologischer Sicht, dann ist das sustainable sinnvollerweise nur als „ökologisch nachhaltig" zu begreifen, d.h. die natürlichen Lebensgrundlagen des (Menschen) müssen im Interesse unserer Kinder und Kindeskinder erhalten bleiben. Nun hat Wolfang Haber (1992 u. 1993) gezeigt, daß der Mensch seit langem seine Umwelt nicht nur verändert, sondern die Nachhaltigkeit weitgehend außer Kraft gesetzt hat. Um so dringlicher erscheint mir deshalb eine Politik des (radikalen?) Gegensteuerns. Das Prinzip der Nachhaltigkeit ist aus meiner Sicht das zentrale ökologische Prinzip mit Raumplanungsrelevanz überhaupt. Wenn die räumliche Planung dieses Prinzip aufgibt bzw. ihm nicht bald zum Durchbruch verhilft, gerät die ökologische Dimension ihres Zielsystems zur Farce.

4. Es paßt sich sehr gut, daß das Thema einer dauerhaften, umweltgerechten Raumentwicklung im Rahmen dieser Arbeitsgruppe in Zusammenhang mit dem häufig als Hauptziel der bundesdeutschen Raumordnungspolitik bezeichneten Ziel der gleichwertigen Lebensbedingungen diskutiert wird. Hier läßt sich unmittelbar sowohl auf die globale als auch auf die ethische Dimension des Prinzips des sustainable development überleiten - zur ethischen Dimension siehe Anlage 2.

Die Raumordnungspolitik in der Bundesrepublik Deutschland wird sich fragen müssen, ob das Prinzip der gleichwertigen Lebensbedingungen in allen Teilräumen als Exclusivrecht für die Bewohner der Bundesrepublik Deutschland gesehen wird oder ob man der Meinung ist, daß grundsätzlich alle Menschen auf dieser Erde gleiche Rechte haben. Ein Lebensstandard aller derzeit auf der Erde lebenden Menschen auf bundesdeutschem Niveau wäre mit Umweltbelastungen verbunden, die sicherlich mit maximaler Belastbarkeit des Ökosystems Erde und insoweit mit Nachhaltigkeit überhaupt nichts mehr zu tun hätten. Aus globaler Sicht wird sofort klar - dies haben die Länder der Dritten und Vierten Welt auf der Rio-Konferenz auch eindringlich gefordert -, daß die Industrienationen der Nordhalbkugel ihren Ressourcenverbrauch und die daraus resultierenden Umweltbelastungen drastisch zurückfahren müssen. Ob dies ohne radikale Absenkung unseres Lebensstandards, noch dazu in der erforderlich erscheinenden relativ kurzen Zeitspanne, überhaupt möglich und politisch durchsetzbar sein wird, muß zur Zeit erheblich bezweifelt werden.

5. Der Brundtland-Bericht wollte ganz offensichtlich ein positives Zeichen der Machbarkeit setzen und unterstellt für die Industrieländer mittelfristig ein Wachstum von 3% bis 4% als Voraussetzung dafür, daß die Entwicklungsländer künftig einen freieren Zugang für ihre Produkte zu den Märkten bekommen. Für die Einführung des Prinzips der ökologisch nachhaltigen Entwicklung in die bundesdeutsche Raumordnung und Landesplanung erscheint insbesondere die Stellungnahme der Bundesregierung aus dem Jahre 1988 hierzu von Interesse - diese lautet wie folgt: „Der WCED-Bericht unterstreicht mit Nachdruck, daß ökonomisches Wachstum von elementarer Bedeutung für die Bewältigung der Umweltprobleme ist und daß dieses Wachstum auf eine langfristig tragfähige Basis gestellt werden muß. Die Bundesregierung begrüßt dieses klare und eindeutige Bekenntnis zur Notwendigkeit dauerhaften weltwirtschaftlichen Wachstums."

Diese Interpretation des Prinzips sustainable development stellt aus ökologischer Sicht geradezu eine Verballhornung dar - derart läßt sich die erforderlich erscheinende „Harmonisierung von Ökonomie und Ökologie (so z.B. Angst 1992, Busch-Lüty 1992) nicht einfach herbeireden. Aus ökologischer Sicht bedarf es dazu radikaler und schmerzlicher Änderungen des Zielsystems nicht nur der Raumordnungspolitik, sondern nahezu

■ **Gleichwertige Lebensbedingungen**

sämtlicher Politikbereiche. Das Zielsystem der Raumordnung ist dadurch nicht so sehr in der Sache, als vielmehr im Bereich der Gewichtungen betroffen. Um es auf den Punkt zu bringen: Ökonomische Entwicklung im traditionellen Sinne, nahezu ohne Berücksichtigung negativer Umwelteffekte, muß der Vergangenheit angehören, ökologischen Zielen ist Priorität einzuräumen!

Hierzu bleibt zum wiederholten Male festzustellen, daß die heute vorliegenden wissenschaftlichen Erkenntnisse über die drohende, irreversible Zerstörung der menschlichen Lebensgrundlagen mehr als ausreichen, um daraus entsprechende politische Schlußfolgerungen zu ziehen. Wir haben demnach kein Informationsdefizit mehr zu beklagen, sondern ein politisches Entscheidungsdefizit. Die Akademie für Raumforschung und Landesplanung wird sich aus meiner Sicht in allernächster Zeit zu entscheiden haben, ob sie weiterhin im relativ ruhigen Windschatten der herrschenden politischen Meinung fahren will, oder ob sie sich aus der Deckung herauswagt, um sich als Fürsprecher einer zukunftsorientierten, langfristig tragfähigen Raumplanungstheorie und Raumordnungspraxis zu bekennen.

Anlage 1

Historischer Abriß zur Entstehung des Begriffes „sustainable development"

1972	Meadows und Mitautoren: „Die Grenzen des Wachstums"
1972	UNEP: „United Nations Environmental Programme"
1972	UN-Konferenz „Human Environment" in Stockholm
1973	Maurice Strong: „Ecodevelopment"
1974	Ignacy Sachs: „Guidelines for Ecodevelopment" - Befriedigung der Grundbedürfnisse - Befriedigendes soziales Ökosystem - vorausschauende Solidarität - Ressourcen- und Umweltschonung - Partizipation der Betroffenen - Erziehungsprogramme
1974	Erklärung von Cocoyok UNEP- Symposium über „Rohstoffnutzung, Umweltschutz und Entwicklung" in Mexiko - armutsbedingtes Bevölkerungsverhalten - armutsbedingte Umweltzerstörung - Überkonsum der Industrieländer
1975	Dag-Hammarskjöld-Report: „Was tun"

Gleichwertige Lebensbedingungen

- Plädoyer für eine andersartige Entwicklung
- alternative Entwicklungsstrategie für Entwicklungsländer
- Grundbedürfnisbefriedigung hat erste Priorität (floors)
- Entwicklung in Harmonie mit der Umwelt
- Befreiung und volle Entfaltung des Menschen als Individuum und soziales Wesen
- ungleiche Verteilung des Reichtums bedroht die äußeren Grenzen der Tragfähigkeit der Umwelt

70er Jahre „Self Reliance" (Vertrauen in die eigene Kraft) und „Dissoziation" (selektive Abkoppelung) in der Diskussion um die Entwicklungspolitik

1984 - 1987 WCED („Brundtland-Kommission")(„World Commission on Environment and Development", „Weltkommission für Umwelt und Entwicklung")

1987 „Brundtland-Bericht" („Our Common Future", „Unsere gemeinsame Zukunft")
- "sustainable development" im Deutschen als „dauerhafte Entwicklung" übersetzt

1992 UNCED („Rio-Konferenz") („UN Conference on Environment and Development", „UN-Konferenz über Umwelt und Entwicklung")
- "Erd-Charta" mit 27 Prinzipien zum globalen Umweltschutz und zu einer nachhaltigen Entwicklung

■ **Gleichwertige Lebensbedingungen**

Anlage 2

Prinzipien für eine nachhaltige Gesellschaft

nach: IUCN, UNEP u. WWF (Hg./1991): „Caring for the Earth - A Strategy for Sustainable Living" (1991), 228 S.

Prinzip 1:

Achtung und Sorge für die Gemeinschaft des Lebens:

Dieses Prinzip spiegelt die Pflicht der Fürsorge der Menschen gegenüber den Lebewesen der Erde, jetzt und in der Zukunft wider. Dieses Prinzip ist ethische Grundlage für die folgenden.

Prinzip 2:

Verbesserung der Qualität menschlichen Lebens:

Wichtige Komponente einer nachhaltigen Gesellschaft ist der Bedarf an qualitätsorientierter Entwicklung in bezug auf: Gesundheit, Ausbildung, Sicherung der Menschenrechte, Wohlstand, Gewaltfreiheit, Zugang zu den Ressourcen, die für einen angemessenen Lebensstandard nötig sind.

Prinzip 3:

Erhaltung der Lebenskraft und Vielfalt der Erde:

Lebenswichtige Systeme bewahren; die Lebensfähigkeit der Erde wird von dem Zustand des Klimas, der Luft und des Wassers bestimmt. Die Vielfältigkeit des Lebens mit dem Artenreichtum ist zu bewahren.

Prinzip 4:

Der Raubbau an nicht erneuerbaren Ressourcen muß gering gehalten werden:

Mineralien, Öl, Gas und Kohle sind nicht erneuerbar, aber ihr „Leben" kann durch Recycling, sparsamen Verbrauch und Alternativen verlängert werden.

Prinzip 5:

Innerhalb der ökologischen Tragfähigkeit der Erde bleiben:

Ökosysteme haben eine begrenzte Tragfähigkeit, d.h. Störungen werden von der Bevölkerung, aber auch durch den Konsum eines jeden einzelnen hervorgerufen.

Gleichwertige Lebensbedingungen

Prinzip 6:

Änderung der Einstellung und Handlungsweisen jeder einzelnen Person:

Um die Ethik für ein dauerhaftes Leben anzunehmen, müssen Werte moralisch überprüft und Verhaltensweisen geändert werden. Informationen und Wissen müssen durch organisierte und informelle Ausbildungssysteme Verbreitung finden.

Prinzip 7:

Gemeinschaften ermöglichen, für ihre eigene Umwelt zu sorgen:

Schöpferische und ergiebige Tätigkeiten werden besonders von Gemeinschaften hervorgerufen. Gemeinschaften wissen am besten um ihre Belange und die regionalen, kommunalen und örtlichen Möglichkeiten sowie Entscheidungskriterien im Sinne einer nachhaltigen Entwicklung. Ihre Belange und die Möglichkeiten zur Selbstbestimmung sollten durch Gesetze und andere Mittel gefördert werden.

Prinzip 8:

Die nationalen Rahmenbedingungen für die Integration von Entwicklung und (Natur-)Schutz schaffen:

Nationale Programme zur Nachhaltigkeit sollen alle Belange umfassen, Probleme erkennen und verhindern. Sie müssen anpassungs- und ausbaufähig sein. Nationale Maßnahmen sollten:
- das zusammenhängende System von Luft, Wasser, Organismen und menschlichem Handeln berücksichtigen;
- anerkennen, daß ökologische, ökonomische, soziale und politische Systeme aufeinander Einfluß haben;
- den Menschen im Zentrum der Systeme sehen und dabei abschätzen, wie sich die ökonomischen, technischen und politischen Faktoren auf den Gebrauch der Ressourcen auswirken;
- das Verhältnis zwischen ökonomischer Strategie und ökologischer Tragfähigkeit erkennen;
- die Nutzung der Ressourcen optimieren und die dazu notwendige Technik fördern;
- sicherstellen, daß der Verbrauch von Ressourcen angemessen bezahlt wird.

Prinzip 9:

Eine globale Zusammenarbeit entwickeln:

Kein Land ist Selbstversorger. Um eine dauerhafte Gesellschaft zu erreichen, muß eine feste Verbindung zwischen den Ländern gebildet werden. Zu berücksichtigen sind die unterschiedlichen Entwicklungsniveaus zwischen wirtschaftlich schwachen und starken Ländern. Weltweite Ressourcen wie die Atmosphäre und Ozeane dürfen nur noch nach internationalen Interessen beansprucht werden.

Gleichwertige Lebensbedingungen

Anlage 3

Bewußt provozierende Thesen zu der Frage, wie die räumlichen Planungen einen Beitrag zu einer dauerhaften, umweltgerechten Raumentwicklung werden leisten können[1].

1. Die Kenntnis der globalen Gefährdung der menschlichen Lebensgrundlagen als Folge unserer Wirtschaftsweise wird in allernächster Zeit dazu führen müssen, den relativ abstrakten Leitgedanken eines sustainable development in räumlich und sachlich differenzierte Aussagen in Form von Leitbildern, Grundsätzen, Leitlinien, Zielvorgaben, Beschränkungen, Anreizen etc. zu konkretisieren und einen direkten Bezug zur jeweils betrachteten räumlichen und sachlichen Ebene herzustellen. Jedem denkenden Individuum leuchtet unmittelbar ein, daß in einer begrenzten Welt unbegrenztes Wachstum nicht möglich sein kann. Daher kann und darf die Anwendung des Prinzips eines sustainable development nicht in die Vorstellung eines weiterhin nachhaltigen Wirtschaftswachstums uminterpretiert werden, sondern das development (die Entwicklung) hat sich vorwiegend auf immaterielle Werte wie Kultur, Bildung, die natürlichen Lebensgrundlagen (Naturraumpotentiale) und das Erreichen bestimmter Mindeststandards bzw. auf die Verbesserung der Qualität des menschlichen Lebens im Rahmen der raumspezifischen ökologischen Tragfähigkeit zu konzentrieren.

2. Sustainable development ist nicht als hierarchisches, dirigistisches Konzept zu verstehen, sondern als dezentraler und nach dem Prinzip der Subsidiarität ausgerichteter Ansatz. Es soll eine Annäherung an natürliche Ordnungsprinzipien stattfinden, also: Vielfalt, Gemächlichkeit, Selbstregulation, Fehlerfreundlichkeit, Lern- und Wandlungsfähigkeit.

3. Das Prinzip der Dezentralisierung - insbesondere in Form der Regionalisierung - ist zum zentralen Raumordnungsprinzip zu erheben. Dies bezieht sich sowohl auf Planungs- und Entscheidungsstrukturen als auch aus ökologischer Sicht auf den Ressourcentransfer, der möglichst gering zu halten ist. Auf regionaler Ebene sind gesamträumliche Schutzkonzepte zu entwickeln, die durch räumlich und sachlich ausreichend differenzierte Umweltqualitätsziele als verbindliche Planungsvorgaben festzusetzen sind.

4. In Fällen, in denen im entsprechenden Bezugsraum mindestens eines der vorhandenen Naturraumpotentiale erheblich oder nachhaltig gefährdet ist, ist der Berücksichtigung dieser ökologischen Belange Vorrang einzuräumen. Um dies in der Planungspraxis realisieren zu können, muß eine Umkehr der Beweislast eingeführt werden.

---

[1] Diese Thesen wurden zusammen mit Oliver Jäger erarbeitet, der sich im Studienjahr 92/93 als Mitglied des Studienprojektes F 10 1992/93 unter der Thematik „Raumordnerische Konzepte für die Bundesrepublik, speziell für die neuen Bundesländer" mit dem Thema des sustainable development intensiv auseinandergesetzt hat.

5. Als sofort einzuführende Planungsstrategie sind aus ökologischer Sicht absolute Verschlechterungsverbote und gleichzeitig Sanierungs-/Recyclinggebote einzuführen. Die Einhaltung dieser Umweltqualitätsziele ist im Rahmen durchzuführender Umweltverträglichkeitsprüfungen zu untersuchen und in den jeweils fachgesetzlichen Genehmigungsverfahren sicherzustellen.

6. Als zentrale Handlungsebene für die Einführung des raumplanerischen Prinzips einer dauerhaften umweltgerechten Raumentwicklung erscheint die Ebene der Regionalplanung - diese ist daher finanziell und personell schleunigst besser auszustatten, bei gleichzeitiger Vergrößerung der Steuerungskompetenzen. Entsprechend dem Prinzip des sustainable development wird dabei unterstellt, daß die Partizipation der Öffentlichkeit an regionalpolitischen Entscheidungen intensiviert wird.

7. Es ergeben sich eine Reihe ungelöster Probleme, Widersprüche und offene Fragen - z.B.:

- Zur Durchsetzung des Prinzips einer ökologisch nachhaltigen, umweltgerechten Raumentwicklung müßten die Regionen streng genommen im Sinne eines Bilanzierungsraumes unter den Aspekten der Stoff- und Energieströme abgegrenzt werden. Aus der gleichzeitigen Beachtung ökosystemarer, sozialer und wirtschaftlicher Zusammenhänge ergibt sich eigentlich das Erfordernis einer flexiblen Regionsabgrenzung, je nach betrachtetem funktionalem Zusammenhang. Es stellt sich die Frage, wie planungs- und verwaltungstechnische Erfordernisse dabei überhaupt noch gewährleistet werden können.

- Wie läßt sich die real existierende (groß)räumlich-funktionale Arbeitsteilung mit den Erfordernissen einer nachhaltigen Regionalentwicklung in Übereinstimmung bringen?

- Welcher Zusammenhang besteht zwischen einer nachhaltigen Entwicklung und der Theorie der „Ausgeglichenen Funktionsräume"?

- Wie läßt sich das Prinzip der Beachtung der jeweiligen raumspezifischen ökologischen Tragfähigkeit abgegrenzter Räume und die sich daraus ergebende ungleichgewichtige Ausstattung der Regionen mit Naturraumpotentialen mit dem Prinzip der Schaffung gleichwertiger Lebensbedingungen in Einklang bringen?

- Was wird aus globaler Sicht unter „angemessenem Lebensstandard" verstanden, zu dem hin sich die sogenannten Entwicklungsländer möglichst schnell entwickeln sollen?

- Was geschieht in solchen Regionen, die sich ganz offenkundig in einem Entwicklungszustand weit oberhalb der ökologischen Tragfähigkeit befinden?

Gleichwertige Lebensbedingungen

- Wie kann die Einhaltung zu definierender Entwicklungspfade zu einer nachhaltigen Entwicklung kontrolliert werden, wenn dieses nicht „von oben" vorgegeben oder freiwillig von allen Beteiligten gewollt wird?

- Wie können bestimmte Entscheidungen bei gegebener, ausreichender wissenschaftlicher Begründung - z.B. aus der Bewertung von Naturraumpotentialen - der Bevölkerung über neue Formen der Partizipation nähergebracht werden?

- Wie und von wem müssen derartige Informationen aufbereitet werden?

- Das Prinzip des sustainable development beruht sehr stark auf ethischen Prinzipien - es stellt sich daher die Frage, ob und wie überhaupt ein Grundkonsens in einer pluralistischen Gesellschaft herzustellen ist. Für die Raumplanung ergibt sich die Frage, wie eine Strategie in Richtung sustainable development als Spiegelbild des regionalen Bewußtseins überhaupt zustande kommen kann.

- Die Zeiten für den Natur- und Umweltschutz stehen auf Sturm - der Präsident des Bundesumweltamtes sprach kürzlich davon, daß wir uns derzeit mitten in einer ökologischen Gegenreformation befänden. Gleichzeitig zitiert die WAZ den Bundesumweltminister Töpfer, dem von Kollegen aus Ländern der Dritten und Vierten Welt gesagt wird, daß der hohe CO_2-Ausstoß der Bundesrepublik Deutschland als Kriegserklärung gegen ihre Länder betrachtet würde. Daraus ergibt sich die Frage, ob die Durchsetzung einer Strategie des sustainable development, also einer dauerhaften, umweltgerechten Raumentwicklung, nicht eines Tages etwa gegen den Willen breiter Bevölkerungsschichten durchgesetzt werden muß.

Hellmuth Bergmann, Detlef Marx

Gleichwertige Lebensverhältnisse und dauerhafte, umweltgerechte Raumentwicklung

Fragen, die Gegenstand der Diskussion über „dauerhafte, umweltgerechte Raumentwicklung" sein könnten

1. Definition

„Die dringend notwendige Änderung des Umganges mit Natur und Umwelt greift tief in bisherige Denk- und Verhaltensweisen der Menschen ein. Ein grundlegend neues Verständnis vom menschlichen Leben und von der Einordnung des menschlichen Lebens in das Naturgeschehen der Erde sowie von einem ökologisch verantwortlichen Lebensstil ist erforderlich. Art und Ausmaß der Natur und ihrer Ressourcen sind mit Blick auf ein neues Wohlstandsmodell neu zu bestimmen und das menschliche Verhalten auf die Wechselwirkungen und Vernetzungen in und mit Natur und Umwelt hin zu verändern" (Bundesbericht Forschung 1993).

In diesem Sinne sollte „Regionalpolitik heute die Aufgabe haben, die Möglichkeiten zur Erzielung von Einkommen der in einer Region ansässigen Bevölkerung direkt oder indirekt zu fördern und gleichzeitig Natur und Landschaft einschließlich der Umweltmedien, des kulturellen Erbes und der überkommenen biologischen Diversität zu erhalten" (D. Marx, „Auswirkungen des Europäischen Binnenmarktes auf den Alpenraum", Regensburg 1993).

Deswegen sollte unter „*dauerhafter, umweltgerechter (nachhaltiger) Raumentwicklung*" eine Wirtschaftsweise verstanden werden, die es gestattet, das Leistungsvermögen und die Regenerationsfähigkeit des Naturhaushaltes für die nachfolgenden Generationen zu erhalten und nicht mehr zu verbrauchen, als zuwächst, d. h. nicht mehr vom Naturkapital, sondern nur noch von seinen Zinsen zu leben.

Der Begriff der „Nachhaltigen Wirtschaftsweise" stammt ursprünglich aus der Forstwirtschaft und ist sehr bald von der Landwirtschaft übernommen worden. Ziel war und ist, so zu produzieren, daß die Ertragsfähigkeit des jeweiligen Ökosystems nicht nachläßt, sondern nach Möglichkeit durch geeignete Fruchtfolgen bzw. Zusammensetzung des Pflanzenbestandes und andere Bewirtschaftungsmaßnahmen, wie etwa Erosionskontrolle, Steigerung des Wasserhaltevermögens des Bodens, integrierten Pflanzenschutz usw., nachhaltig gesteigert wird, und zwar so, daß die Medien „Luft, Wasser und Boden" weder vernutzt noch irreversibel geschädigt werden. Abfälle wie Mist, Stroh, Blätter, Äste etc. werden in einer Kreislaufwirtschaft dem Boden wieder zugeführt und so entnommene Nährstoffe ersetzt.

Gleichwertige Lebensbedingungen

Schon in der Vergangenheit war eine völlig in sich geschlossene, nachhaltige Land- und Forstwirtschaft ohne Verbrauch nichterneuerbarer Ressourcen unmöglich, da zugunsten der Menschen immer Nährstoffe aus dem Boden entnommen werden mußten, die nicht wieder ersetzt werden konnten. Außerdem mußten Bodenschätze in Form von Werkzeugen, Geräten und Maschinen von jeher zugeführt werden. Späterhin kam der Mineraldünger und in der Gegenwart die Energie aus natürlichen Ressourcen von außen hinzu. Eine „nachhaltige" Land- und Forstwirtschaft oder eine „nachhaltige" moderne Wirtschaftsweise und Raumentwicklung, bei der keine Bodenschätze verbraucht werden, ist also nicht denkbar (Haber).

Eine praktikable Definition *„der dauerhaften, umweltgerechten Raumentwicklung"* ist demzufolge nur dann möglich, wenn den natürlichen Ressourcen entsprechend unterschieden wird zwischen:

1. der unbedingten Erhaltung der Leistungs- und Regenerationsfähigkeit des Naturhaushaltes einschließlich der drei Medien Wasser, Luft und Boden;

2. dem Schutz, der Erhaltung und der Entwicklung der für das Überleben, besser gesagt, das Wohlergehen der Menschen in bestimmten Räumen *notwendigen und von der Gesellschaft gewünschten* Flora und Fauna, der entsprechenden Biotope und Ökosysteme;

3. dem für die Raumentwicklung *erforderlichen* Verbrauch von nichterneuerbaren Bodenschätzen, sei es, daß sie sich in der betreffenden Region selbst oder sonst irgendwo befinden.

Ganz offensichtlich hängt der notwendige Schutz der unter 1.) und 2.) aufgezählten natürlichen Ressourcen von ihrer derzeitig im Raum bereits feststellbaren Inanspruchnahme ab. Je rarer (geschädigter) sie sind, um so wichtiger und gleichzeitig kostbarer sind sie für das Leben künftiger Generationen, und um so strenger (wirksamer) müssen die für Schutz und Erhaltung zu treffenden Maßnahmen sein.

Die Verwendung von *Bodenschätzen* hängt jedoch in jedem Wirtschaftssystem von ihren Gewinnungs- und Transportkosten und ihrer Seltenheit ab. Je rarer sie werden, um so mehr steigen Gewinnungskosten und Preise, um so sparsamer werden sie eingesetzt, um so eher durch neue Erfindungen ersetzt und um so weniger verschwendet. Damit in direktem Zusammenhang steht bislang der Lebensstandard der ansässigen Bevölkerung, das heißt der Lohnkosten. Je niedriger die Lohnkosten, um so mehr Arbeit kann für den Ersatz von Rohstoffen und Energie aufgewandt werden und umgekehrt. Der hohe Lebensstandard der Industrieländer wäre ohne extrem billige Energie und kostengünstige Rohstoffe nicht denkbar gewesen. Hochtechnisierte Gesellschaften setzen bisher Energie und Rohstoffe bzw. Maschinen ein, um Arbeit bzw. Löhne und Zeit zu sparen. Inzwischen ist es technisch jedoch möglich geworden, mehr Güter und Lebensqualität mit erheblich weniger Energie und anderen natürlichen Ressourcen herzustellen. Wie groß die jeweils mögliche Ersparnis ist, hängt exakt von den komparativen Preisen für diese marktfähigen Güter und dem Einfallsreichtum der Menschen ab. Bei freien Gütern (Luft, Wasser, Natur) wird solange nicht gespart, wie ihre Nutzung nicht durch Steuern und Gebühren *erheblich* verteuert wird.

In jedem Falle sollte man diese Probleme zwar global sehen, jedoch lokal handeln. Mit anderen Worten, die nachfolgende Diskussion sollte von der Erörterung der allgemeinen globalen und nationalen Umweltpolitik Abstand nehmen und vermeiden, bekannte Thesen und Argumente zu wiederholen. Sie sollte sich statt dessen *ausschließlich* auf die „dauerhafte, umweltgerechte *Raumentwicklung*" beschränken, d.h. auf das, was Landes- und Regionalplanung praktisch tun können, welche wissenschaftliche Unterstützung sie benötigen und welche raumrelevanten Gesetze geändert werden müßten.

2. Beziehung zwischen Gleichwertigkeit und Nachhaltigkeit

2.1. Ist die dauerhafte, umweltgerechte Raumentwicklung Vorbedingung für die Herstellung gleichwertiger Lebensbedingungen in allen Teilen Deutschlands, oder schließen sich beide gegenseitig aus?

2.2. Sowohl Raumentwicklung als auch die Herstellung gleichwertiger Lebensbedingungen sind ohne Investitionen in die allgemeine und soziale Infrastruktur und im Produktionssektor nicht denkbar. Investieren heißt jedoch, Grund und Boden und nicht erneuerbare Bodenschätze aller Art für den Bau von Wohnungen, Straßen, Schulen, Krankenhäusern und für gewerbliche Vorhaben der verschiedensten Art zu verbrauchen. Mit anderen Worten: Gibt es hier „Zielantinomie" oder doch „Zielharmonie", weil ein sparsamer Verbrauch nicht erneuerbarer Ressourcen einschließlich von Grund und Boden und Naturhaushalt letztlich doch abgefangen werden kann und weil umgekehrt aber auch Umweltschutz im weitesten Sinne Industriestandorte und ländliche Räume erst lebenswert und attraktiv macht?

2.3. Sollte die Raumplanung darauf hinwirken, daß in den Ballungsräumen grundsätzlich nicht mehr investiert wird und daß alle Investitionen, ob privat oder öffentlich, durch geeignete Maßnahmen und Anreize in die ländlichen Räume gelenkt werden, um dort gleichwertige Lebensbedingungen herzustellen? Oder wäre es eher im Sinne einer dauerhaften, umweltgerechten Entwicklung, alle Investitionen in den Ballungsräumen zu konzentrieren, die ja ohnehin schon stark geschädigt sind, um die Reinluft- und Reinwassergebiete in ihrem nicht oder wenig geschädigten Zustand zu erhalten? Welche Transferzahlungen würde ein solches Konzept zur Folge haben, wenn man die Bevölkerung in den ländlichen Räumen halten will, um der Ballung eine weitere, sicher umweltschädigende und volkswirtschaftlich sehr teure Bevölkerungskonzentration zu ersparen?

2.4. Ist es richtig, vor allem in Ostdeutschland die verseuchten Industriegebiete mit hohen Kosten zu sanieren, um dort die Bevölkerung zu halten und auch ihr zu gleich-

■ **Gleichwertige Lebensbedingungen**

wertigen Lebensbedingungen zu verhelfen, oder wäre es umweltgerechter und gleichzeitig ökonomischer, diese Gebiete sich selbst zu überlassen und der Bevölkerung andernorts, vielleicht sogar in den dünner besiedelten, aber gesunden ländlichen Räumen, eine neue Existenz zu ermöglichen?

2.5. Muß die Landes- und Regionalplanung mittelfristig mit einer deutschen Deindustrialisierung zugunsten etwa Ostasiens oder des Mittelmeerraumes rechnen, und was können beide tun, um das Schrumpfen der umweltsensiblen Industrien (29 % der Brutto-Wertschöpfung) durch Förderung innovativer Industriebetriebe und exportfähiger Dienstleistungsbetriebe mittelfristig zu kompensieren?

2.6. Sind derartige Überlegungen mit den ordnungspolitischen Grundsätzen unserer sozial-ökologischen Marktwirtschaft überhaupt in Einklang zu bringen, oder erfordert „Nachhaltigkeit" eine andere ordnungspolitische Konzeption von Raumplanung?

3. Weitere Diskussionsfelder

Es scheint zweckmäßig zu sein, die weitere Diskussion an den Schutzgütern des UVP-Gesetzes auszurichten und zu fragen, was Landes- und Regionalplanung im Rahmen des jetzigen Raumordnungsgesetzes tun können, um die gesteckten Ziele im Raum und am Ort und durch welche Mittel zu erreichen. (Die Stadt- und Bauleitplanungen sollten ausgeklammert werden.) Gegebenenfalls wären Vorschläge zu Gesetzesänderungen zu machen.

3.1. Luft: Wie müssen Luftreinhaltepläne gestaltet werden, damit die Belastung von Luft, Wasser und Boden im Planungsraum nicht weiter ansteigt bzw. sinkt? Reichen die Mittel der Raumordnung dazu aus, solange die Immissionsschutzgesetze eigentlich nur auf eine Minimierung der Belastung je Kubikmeter Abluft bzw. Rauchgas abstellen und jede hinzukommende Produktionseinheit, insbesondere dann, wenn sie nicht dem Raumordnungsverfahren unterliegt, und jeder neue Einwohner mit seinem Kfz. etc. die örtliche Emission und damit die Immission steigert?

Kann die Landes- und Regionalplanung durch geeignete Maßnahmen bei der gegenwärtigen gesetzlichen Lage Nennenswertes zur Verkehrsvermeidung oder wenigstens zur Flüssigkeit des Verkehrs ohne neue Verkehrswege beitragen?

3.2. Wasser: Reichen die vorhandenen Mittel der Landes- und Regionalplanung aus, um nicht nur Wasserschutzgebiete aller Kategorien, sondern auch Wasservorranggebiete für künftigen Verbrauch so auszuweisen, daß einer weiteren Belastung des Grundwassers wirkungsvoll vorgebeugt und die Grundwasserqualität nennenswert verbessert werden kann? Welche Auswirkungen haben diese Maßnahmen auf Ballungsgebiete und deren (Fern-)Wasserversorgung und auf die Herstellung gleichwertiger Lebensbedingungen in den ländlichen Räumen? Auch hier wäre zu diskutieren, ob die weitere Entwicklung - sprich Industrialisierung - der Ballungsgebiete zugunsten der ländlichen

Gleichwertige Lebensbedingungen

Räume stark gebremst werden sollte oder ob umgekehrt alles getan werden muß, um die jetzigen „Reinwasservorranggebiete" weitgehend industrie-, landwirtschafts- und ansiedlungsfrei zu halten. Geht das mit der dezentralisierten Konzentration?

Brauchen wir „Nationale Wasservorranggebiete", d. h. eine frühzeitige Sicherung von Grundwasservorkommen nationaler Bedeutung? Wenn ja, wie hätte das zu geschehen?

3.3. Boden: Nach Ansicht von Kloke ist der Boden in den Ballungsräumen bereits so stark belastet, insbesondere mit Schwermetallen, daß seine Ertragsfähigkeit in kurzer Zeit stark nachlassen wird bzw. die auf ihm erzeugten Nahrungsmittel nicht mehr unschädlich für die menschliche Gesundheit sind. Daraus ließe sich ebenfalls die Schlußfolgerung ableiten, weiterhin zu belasten, was ohnedies schon überlastet ist und stattdessen die wenig oder nicht belasteten ländlichen Räume unter allen Umständen zu schonen. Das stünde im Gegensatz zu den Bemühungen um die Herstellung gleichwertiger Lebensverhältnisse in diesen Gebieten. Kann Flächenrecycling von Industrie- und Militärbrache aus diesem Dilemma helfen?

Ist es mit den Grundsätzen der Nachhaltigkeit und Gleichwertigkeit vereinbar, daß der Bodenverbrauch für Siedlungs-, Industrie- und Verkehrsvorhaben in den Ballungsgebieten und deren Umgebung nach wie vor je Jahr doppelt so hoch ist wie in den ländlichen Räumen, obwohl die Siedlungsfläche prozentual in den Ballungsräumen jetzt schon doppelt so hoch ist wie in den ländlichen Räumen?

Könnte man aus dieser Tatsache die Schlußfolgerung ziehen, daß großzügige Ausweisung von Siedlungs- und Erholungsflächen in den dünnbesiedelten Räumen durchaus zu vertreten ist, wenn das der Raumentwicklung und damit der Herstellung der Gleichwertigkeit dienen könnte?

Wie wird sich die Umweltbelastung durch die Landwirtschaft in Zukunft entwickeln? Nimmt sie aufgrund weiterer Intensivierung und durch den betriebswirtschaftlichen Zwang, mehr zu produzieren, weiterhin zu, oder wird sie sich im Gegenteil durch den technisch-biologischen Fortschritt, besonders bei Düngung und Pflanzenschutz, und durch Extensivierung aufgrund nachgebender Preise in vielen Gebieten nennenswert vermindern? Welche räumlichen Auswirkungen würde die eine oder andere Hypothese haben, und wie hätte sich die Raumplanung darauf einzustellen?

3.4. Biotop- und Ökosystemschutz: Wäre es möglich, im Rahmen der Landes-, Regional- und Landschaftsplanung schnell und flächendeckend für jeden Raum Deutschlands eine genaue Karte der unbedingt und bedingt zu schützenden Biotope und Ökosysteme zu erstellen, aus der sich die Schlußfolgerung ableiten ließe, daß im Prinzip auf den nichtgeschützten Flächen Vorhaben aller Art von öffentlichen und privaten Investoren durchgeführt werden können, wenn andere Gesichtspunkte der Raumplanung dem nicht entgegenstehen? Wie sonst könnten diese Systeme geschützt und gleichzeitig Planungssicherheit und Planungsgeschwindigkeit hergestellt werden?

▓ Gleichwertige Lebensbedingungen

4. Sonstige Fragen zur Wechselwirkung zwischen Nachhaltigkeit und Gleichwertigkeit

4.1. Gibt es wirklich neben internationalen auch nationale „Umwelt- und umweltschutzbedingte Standortverlagerungen" von Industriebetrieben? Wie wirken sie sich auf Nachhaltigkeit und Gleichwertigkeit aus?

4.2. Allem Anschein nach nehmen Umweltbelastungen durch den industriellen Sektor ab, aber die durch Dienstleistungen, insbesondere Fremdenverkehr, zu. Kann man diese „Verlagerungen" erfassen, und wie wirken sie sich räumlich aus?

4.3. Was bedeutet die offensichtliche Tendenz zum produkt- und produktionsorientierten Umweltschutz für eine umweltgerechte, dauerhafte Entwicklung in den Ballungsräumen und in den ländlichen Räumen?

4.4. Was bedeutet eine „Stärkere Ökonomieverträglichkeit des Umweltschutzes" (Klemmer) für die Raumentwicklung, was gehört demgegenüber zur „Ökologieverträglichkeit" von Siedlung und Wohnung, Wirtschaft und Verkehr, und wie läßt sich die „Teilräumliche Tragfähigkeit" definieren und berechnen?

4.5. Sollte die Raumplanung sich der sparsamen Verwendung von nicht erneuerbaren Bodenschätzen, wie etwa Kies, durch restriktive Vergabe von Vorranggebieten etc. annehmen und dadurch die erwünschte Verwendung, etwa von Betongranulat, zum gleichen Zweck fördern, oder sollte sie die sparsame Verwendung dieser Ressourcen besser dem Markt, der Höhe der Transportkosten und der technischen Entwicklung überlassen?

4.6. Sollte sich die Raumplanung schon jetzt mit den möglichen Folgen einer langfristigen Klimaveränderung, insbesondere für die Küstenregionen, befassen? Um wieviel Meter müßten die Deiche je cm Anstieg des Meeresspiegels erhöht werden? Was würde das kosten, wie hoch wäre die volkswirtschaftliche Rentabilität solcher Maßnahmen zu bestimmten Zeitpunkten im Vergleich mit zu erwartenden Überschwemmungsschäden? Sollte man bestimmte tiefliegende Flächen besser dem Meer überlassen oder die heutige Küstenlinie unter allen Umständen verteidigen? Was würde ein tendenzieller Rückgang der Niederschläge für die Grundwasservorräte, die in Gletschern gespeicherten Wasservorräte, die Versalzung küstennahen Grundwassers, die Flußschiffahrt, die Kühlung von Kraftwerken, für die Regionalentwicklung im allgemeinen und für die Forderungen von Gleichwertigkeit und Nachhaltigkeit einzelner Räume im besonderen bedeuten?

4.7. Könnte es sein, daß mit der befürchteten Klimaveränderung und der Schwächung des Ozonschildes die land- und forstwirtschaftlichen Erträge zurückgehen, die bislang ja noch je Jahr um etwa 2,5 % bis 3 % steigen, und welche regionalwirtschaftlichen Folgen hätte ein derartiger Ertragsrückgang, wenn er sich nicht durch genetische Anpassung der Kulturpflanzen aufhalten ließe? (Schweizer rechnen schon jetzt mit -15 %).

5. Mögliche Gliederung von Diskussion und künftiger Forschung

Die Diskussion auf der Plenarsitzung und weitere Erörterungen in den anderen Gremien der Akademie könnten sich ebenso wie künftige Forschungsarbeiten über umweltgerechte, dauerhafte Raumentwicklung auf folgende Bereiche erstrecken:

5.1. Bewirtschaftung der Ressourcen:

- Schutz von Luft, Wasser und Boden, Natur- und Landschaft, menschlicher Gesundheit
- Umweltgerechtes Management aller Stoffflüsse einschließlich der Energie und des Abfalls durch regionale Stoffbilanzen und Preise, Steuern oder Abgaben, die ihrem ökologischen Wert bzw. ihren volkswirtschaftlichen Kosten entsprechen.

5.2. Einfluß umweltgerechter Sektorpolitik auf

- Standortwahl (Raumordnungsverfahren)
- Betriebsgenehmigungen und Vorhabenzulassungsverfahren
- integrierten Umweltschutz und Öko-Auditing
- Produktions- und Destruktionspolitik
- Wettbewerbsfähigkeit umweltsensitiver Betriebe von und für Landwirtschaft, Industrie, Gewerbe und Dienstleistungen.

5.3. Landes- und Regionalplanung und Mobilitätsmanagement

- Raum- und Flächenplanung
- Infrastrukturplanung (wirtschaftliche und soziale)
- Verkehrssteuerung durch bessere Aufteilung zwischen den einzelnen Trägern (Modal-split), Kostenzurechnung, umweltgerechtes Angebot, Überwachung etc.

Konrad Scherf

Gleichwertige Lebensbedingungen und dauerhafte, umweltgerechte Raumentwicklung

1. Wenn die Schaffung gleichwertiger Lebensbedingungen mit dauerhafter, umweltgerechter Raumentwicklung verbunden werden soll, ist dafür die allmähliche Angleichung der Regionen mit niedrigem Lebensniveau an diejenigen mit höherem Lebensstandard notwendig. Die umgekehrte Richtung (Niveauabsenkung) erscheint z.Z. illusionär. Die Erhöhung des Lebensniveaus erfordert wiederum ein bestimmtes Maß an ressourcensparendem, umweltverträglichem ökonomischem Wachstum in den Regionen mit niedrigerem wirtschaftlichem und sozialem Ausgangsniveau. Dazu sind sowohl die ökologisch und sozial verträgliche sowie ökonomisch effiziente Nutzung des endogenen Potentials in den bisher rückständigen Regionen als auch die Erhaltung und Stärkung der Wirtschaftskraft durch qualitativen Strukturwandel auf erhöhtem ökologischem Anspruchsniveau in den hochentwickelten Regionen die „conditio sine qua non". Nur so kann auch der interregionale Angleichungsprozeß durch die Umverteilung materieller und finanzieller Mittel zugunsten der sozial und wirtschaftlich schwachen Regionen unterstützt werden. Das Zusammenspiel dieser endogenen und exogenen Faktoren und Prozesse wird als generelle Vorbedingung und Grundlage für die Schaffung gleichwertiger Lebensbedingungen, verbunden mit einer dauerhaften, ökologischen und sozialen sowie auch wirtschaftlichen Ansprüchen genügenden Raumentwicklung auf allen Ebenen (regional, national, kontinental, global) gesehen. Die dabei wirkenden gravierenden raum-zeitlichen Differenzen und Interferenzen verlangen komplizierte Lösungswege.

2. Der ökonomisch und technologisch, ökologisch und sozial determinierten fortschreitenden Arbeitsteilung mit ihren in der Tendenz zunehmend großräumigen, d.h. überregionalen Bedingungen und Wirkungen kann nicht mit einer modernen „Subsistenzwirtschaft" regionaler und lokaler Prägung entscheidend entgegengewirkt werden. Wohl aber muß die bewußte Nutzung und Erschließung regional gebundener endogener Potentiale, die von wirtschaftlichen und sozialen, natürlichen und demographischen Potenzen bis zu landschaftlichen, ethnischen, historisch-landsmannschaftlichen, kulturell-mentalen und emotionalen Bindungsfaktoren reichen, zur Schaffung lebenswerter Verhältnisse in den verschiedenartigen Regionen sowie zur Förderung einer nachhaltigen Raumentwicklung wesentlich beitragen.

Jedoch kann die Ungleichwertigkeit der Lebensverhältnisse nicht durch die Wahrung „regionaler Identitäten" auf vergleichsweise niedrigerem Lebensniveau dauerhaft kompensiert werden. Jedoch könnte - bezogen auf das geeinte Deutschland - ein im Vergleich zu Westdeutschland relativ niedrigeres Einkommens- und Lebenshaltungsniveau in Ostdeutschland zu einer Stabilisierung der Lebensverhältnisse in den ostdeutschen Ländern beitragen. Dies stünde - dynamisch betrachtet - auch der notwendigen Pro-

Gleichwertige Lebensbedingungen

duktivitäts- und Effizienzsteigerung in der privaten Wirtschaft und in Bereichen der öffentlichen Hand in den ostdeutschen Ländern am wenigsten im Wege. Dadurch könnten sich die Kräfte des Marktes besser entfalten und für eine aufsteigende Linie der Regionalentwicklung im Osten Deutschlands umfassender genutzt werden. Die gegenwärtig erkennbaren Entwicklungstendenzen verlaufen jedoch in eine andere Richtung.

3. Für eine auf die Schaffung gleichwertiger Lebensverhältnisse und auf dauerhafte, umweltgerechte Raumentwicklung abzielende Sozial-, Umwelt-, Wirtschafts- und Raumordnungspolitik ist die ökologisch und sozial verträgliche sowie ökonomisch effiziente Nutzung und Erhaltung, Erschließung und Erweiterung des endogenen Potentials aller Teilräume eine notwendige, aber nicht hinreichende Bedingung.

Ein sozial und umweltgerechter, nachhaltiger wirtschaftlicher Aufschwung in den einzelnen Teilräumen insbesondere Ostdeutschlands verlangt vielmehr das Zusammenwirken endogener und exogener Faktoren.

Instrumentell sollten dafür die in den alten Bundesländern in der Vergangenheit gesammelten guten Erfahrungen mit einer regionalen Strukturpolitik, auf die von der Heide in seinem Beitrag zur Gleichwertigkeit der Lebensverhältnisse verweist, unter Beachtung der veränderten europäischen Rahmenbedingungen im erweiterten Bundesgebiet Anwendung finden. Unter den gegenwärtigen Bedingungen des völligen Umbruchs politischer, administrativer und rechtlicher, wirtschaftlicher und sozialer, demographischer und ökologischer Strukturen in Ostdeutschland (und Osteuropa) reichen die Kräfte des Marktes offenbar allein nicht aus, um sich den strategischen Zielen der Gleichwertigkeit schrittweise nähern zu können. Dies wird insbesondere in Zeiten wirtschaftlicher Rezessionen und Depressionen sowie chronischer Strukturkrisen sichtbar. Gezielte raumwirksame Maßnahmen müssen gerade dann darauf gerichtet sein, daß die Kräfte der Marktwirtschaft mit Priorität in denjenigen Gebieten „greifen" können, die gegenwärtig einen Entwicklungsschub als Impuls für eine künftig weitgehend eigenständige Entwicklung besonders benötigen.

Dazu müssen die bewährten traditionellen Instrumentarien der Raumordnung, Landes- und Regionalplanung in der „Dreieinigkeit" von Ordnung, Entwicklung und Ausgleich mit einer aktiven regionalen Strukturpolitik, insbesondere regionalen Wirtschaftspolitik, verbunden werden. Dies schließt eine regionale Infrastruktur-, Arbeitsmarkt- und Gewerbepolitik sowie Maßnahmen regionaler Wirtschaftsförderung mit ein.

4. Die in der Arbeitsgrundlage und in der Diskussion behandelten verschiedenen, z.T. sehr widersprüchlichen Seiten gleichwertiger Lebensverhältnisse müßten durch die Politik-, Rechts-, Wirtschafts-, Sozial-, Bau-, Umwelt- und Raumwissenschaften im multidisziplinären Zusammenwirken tiefer untersucht werden. Die dabei erzielten theoretischen und praktischen Ergebnisse könnten dann durch die Wissenschaft, Medien und Politik in der Öffentlichkeit transparenter gemacht werden. Insbesondere würde m.E. eine tiefgründige und differenzierte, ehrliche und Einseitigkeiten vermeidende Ge-

Gleichwertige Lebensbedingungen

schichtsaufarbeitung der Wirkungsweise politischer und sozio-ökonomischer, wirtschaftlicher und sozialer, demographischer und historisch-geographischer, natürlicher und ökologischer Faktoren der Raumentwicklung, die in der Nachkriegszeit zu den gravierenden räumlichen Unterschieden in den Lebensverhältnissen und Lebensbedingungen vor allem zwischen dem Westen (alte Bundesländer) und Osten (neue Bundesländer) geführt haben und die nun als krasse Disparitäten im steilen West-Ost-Gefälle im vereinten Deutschland wirken, zu einer Verbesserung des „Klimas" in der Öffentlichkeit für die Durchsetzung dieses nur langfristig zu erreichenden Zieles - Schaffung gleichwertiger Lebensverhältnisse in allen Teilen des erweiterten Bundesgebietes - beitragen. Allerdings kann dies nur im Kontext mit dem zusammenwachsenden Europa erfolgen, wobei darüber hinaus auch die Lösung globaler Probleme zu beachten wäre. Gerade das zeigt aber auch die Kompliziertheit und Vielschichtigkeit der theoretischen Fragestellung und die immensen Schwierigkeiten bei der praktischen Lösung dieses übergreifenden Problems der politisch und wirtschaftlich, natürlich und ökologisch, demographisch und sozio-kulturell determinierten Raumentwicklung.

Gerd Turowski

Bericht über die Diskussion zur Gleichwertigkeit der Lebensbedingungen

Im Anschluß an eine kurze Vorstellung der Papiere der Vorbereitungsgruppe setzte sich Ministerialrätin Rothe, Potsdam, eingehend mit der Frage der Herstellung gleichwertiger Lebensbedingungen unter besonderer Berücksichtigung der Verhältnisse in den neuen Bundesländern auseinander. Sie ging hierbei auch auf den raumordnerischen Handlungsbedarf im Land Brandenburg ein.

Dem Vortragsteil schloß sich ein Statement von Prof. Brösse, Aachen, an, das in folgender These zusammengefaßt werden kann: Gleichwertigkeit und Nachhaltigkeit sind nicht objektiv definierbar und nicht institutionell abschätzbar. Sie sind vielmehr Ausdruck unseres Unwissens und unserer Suche nach dem richtigen Weg. Antworten könnten nicht von der Ökologie und nicht von der Wissenschaft gegeben werden, sondern nur vom Menschen und seinem Wollen.

Mit dem Beitrag von Prof. Brösse war eine intensive Diskussion vorprogrammiert, die zu folgenden Ergebnissen führte:

1. Einheitliche Lebensverhältnisse sind nur möglich, wenn zugleich eine dauerhafte, umweltgerechte Raumentwicklung vollzogen wird. Wer den Zusammenhang von gleichwertigen Lebensbedingungen und nachhaltiger Entwicklung ignoriert, führt das betreffende Raumsystem in die Katastrophe.

2. Am Prinzip gleichwertiger Lebensbedingungen ist festzuhalten. Ein Abrücken von diesem Prinzip ist mit Wanderungsbewegungen verbunden, die sowohl in den Herkunftsräumen als auch in den Aufnahmeräumen zu negativen Auswirkungen führen.

3. Die Geschwindigkeit des Prozesses zur Herstellung einheitlicher Lebensverhältnisse muß Rücksicht nehmen auf die finanziellen Ressourcen. Nur dadurch können Transferleistungen politisch und ökonomisch verantwortet werden.

4. Das Niveau gleichwertiger Lebensverhältnisse ist dadurch zu erreichen, daß beide Seiten (Ost und West) sich annähern. Das bedeutet für den Westen den Abschied von luxuriösen Ausbaustandards und Großprojekten und für den Osten die Dämpfung der Ansprüche an das Umstrukturierungs- und Aufbautempo.

■ Gleichwertige Lebensbedingungen

Hellmuth Bergmann

Zusammenfassung der Diskussion zur dauerhaften, umweltgerechten Raumentwicklung (Nachhaltigkeit)

Der Arbeitsgruppe 1 waren zur Vorbereitung der Aussprache über die „dauerhafte, umweltgerechte Raumentwicklung", kurz „Nachhaltigkeit", zwei Beiträge vorweg übersandt worden:

1. Thesen aus ökologischer Sicht zum Themenbereich „dauerhafte, umweltgerechte Raumentwicklung" (sustainable development) von Lothar Finke, Dortmund;

2. Fragen, die Gegenstand der Diskussion über „dauerhafte, umweltgerechte Raumentwicklung" sein könnten, zusammengestellt von Hellmuth Bergmann, Luxemburg, und Detlef Marx, Regensburg.

Da beide Vorlagen vorstehend abgedruckt wurden, erübrigt sich ihre Zusammenfassung.

Zu den Thesen von Lothar Finke wurde ausgeführt, daß Nachhaltigkeit objektiv nicht zu definieren sei, sondern eine subjektive Wahrnehmung von Zukunft wäre. Auf dem Wege in die Zukunft könnten die Menschen nur mit ihrem Wollen und im politischen Konsens auf der Grundlage wissenschaftlicher Informationen Antwort auf die heute gestellten Fragen geben. Dabei dürfe nicht übersehen werden, daß die Nutzung natürlicher Ressourcen immer der Konkurrenz unterläge. Ferner müsse der Begriff „dauerhafte, umweltgerechte Entwicklung" zunächst einmal genauer definiert und insbesondere bestimmt werden, auf welchen Zeitraum sich der Begriff „dauerhaft" eigentlich erstrecke. Die Reproduktionsrate sei schließlich keine fixe Größe.

Die Praktiker waren hingegen der Meinung, daß die Ziele „Nachhaltigkeit" und „Gleichwertigkeit" Aufgaben der Raumordnung seien, so wie sie im § 1 des ROG festgelegt worden sind. Wenn auch die „Umwelt" nicht als unveränderbar angesehen werden könne, so wäre es der Raumordnung im Prinzip doch möglich, auch bei notwendigen Änderungen von Natur und Landschaft die Funktionsfähigkeit des Naturhaushaltes zu erhalten. Dazu gehöre auch die Sanierung der natürlichen Lebensgrundlagen in den neuen Bundesländern, jedoch zusammen mit der Herstellung von Gleichwertigkeit. Gelänge das nicht in einem für die betroffene Bevölkerung überschaubaren Zeitraum, so würde durch verstärkte Abwanderung die Siedlungsstruktur der neuen Bundesländer gefährdet und gleichzeitig die Belastung der Ballungsräume der alten Länder erheblich erhöht werden.

Mangels Zeit kam es leider nicht mehr zu einer Erörterung der von Hellmuth Bergmann und Detlef Marx für die praktischen Zwecke der Raumordnung vorgelegten Definition von Nachhaltigkeit. Ebensowenig wurden Antworten auf die konkreten Fra-

Gleichwertige Lebensbedingungen

gen vorgetragen, was Landes- und Regionalplanung tun könnten und nach welchen Thesen sie entscheiden sollten, um eine dauerhafte, umweltgerechte Raumentwicklung bei gleichzeitiger Verfolgung des Zieles der Gleichwertigkeit sicherzustellen. Wie allzuoft bei der Erörtung von Problemen der Erhaltung der Funktionsfähigkeit unserer Umwelt, blieb die Diskussion eher allgemein, politisch und abstrakt.

Dem Berichterstatter lag deshalb daran, darauf hinzuweisen, daß die ARL auf die Lösung allgemeiner umweltpolitischer Fragen kaum Einfluß, aber die Aufgabe hat, im Rahmen der Raumplanung und der Raumordnungspolitik nach praktikablen Lösungen zu suchen und den Raumplanern Anleitungen und Entscheidungshilfen für die Lösung der konkreten Fragen an die Hand zu geben, die im sicherlich unvollständigen Fragenkatalog aufgeführt wurden.

Dabei müssen raumordnerische Entscheidungen die Gesetze des Marktes und damit der Wirtschaft, die auf dem Eigennutz der Menschen und ihrem Streben nach Wohlstand beruhen, ebenso beachten wie die Gesetze der Natur, d.h. die Interessen und Reaktionen alles Lebendigen.

Durch rational angepaßtes Verhalten, durch Sozial-, Ordnungs, Wettbewerbs- und Umweltpolitik sowie durch geeignete Techniken könnten die extremen Auswirkungen eines schrankenlosen, eigennützigen Konkurrenzkampfes ebenso gemildert werden wie die gnadenlose Zerstörung des Naturhaushaltes um eines kurzfristigen, privatwirtschaftlichen Vorteiles willen. Nur einer ausgewogenen öko-sozialen Marktwirtschaft könne es gelingen, die extremen Amplituden der Entwicklungskurven ökonomischer und natürlicher Vorgänge soweit zu dämpfen, daß es weder zur zerstörerischen Entladung sozialer Spannungen noch zur lebensbedrohenden Vernichtung der für das Weiterleben der Menschen unabdingbaren natürlichen Ressourcen kommt. Andererseits sind Schwankungen zwischen wirtschaftlichem Auf- und Abschwung aber ebensowenig wie positive und negative Veränderungen von Landschaft, Natur und natürlichen Ressourcen vollständig zu vermeiden. Moderner Technik wäre es bei geeigneten wirtschaftlichen Signalen, d.h. rationaler, umweltgerechter Politik, durchaus möglich, eine Steigerung des Lebensstandards, vor allem der vergleichsweise weniger begüterten Bevölkerungsschichten, insbesondere in den neuen Bundesländern, mit einer Aufrechterhaltung der Funktionsfähigkeit des Naturhaushaltes bei rückläufiger Beanspruchung der meisten natürlichen Ressourcen zu vereinen. Die menschliche Spezies sei unter natürlichem und wirtschaftlichem Druck anpassungsfähiger und erfindungsreicher als jede andere Art und würde natürliche Ressourcen immer dann sparen oder schonen, wenn die wirtschaftlichen oder natürlichen Umstände sie dazu zwingen. Dabei wäre es Aufgabe der Politik, heilsamen Zwang so rechtzeitig auszuüben, daß lebenswichtige Medien und Ressourcen nicht irreversibel geschädigt oder zerstört werden.

Die Lösung unserer Umweltprobleme bedürfe nicht nur einer neuen Ethik, sondern ebensosehr einer neuen, den Umständen angepaßten Technik. In diesem Sinne ist jedoch Raumplanung die gleichzeitige Anwendung ethischer und technisch-naturwissenschaftlicher Prinzipien. Ihrem querschnittsorientierten Vorgehen sollte es möglich

Gleichwertige Lebensbedingungen

sein, alle an den Raum gestellten Ansprüche langfristig so zu befriedigen, daß dem Gemeinwohl heute und auch den Interessen künftiger Generationen genügend Rechnung getragen wird.

Die ARL sollte sich daher weniger den Problemen der großen weiten Welt, sondern unserem kleinen Raum widmen, um dort konkrete Antworten auf drängende Fragen der Raumplaner, so wie sie vorstehend aufgeführt sind, zu finden.

EBERHARD THIEL

Finanzsystem und föderale Struktur

Bund, Länder und Gemeinden sowie die EG kennzeichnen die einzelnen Ebenen des Föderalismus in Deutschland. Dabei wird deutlich, daß die föderale Struktur nicht nur vertikal geordnet ist, sondern daß auf den Ebenen der Länder und der Gemeinden die einzelnen föderalen Glieder auch horizontale Strukturen bilden.

Die Verteilung der Aufgaben und Ausgaben auf die Elemente des Bundesstaates ist durch das Grundgesetz und durch ergänzende Gesetze geregelt, ebenso die Verteilung der Steuerarten. Da die sozio-ökonomischen Strukturen, insbesondere die Höhe und Entwicklung der Wirtschaftskraft der einzelnen föderalen Elemente nicht gleich sind, verfügen sie zum einen über unterschiedlich hohe Einnahmen. Zum anderen ist der Bedarf an Staatsleistungen regional unterschiedlich. Daher würde es überraschen, wenn die Verteilung der Aufgaben und Ausgaben der Verteilung der Einnahmen entsprechen würde.

Die Verfügbarkeit von Finanzmitteln ist letztlich Voraussetzung für die Dispositions- und Gestaltungsfähigkeit der einzelnen Glieder des Bundesstaates. Selbst wenn die Bedeutung der historisch entwickelten Potentiale nicht zu unterschätzen ist, kommt dem aktuell verfügbaren Finanzvolumen eine entscheidende Bedeutung bei der Realisierung politischer Ziele zu. Das läßt sich anschaulich demonstrieren anhand der regional ungleichen Möglichkeiten zur Gestaltung der allgemeinen Rahmenbedingungen, der Infrastruktureinrichtungen und auch der Subventionen. Dieses sind aber auch wesentliche Instrumente zur Beeinflussung der räumlichen Verteilung der Bevölkerung sowie der wirtschaftlichen Aktivitäten und damit letztlich Möglichkeiten zur Gestaltung der Lebensbedingungen - die jedoch keineswegs nur von öffentlichen Leistungen abhängen.

In einem Bundesstaat kann eine Ungleichheit der Lebensbedingungen zwischen den einzelnen Gliedern nur bis zu einem gewissen Grad toleriert werden, da sonst die Gefahr größerer Friktionen und einer abnehmenden Staatsakzeptanz droht. Ein föderales System ist daher geradezu gekennzeichnet durch einen Bedarf an Ausgleichsmechanismen.

Die verschiedenen Ansätze des Finanzausgleichs stellen dabei wichtige Instrumente dar, deren Ausgestaltung auch einen wesentlichen Einfluß auf die Erfolgsaussichten raumbezogener Politik hat. Der vertikalen föderalen Struktur entspricht dabei der vertikale Finanzausgleich zwischen den Ebenen EG, Bund, Länder, Gemeinden. Dieser vertikale Ausgleich (Zuweisungen des Bundes an die Länder und Gemeinden; Zuweisungen der Länder an ihre Gemeinden) hat dabei auch Auswirkungen auf die Finanzausstattung der Glieder des Bundesstaates in ihrer horizontalen Struktur. Zu diesen horizontalen Wirkungen des vertikalen Ausgleichs kommen die Effekte des horizonta-

Finanzsystem und föderale Struktur

len Finanzausgleichs insbesondere zwischen den Bundesländern. Beide Ansätze des Finanzausgleichs können somit - bei entsprechender Ausgestaltung - die politischen Bemühungen zur Beseitigung größerer Ungleichheiten der Lebensbedingungen unterstützen.

Der Bedarf an finanziellen Ausgleichsmaßnahmen ist sowohl im europäischen Raum wie im Verhältnis zwischen Ost- und Westdeutschland offensichtlich. Eine befriedigende Instrumentierung der erforderlichen Ausgleichsmaßnahmen ist bisher nicht gelungen. So sind Verzögerungen bei der Lösung raumrelevanter Probleme mit auf diese Defizite der Finanzpolitik zurückzuführen.

Während in den anderen Arbeitsgruppen Fragen nach dem Grad der zu tolerierenden Ungleichheit zwischen den Regionen und nach der Sicherung einer nachhaltigen Wirtschaftsentwicklung - gleichzeitig auch Voraussetzung und Ziel einer räumlich orientierten Finanzpolitik - sowie die Möglichkeiten einer zweckmäßigen Regionalisierung eines föderalen Gebildes und seiner Politik analysiert werden, sind hier ausgewählte Fragen des Finanzausgleichs behandelt, die direkten Bezug auf räumliche Strukturen nehmen. In den folgenden Beiträgen geht es somit nicht um theoretisch-konzeptionelle Grundfragen des Finanzausgleichs, sondern um die Vermittlung finanzpolitischer Grundtatsachen auf der Basis der aktuellen Situation.

So hat Herr Benz einige Wirkungen der Aktivitäten der vierten föderalen Ebene - der EG - auf die föderalistischen Strukturen in Deutschland dargestellt. Angesichts des gleichzeitig auftretenden Ausgleichsbedarfs in Europa und innerhalb des vereinigten Deutschlands wird sich der Wert des kooperativen Föderalismus noch beweisen müssen; in dieser Situation beleuchtet Herr Lammers das Verhältnis zwischen dem Bund und den Ländern. Im Mittelpunkt der Untersuchung von Frau Hardt steht eine Bilanz der Finanzströme zwischen Ost- und Westdeutschland, und Frau Hummel analysiert in ihrem Beitrag die neuen Regelungen des Länderfinanzausgleichs. Den Gemeinden kommt eine wesentliche Aufgabe bei der Gestaltung der Lebensbedingungen zu; Herr Postlep erörtert einige Thesen zur Aushöhlung der Bedeutung der kommunalen Ebene im deutschen Föderalismus, und Herr Junkernheinrich berichtet abschließend über die brisante Finanzsituation der ostdeutschen Gemeinden.

Arthur Benz

Föderalismus und europäische Integration

1. Die europäische Integration hat beträchtliche Folgen für die bundesstaatliche Ordnung. Das föderative System der Bundesrepublik muß sich an die europäische Entwicklung anpassen. Abstrakte Klagen über eine Zentralisierung staatlicher Macht auf die EU sind allerdings wenig geeignet, die Probleme angemessen wiederzugeben und daraus Folgerungen zu ziehen.

Dazu ist zwischen zwei Typen von Aufgaben zu unterscheiden:

- Zum einen gibt es Aufgaben, die nach dem Grundsatz der Subsidiarität den Ländern verbleiben sollten. Werden sie dennoch auf die EU übertragen, liegt ein Fall von Überzentralisierung vor.

- Zum anderen gibt es Aufgaben, die zwar zweckmäßigerweise im europäischen Kontext erfüllt werden, gleichwohl die Politik der Länder beeinflussen. Hier könnte sich das Problem ergeben, daß in der Gemeinschaftspolitik berechtigte Interessen der Länder vernachlässigt werden. Ist dies der Fall, müssen wir von mangelnder Interessenberücksichtigung sprechen.

2. Um eine Überzentralisierung zu verhindern, genügt die Existenz des Subsidiaritätsprinzips nicht. Entscheidend ist, ob die dezentralen Institutionen in der EU hinreichenden Einfluß besitzen, um die Durchsetzung des Subsidiaritätsprinzips zu sichern. Zentralisierungstendenzen können in den jetzigen Strukturen der Union am wirksamsten durch die Mitwirkung der Länder an der innerstaatlichen Entscheidungsvorbereitung verhindert werden. Der neue Artikel 23 GG bietet hierfür hinreichende Einflußrechte. Für künftige Aufgabenübertragungen ist daher gesichert, daß die Einhaltung des Subsidiaritätsprinzips sehr genau geprüft wird. Im Hinblick auf die bestehende Aufgabenverteilung wäre eine europäische Verfassungsdiskussion zu fordern, in der tragfähige Grundsätze der Kompetenzbestimmung entwickelt und einzelne Zuständigkeitsverteilungen überprüft werden.

In Angelegenheiten der Europäischen Union, die die Belange der Länder berühren, wirken die Länder ebenfalls über den Bundesrat mit. Ist durch ein Vorhaben der Kompetenzbereich der Länder betroffen, können sich die Länder mit einer Zwei-Drittel-Mehrheit im Bundesrat sogar gegen den Willen des Bundes durchsetzen und diesen an ihre Position binden. Dies gilt z. B. für Entscheidungen auf den Gebieten des Rundfunk- und Fernsehwesens, des Hochschulwesens, der Berufsbildung, der regionalen Wirtschaftspolitik u.a.m.

Finanzsystem und föderale Struktur

Diese Regelung enthält allerdings Fallstricke. Die Ausnutzung der weitgehenden Einflußrechte kann sich für die Länder nachteilig auswirken. Ob dies der Fall ist, hängt davon ab, ob eine Entscheidung im Rat der EU nach dem Einstimmigkeits- oder dem Mehrheitsprinzip erfolgt.

Eine Verpflichtung der Bundesregierung, in Ratsentscheidungen die Meinung des Bundesrats zu beachten, engt deren Verhandlungsspielraum auf europäischer Ebene ein. Sie muß dann eine vorgegebene Position vertreten. Durchsetzen kann sie sich im Konfliktfall aber nur, wenn sie über ein Veto-Recht verfügt. Damit ist allerdings noch nicht gesichert, daß eine positive Entscheidung der Länder erreichbar ist. Nur wenn eine Nichtentscheidung dem Willen der Länder entspricht, garantiert die Bindung des Bundes die Wahrung von Länderinteressen.

Seit der Verabschiedung der Einheitlichen Europäischen Akte gilt in vielen Aufgabenbereichen im Rat die Mehrheitsregel. In diesem Fall läuft eine Regierung, die nicht kompromißfähig und zu Konzessionen bereit ist, Gefahr, überstimmt zu werden. Eine Bindung des Bundes kann somit unter Umständen Ergebnisse bringen, die für die Länder negativer sind, als wenn sie dem Bund Verhandlungsfreiheiten lassen.

Diese Gefahr besteht nicht, wenn die Länder eine Überzentralisierung von Aufgaben verhindern wollen. Bei Entscheidungen über die Übernahme neuer Aufgaben durch die EU ist meistens Einstimmigkeit im Rat vorgesehen. Dabei kann die Bindung der Bundesregierung an das Votum der Länder einer Aufgabenzentralisierung wirksam entgegenwirken.

3. Den Ländern stehen darüber hinaus Möglichkeiten der direkten Beteiligung in der EG offen. Zu denken ist hierbei zum einen die Mitwirkung im neuen Ausschuß der Regionen, zum zweiten an die Mitwirkung von Ländervertretern im Ministerrat und zum dritten an die Mitwirkung beim Vollzug von EU-Programmen.

Die Bedeutung des Ausschusses der Regionen für die Vertretung von Länderinteressen ist noch nicht bekannt, sie sollte jedoch nicht überschätzt werden. Als beratendes Gremium kann er nur durch Überzeugung auf den Rat und die Kommission einwirken und dies zudem in Konkurrenz mit dem Wirtschafts- und Sozialausschuß, der in den gleichen Aufgabenfeldern tätig wird.

Auf den ersten Blick effektiver scheint die durch den Vertrag von Maastricht eingeräumte Möglichkeit zu sein, daß Ländervertreter die Verhandlungsführung der deutschen Delegation im Ministerrat übernehmen, soweit ihr Zuständigkeitsbereich betroffen ist. Die Ländervertreter müssen jedoch ihre Verhandlungsstrategie zunächst mit der Bundesregierung abstimmen und sind nur bedingt frei, ihre Ziele zu verfolgen. Individuelle Länderinteressen können hier nicht vertreten werden.

Vertreter von Ländern suchen daher in zunehmendem Maße direkte informelle Kontakte zur Kommission und zum Ministerrat. Gängige Praxis sind neben Beratungen

Finanzsystem und föderale Struktur

zwischen Landesbeamten und Beamten der Kommission „auf der Arbeitsebene" auch Gespräche zwischen der Kommission und Landesregierungen auf höchster politischer Ebene.

Da die EU-Kommission kaum über eigene Vollzugskapazitäten verfügt, sucht sie bei der Umsetzung ihrer Programme nicht selten die Zusammenarbeit mit den zuständigen nationalen Verwaltungsinstitutionen. In der Bundesrepublik ist in vielen Fällen die Landesverwaltung für die Umsetzung von EU-Programmen zuständig. In Prozessen eines kooperativen Vollzugs können daher die Länder wirksam ihre Interessen einbringen, soweit dies der Rahmen des Programms zuläßt. Dies gilt bislang für die Regionalpolitik der EU, seitdem in den 80er Jahren die Strukturfonds schrittweise reformiert wurden. Angesichts wachsender Aufgaben wird die Kommission noch stärker als bisher auf die Kooperation mit regionalen Vollzugsinstitutionen angewiesen sein. Das gilt vor allem, wenn im Zuge der weiteren europäischen Integration Aufgaben der leistenden Staatstätigkeit der EU übertragen werden. Die Praxis der Strukturpolitik könnte dann für andere Aufgabenbereiche (z.B. Arbeitsmarktpolitik, Raumordnung) zum Vorbild werden und Regionalisierungsanstöße geben.

Wenn man die Chancen und Grenzen der Vertretung von Länderinteressen in der EU beurteilen will, so muß man allerdings berücksichtigen, daß die Regionsebene im europäischen Kontext betrachtet heterogen ist. Die europäischen Regionen unterscheiden sich hinsichtlich ihrer Rechtsstellung im nationalen Regierungssystem, ihrer Organisation, ihrer Kompetenzen und Ressourcen sowie ihrer Politikziele und Interessen. Die EU muß sich bei der Zusammenarbeit mit regionalen Institutionen auf die schwächsten Glieder einstellen. Dies setzt einer Regionalisierung der Politik, wie sie im Bereich der Regionalpolitik angestrebt wird, Grenzen.

4. Insgesamt ergibt sich damit: Eine weitere Aushöhlung der Länderkompetenzen über ein sachlich gebotenes Maß hinaus ist für die Zukunft weniger wahrscheinlich geworden, nachdem Artikel 23 GG den Ländern hinreichende Einflußmöglichkeiten gibt, gegen eine Überzentralisierung einzuschreiten. Probleme bestehen dagegen im Hinblick auf die Vertretung von Interessen der Länder in Entscheidungen der EU. Hier bleibt abzuwarten, ob die Länder künftig in der Lage sind, die unterschiedlichen formellen und informellen Beteiligungswege produktiv zu nutzen, oder ob sie sich im wesentlichen darauf beschränken, den neuen Artikel 23 GG als Veto-Macht zu gebrauchen.

■ Finanzsystem und föderale Struktur

Konrad Lammers

Die Bewältigung der finanziellen Folgen der deutschen Einigung - Bund und Länder gefangen im Gestrüpp der Finanzverfassung

1. Auch im vierten Jahr der deutschen Einheit ist die ökonomische Situation in den neuen Bundesländern dadurch gekennzeichnet, daß Einkommen und Beschäftigung zu ganz erheblichen Teilen durch Transfers aus dem Westteil Deutschlands gespeist bzw. aufrechterhalten werden. Es ist absehbar, daß auch in Zukunft erhebliche Finanzmittel von West nach Ost fließen werden.

2. Der hohe Transferbedarf für Ostdeutschland ist die unmittelbare Konsequenz aus dem Beitritt der ostdeutschen Länder zur Bundesrepublik Deutschland. Durch den Beitritt haben die neuen Bundesländer und deren Bürger den legitimen Anspruch erworben, hinsichtlich von Transferzahlungen und anderer Leistungen nicht anders gestellt zu werden als andere Bundesländer und Bundesbürger in vergleichbaren Situationen. Diesem Anspruch wird dadurch Rechnung getragen, daß nach den Beschlüssen von April 1993 über eine Neuregelung des Finanzausgleichs zwischen Bund und Ländern (vertikal-horizontaler Finanzausgleich) und zwischen den einzelnen Bundesländern (horizontaler Finanzausgleich) den neuen Bundesländern auch nach 1994 hohe Ausgleichsbeträge zufließen.

3. Wenngleich die Neuregelung des Finanzausgleichs von April 1993 dem Anspruch der neuen Bundesländer nach Gleichbehandlung entsprechen mag, so trägt sie den veränderten ökonomischen Verhältnissen in Deutschland - bedingt durch die deutsche Einigung - nicht Rechnung. Angesichts der großen regionalen Unterschiede zwischen Ost- und Westdeutschland in der Wirtschaftskraft - und daraus resultierend auch in der Finanzkraft - wäre es angezeigt gewesen, das große Maß an Finanzausgleich zu reduzieren, das bislang in der Bundesrepublik Standard war und ökonomisch tragbar schien. Die Maßstäbe zum Ausgleich in den Finanzkraftunterschieden sind jedoch gegenüber den Regelungen, die bislang galten, nicht geändert worden.

4. Die Neuregelungen zum Finanzausgleich tragen auch nicht dem Umstand Rechnung, daß der hohe Transferbedarf für Ostdeutschland Einsparungen bei den Ausgaben in Westdeutschland erforderlich macht. Zu Einsparungen ist es bislang nur in sehr eingeschränktem Maße gekommen. Statt dessen ist die Staatsverschuldung stark angestiegen, und Steuern und Sozialabgaben sind kräftig erhöht worden; weitere Erhöhungen sind beschlossen oder absehbar. Dies beeinträchtigt die Attraktivität des Standortes Bundesrepublik insgesamt, weil sich für Unternehmen die Kosten-Nutzen-Relationen für wirtschaftliche Aktivitäten (höhere Abgaben, geringere Infrastrukturvorleistungen) zugunsten anderer Standorte verschoben haben oder verändern werden. Zu Einsparungen ist es vor allem deshalb nicht gekommen, weil die derzeitige Finanzverfassung Bund und Ländern kaum Anreize bietet, Ausgaben einzuschränken.

Finanzsystem und föderale Struktur

5. Dafür, daß der Anpassungsschock der deutschen Vereinigung noch nicht zu einem adäquaten Finanzgebaren von Bund und (alten) Bundesländern geführt hat, sind folgende Regelungen der Finanzverfassung mitverantwortlich:

- Das Aufkommen aus der Umsatzsteuer wird zwischen Bund und Ländern aufgeteilt. Nach Art. 106 Abs. 4 GG sind die Anteile an der Umsatzsteuer neu festzusetzen, „wenn sich das Verhältnis zwischen den Einnahmen und Ausgaben des Bundes und der Länder wesentlich anders entwickelt". Größere Anteile für den Bund oder die Länder an der Umsatzsteuer sind nach dieser Verfassungsnorm also vor allem dann zu erreichen, wenn die Ausgaben erhöht werden, die Steuereinnahmen hinter diesen Erhöhungen zurückbleiben und die Verschuldung steigt. In den Jahren nach der Vereinigung dürfte diese Regelung für den Bund starke Anreizwirkungen dahingehend gehabt haben, die Ausgaben, die sich als Folge der deutschen Einheit ergaben, nicht über Steuern und Einsparungen, sondern über zusätzliche Verschuldung zu finanzieren. Die Länder ihrerseits konnten eine günstige Verhandlungsposition gegenüber dem Bund hinsichtlich einer Neuverteilung der Anteile an der Umsatzsteuer nur erreichen, indem sie ihre eigenen Ausgaben nicht reduzierten. Genauso haben sie sich verhalten.

- Die Bundesländer besitzen keine eigene nennenswerte Steuerhoheit. Damit fehlt den Bundesländern die Möglichkeit, über die Höhe der Steuerbelastung die Attraktivität ihres Landes als Unternehmens- und Wohnort selbst zu beeinflussen. Wollen einzelne Bundesländer ihre Attraktivität im Standortwettbewerb verbessern, so bleibt ihnen nur, die Ausgaben zu erhöhen, etwa durch größere Infrastrukturvorleistungen oder durch eine Ausweitung von Subventionsprogrammen. Die Beschränkung der Finanzhoheit der Bundesländer auf die Ausgabenseite beinhaltet damit eine systemimmanente Tendenz zur Ausweitung von Ausgaben.

6. Das Finanzgebaren der Gebietskörperschaften nach dem Beitritt der ostdeutschen Bundesländer zur Bundesrepublik hat „Defekte" in der Finanzverfassung offengelegt. Die bislang erfolgten Beschlüsse zur Neuregelung des Finanzausgleichs tragen diesen „Defekten" nicht Rechnung. Es ist zu bezweifeln, ob ein Ausgleich in den Finanzkraftunterschieden nach den bisherigen Maßstäben auf mittlere und längere Sicht aufrechterhalten werden kann. Stärkere Anreize für eine Begrenzung der Ausgaben von Bund und Ländern sind dringend erforderlich. Eine „echte" Reform des Finanzausgleichs (der Finanzverfassung) bleibt deshalb auf der Tagesordnung. Sie wäre wichtig, um den Anpassungsschock zu bewältigen, dem die Wirtschaft durch das Ereignis der deutschen Einheit in Ost- und Westdeutschland ausgesetzt ist.

7. Die deutsche Einheit stellt nicht nur die bisherigen Maßstäbe im Finanzausgleich in Frage und offenbart „Defekte" in der Finanzverfassung, sie hat auch zu Veränderungen im Bund-Länder-Verhältnis geführt. Die Bedeutung der Bundesebene ist gestiegen; der Grad an Eigenstaatlichkeit der Bundesländer hat abgenommen. Dies äußert sich unter anderem darin, daß

Finanzsystem und föderale Struktur

- große Teile des zukünftigen Finanzausgleichs über vertikal-horizontale Finanzströme abgewickelt werden,

- zugunsten der ostdeutschen Bundesländer flächendeckende, weitreichende Steuervergünstigungen eingeführt wurden (Sonderabschreibungen, Investitionszulagen), die die Eigenverantwortlichkeit der Verwendung von Steuermitteln der neuen Bundesländer beschränken,

- die neuen Bundesländer in großem Umfang zweckgebundene Finanzzuweisungen erhalten, was ebenfalls die freie Mittelverwendung beschneidet.

Die Gewichtsverlagerung zugunsten des Bundes mag angesichts der besonderen Umstände durch den Beitritt der neuen Bundesländer für eine begrenzte Zeit unvermeidlich sein. Es besteht allerdings die Gefahr, daß sich diese Gewichtsverschiebung auf Dauer verfestigt.

ULRIKE HARDT

Finanzströme zwischen West- und Ostdeutschland
Aktuelle und zukünftige Belastungen für Bund und Länder

1. Daß die Eingliederung der neuen Bundesländer erhebliche finanzielle Anforderungen an alle Gebietskörperschaften des alten Bundesgebietes stellt, ist vollkommen klar. Umstritten ist aber sowohl der Umfang der Finanzströme als auch die tatsächliche horizontale und vertikale Belastungsverteilung: Wer finanziert die Netto-Transfers? Welche Ebene aus der anstehenden Neuverteilung der Finanzierungsverantwortung und der Finanzierungsmöglichkeiten gestärkt oder geschwächt hervorgehen wird, ist derzeit noch weniger auszumachen. Darüber können auch die Rechnungen nicht hinwegtäuschen, die von den Ebenen zum Beleg ihrer eigenen Belastung vorgelegt werden.

Diese Rechnungen vergleichen üblicherweise die empirisch vorgefundene aktuelle Situation mit einer fiktiven Situation, entweder ganz ohne deutsche Vereinigung oder ohne bestimmte Maßnahmen, deren Belastungswirkungen durch den Vergleich aufgezeigt werden sollen. Den der deutschen Vereinigung zugeschriebenen Mehrausgaben und Mindereinnahmen (Belastungen) werden die jeweiligen Mehreinnahmen und Minderausgaben (Entlastungen) gegenübergestellt, um so die Nettobelastung zu ermitteln. Die Ergebnisse werden dann als Argument in die vertikalen und horizontalen Verteilungsauseinandersetzungen eingebracht. Allerdings sind diese Ergebnisse in mancher Hinsicht anfechtbar.

Die Beurteilung der Belastungswirkungen wird ohnehin dadurch erschwert, daß die anstehende Neuverteilung der Finanzmasse „schleichend", mit einer Fülle von - teilweise gegenläufigen - Einzelregelungen durchgesetzt und mittels Kreditaufnahme zu großen Teilen in die Zukunft verschoben wird. Aber selbst eine vollständige Auflistung aller Maßnahmen und Wirkungen ließe noch eine Reihe von Bewertungsproblemen offen:

- Zum ersten ist fraglich, welche Finanzströme und wessen Haushalte überhaupt in die Betrachtung einzubeziehen sind. Die Transfers aus dem privaten Sektor - die ja für die Entwicklung der öffentlichen Haushalte durchaus von Bedeutung sind - bleiben in den vorgelegten Rechnungen üblicherweise außer acht. Aber auch innerhalb des öffentlichen Sektors werden bestimmte Bereiche mitunter „unterschlagen". Insbesondere einige Nebenhaushalte des Bundes - Treuhandanstalt, Bundespost und Bundesbahn - werden in der Statistik dem Unternehmenssektor zugerechnet; die

---

Stand: Juli 1993

Finanzsystem und föderale Struktur

aus ihren Haushalten gespeisten Transfers werden dementsprechend manchmal vernachlässigt. Somit zeigen die Kernhaushalte der Gebietskörperschaften allein die aktuelle und zukünftige Belastung durch die West-Ost-Transfers nur unvollständig an. Einzubeziehen sind in jedem Fall die genannten öffentlichen Institutionen sowie die Sozialversicherungen. Die Gesamtheit der Finanzströme von West nach Ost läßt sich damit aber immer noch nicht abschätzen.

- Zum zweiten lassen sich die einigungsbedingten ökonomischen Effekte und ihre Budgetwirkungen kaum isolieren. Die Überlagerung der aktuellen strukturell und konjunkturell bedingten Krise der Weltwirtschaft und der Einigungsfolgen macht es schon unmöglich, Mehr- und Mindereinnahmen bzw. -ausgaben eindeutig auf ihre Ursachen zurückzuführen. Hinzu kommt, daß die Sekundäreffekte der Vereinigung (z.B. die Effekte der Hochzinspolitik) und ihre Wirkungen auf die öffentlichen Haushalte kaum kalkulierbar sind.

- Zum dritten entsprechen die Belastungen, die die Gebietskörperschaften und die öffentlichen Nebenhaushalte infolge der Vereinigung zu tragen haben, durchaus nicht den Transfers von West nach Ost. Über die direkten Transfers zugunsten der neuen Länder hinaus entstehen indirekte Zusatzbelastungen: Mehrausgaben und Mindereinnahmen u.a. als Konsequenz der Wachstumsschwächung, die z.B. durch die Steigerung der Staatsquote hervorgerufen werden kann.

- Auf der anderen Seite wären die entfallenen „Kosten der Teilung" gegenzurechnen. Sie lassen sich - abgesehen von bestimmten Aufwendungen des Bundes etwa für die ehemalige DDR, das Zonenrandgebiet, spezielle Einrichtungen zur Beobachtung östlicher Aktivitäten und zugunsten von Übersiedlern - nur schwer quantifizieren.

- Prinzipiell besteht kein Konsens darüber, was überhaupt als Transfer gelten kann und was nicht. So ist etwa umstritten, ob die Ausgaben des Bundes in den neuen Ländern, die nicht durch dort vereinnahmte Steuern (und Abgaben) gedeckt werden, Transfers sind; mehr noch, ob diese Ausgaben für den Bund eine Belastung darstellen. Die alten Länder betrachten die Neuverteilung der Umsatzsteuer als „Abzug von Eigenem", also als Transfer. Über die Frage der „richtigen" Steuerverteilung besteht allerdings gar keine Einigkeit. Insofern läßt sich auch der eigentliche Transfer nicht ausmachen; was die Daten aufzeigen, sind „nur" Haushaltsdefizite, die sich im Vergleich mit der fiktiven Situation ohne deutsche Vereinigung errechnen.

- Fraglich ist weiterhin, wer durch bestimmte Transfers belastet wird. Beispielhaft seien hier nur die Mittel aus der Strukturhilfe genannt, die zu Lasten der alten Länder nach Ostdeutschland umgeleitet wurden. Zahler ist der Bund, einen Einnahmeausfall gegenüber der ursprünglichen Planung erleiden aber die alten strukturschwachen Länder. Je nach Wahl der Referenzsituation fällt das Ergebnis der Belastungsrechnung also unterschiedlich aus.

Finanzsystem und föderale Struktur

- Schon gar nicht zu beantworten ist die Frage, wer durch die Vereinigung und die Neuverteilung der Finanzmasse gestärkt oder geschwächt wird. Bedeutet die Übernahme eines Großteils der Finanzierung für den Bund, daß er innerhalb des föderativen Systems an Gewicht gewinnt, oder kommt es aufgrund seiner Haushaltsprobleme eher zu einer Schwächung gegenüber der fiskalisch weniger belasteten Länderebene?

Die angesprochenen Fragen lassen sich mit Hilfe der vorgelegten Daten und Transferrechnungen kaum lösen. Entsprechend vorsichtig sind die Zahlen zu interpretieren. Letztlich können damit nur aktuelle und zukünftige Finanzierungsdefizite abgeschätzt werden. Die Daten vermitteln einen Eindruck davon, wie umfassend die Einschnitte in die öffentliche Ausgabentätigkeit sein werden müssen.

2. Die deutsche Vereinigung 1990 brachte mit einem Schlag nahezu unerfüllbare Finanzierungsanforderungen. Um die akuten Bedarfe (vorläufig) zu decken, bediente man sich unterschiedlicher Instrumente, die die langfristigen Finanzierungsspielräume aber erheblich einengen werden.

- Die Bundesrepublik hatte die Verbindlichkeiten der DDR an das Ausland und an den Ausgleichsfonds Währungsumstellung zu übernehmen. Zu diesem Zweck wurde der „Kreditabwicklungsfonds" eingerichtet, dessen Defizit sich auf rund 140 Mrd. DM beläuft. Den Schuldendienst tragen zur Zeit Bund und Treuhandanstalt.

- Für die Schulden der Wohnungswirtschaft wurde ein befristetes Schuldendienstmoratorium bis 1993 erlassen.

- Post und Bahn der DDR wurden übernommen.

- Zur Privatisierung der DDR-Betriebe wurde die Treuhandanstalt gegründet, deren Aktivitäten ursprünglich mit einem Gewinn abschließen sollten. Inzwischen schätzt die Bundesbank ihre gesamten finanziellen Lasten jedoch auf 275 Mrd. DM (Monatsbericht 5/93, S. 51).

- Die Übergangsfinanzierung der öffentlichen Haushalte im Beitrittsgebiet - bis zur endgültigen Einbeziehung in den Länderfinanzausgleich - sollte der Fonds „Deutsche Einheit" (FDE) übernehmen. Ursprünglich war ein Transfervolumen von 115 Mrd. für die Zeit von 1990 bis 1994 vorgesehen. Nach mehreren Aufstockungen ist das Fondsvolumen bislang auf 160 Mrd. DM erhöht worden, ohne damit allerdings den Kreditrahmen von 95 Mrd. DM auszuweiten. Die Aufstockung wurde aus der Umlenkung der Strukturhilfemittel, weiteren Bundesmitteln und den Steuermehreinnahmen aus der Umsatzsteueranhebung finanziert; für 1993 und 1994 haben Bund und Länder zusätzliche Zahlungen von 14,4 Mrd. DM vereinbart.

- Innerhalb der Haushalte wurde eine Vielzahl von Fördermaßnahmen für die neuen Länder und ihre Kommunen, die Bevölkerung und die gewerbliche Wirtschaft be-

Finanzsystem und föderale Struktur

schlossen, die Mehrausgaben und -einnahmen für den Bund (etwa über den Solidaritätszuschlag), aber auch Steuermindereinnahmen für Bund, Länder und Gemeinden bedeuten. Allein mit dem Gemeinschaftswerk Aufschwung Ost (1991-92) wurden vom Bund zusätzlich 22 Mrd. DM bereitgestellt.

- Das außerhalb des Kernhaushalts agierende ERP-Sondervermögen des Bundes leistet über die KfW zusätzliche Hilfen für Ostdeutschland. Zu diesem Zweck wurde ein Kreditrahmen von zunächst 30 Mrd. DM festgesetzt, der inzwischen auf 60 Mrd. DM erhöht worden ist.

Das Problem der Finanzierung Ostdeutschlands ist damit wesentlich größer als anfangs erwartet. Bedenklich ist vor allem die enorme Schuldenlast, die sich im Zuge der Vereinigung aufgetürmt hat und deren Bedienung die Flexibilität der öffentlichen Hand in Zukunft stark einschränken wird.

3. Die mehr oder minder zweifelhaften Schätzungen zur Verteilung der laufenden Transfers (Tab.1) auf die öffentlichen Haushalte für 1991 bis 1992 bzw. 1993 zeigen (von allen Differenzen und Ungereimtheiten abgesehen), daß der größte Teil der Leistungen für die neuen Länder vom Bund erbracht wird.

Tab. 1: Öffentliche Finanztransfers für Ostdeutschland (Mrd. DM)

	Schätzung des Bundes (Stand: Mai 1993)			Schätzung der Bundesbank (Stand: März 1992)	
	1991	1992	1993[1]	1991	1992
Bundeshaushalt[2]	75	89	117	81	109
Länder/Gemeinden (West)[3]	5	5	11	8	12
Kreditfinanzierte Ausgaben					
Fonds Deutsche Einheit	31	24	15	31	24
ERP-Sondervermögen	-	-	-	21	25
EG	4	5	5	4	4
Bundesanstalt für Arbeit	24	24	18	25	30
Rentenversicherung	-	5	15	-	14
Steuermehreinnahmen des Bundes	31	37	42	28	35
Verwaltungsmehreinnahmen des Bundes	2	2	2	-	-
Steuereinnahmen der EG in Ostdeutschland	-	-	-	3	3
Nettotransfer	107	113	137	139	180

[1] Einschl. FKP. [2] In der Bundesschätzung ohne Mindereinnahmen und Umsatzsteuerverzicht. [3] In der Schätzung der Bundesbank einschl. Verzicht auf Strukturhilfemittel.
Quellen: BMF; Monatsberichte der deutschen Bundesbank, 3/92

Finanzsystem und föderale Struktur

Von besonderer Bedeutung sind daneben die Transfers der Bundesanstalt für Arbeit und vermehrt der Rentenversicherung. Nach neuen Schätzungen der Bundesbank (Monatsbericht 2/93, S. 45) belief sich das Defizit der BfA in den neuen Ländern 1992 bereits auf über 40 Mrd. DM.

1991 und 1992 haben sich die Transfers für Ostdeutschland noch nicht in tiefgreifenden Kürzungen in den Haushalten des alten Bundesgebiets niedergeschlagen, nicht zuletzt wegen der zumindest 1991 noch stark gestiegenen Steuereinnahmen. In Zukunft - und das deutet sich in den laufenden Haushaltsplanungen schon an - werden dagegen erhebliche Einsparungen notwendig, nicht zuletzt um die Nettokreditaufnahme zurückzuführen.

Die Kreditaufnahme der allgemeinen Haushalte der Gebietskörperschaften belief sich 1992 nach vorläufigen Schätzungen auf rund 71 Mrd. DM (gegenüber 26 Mrd. DM 1989). Die Schuldenaufnahme der Sonderhaushalte und der bundeseigenen Unternehmen überstieg diese Summe mit 118 Mrd. DM noch deutlich. Zusammengenommen wurden 190 Mrd. DM aufgenommen; das entsprach nach Schätzungen der Bundesbank 70 % der inländischen Ersparnis (Monatsbericht 5/93, S. 44). Soweit

Tab. 2: Verschuldung öffentlicher Stellen (Mrd. DM)

Kreditnehmer	Marktmäßige Nettokreditaufnahme				Schuldenstand am Jahresende	
	1989	1990	1991	1992 ts	1989	1992 ts
Gebietskörperschaften	25,8	112,2	106,8	103,0	928,8	1346,0
Allgemeine Haushalte						
- Bund	15,4	51,6	30,2	20,3	490,5	611,0
- Länder	7,3	19,2	24,1	34,7	309,9	387,0
- Gemeinden[1]	2,1	4,2	15,1	16,4	121,4	157,0
Sonderhaushalte						
- ERP-Sondervermögen	1,1	2,4	6,9	8,0	7,1	24,5
- Fonds "Deutsche Einheit"	-	19,8	30,7	23,8	-	74,5
- Kreditabwicklungsfonds	-	14,9[2]	-0,2	-0,3	-	92,0
Sonstige						
- Treuhandanstalt	-	4,3	19,9	30,5	-	107,0
- Bundesbahn/Reichsbahn	1,3	4,4	7,3	13,4	44,1	56,5
- Bundespost	2,0	4,8	10,3	15,4	66,2	96,5
- Förderbanken des Bundes	12,4	16,3	30,0	27,3	-	-

[1] einschl. Zweckverbände. [2] Neuverschuldung des DDR-Republikhaushalts in der Zeit vom 1. Juli 1990 bis 2. Oktober 1990, die zum 3. Oktober 1990 als Teil der Gesamtverschuldung des Republikhaushalts vom Kreditabwicklungsfonds zu übernehmen war. ts = teilweise Schätzung.
Quelle: Monatsberichte der Deutschen Bundesbank, 5/93

■ **Finanzsystem und föderale Struktur**

die Haushalte für 1993 und die Planungen für 1994 dies erkennen lassen, wird die Kreditaufnahme im laufenden und im kommenden Jahr noch einmal kräftig ansteigen. Allein die Kreditaufnahme des Bundes schnellt 1993 auf die Rekordhöhe von rund 70 Mrd. DM hoch (für 1994 ist eine ähnlich hohe Verschuldung geplant); die Länder werden ihre Verschuldung ebenfalls merklich steigern (vgl. WISta 6/93, S. 414). Die Gesamtverschuldung könnte dann die inländische Ersparnis vollständig aufzehren. Wachstum läßt sich aber unter diesen Bedingungen nur noch aus dem Ausland finanzieren.

Die Planungen sind zum einen Resultat der geringen Steuererwartungen (vgl. revidierte Steuerschätzung vom Mai 1993), zum anderen des weit über den ursprünglichen Vorhersagen liegenden künftigen Finanzbedarfs der neuen Länder, dessen Deckung mit den Vereinbarungen des Föderalen Konsolidierungsprogramms (FKP) noch weiter in die Zukunft verschoben wird.

4. Für die längerfristige Belastung von Bund und Ländern wird entscheidend sein, wie die bisher schon enorme und in der näheren Zukunft noch weiter wachsende Schuldendienstverpflichtung aufgeteilt wird, vor allem aber, wie unter den gegebenen Bedingungen die wirtschaftliche Entwicklung in der Bundesrepublik überhaupt weiter verläuft.

Für 1993 und 1994 sieht das FKP als wichtigste Maßnahmen vor:

- Aufstockung des FDE 1993 um die Mehreinnahmen aus dem Zins-Abschlaggesetz und weitere 1,55 Mrd. DM (davon trägt der Bund etwa 1,6 Mrd. DM, die alten Länder 2,1 Mrd. DM). 1994 erbringt der Bund zusätzliche 5,35 Mrd. DM, die alten Länder 3,5 Mrd.DM; nach Möglichkeit mehr.
- Der Kreditrahmen der Treuhand wird um 8 (nach neuesten Informationen um 7) Mrd. DM aufgestockt.
- Die 150 DM/qm übersteigenden Schulden der Wohnungswirtschaft werden auf den neu einzurichtenden „Erblastentilgungsfonds" übertragen; 1994 werden 4,7 Mrd. an Zinshilfen (je zur Hälfte von Bund und neuen Ländern) an die Wohnungswirtschaft geleistet.
- Verdopplung des Kreditrahmens der KfW.
- Maßnahmen nach Art. 104 a GG ab 1993 in Höhe von 6,6 Mrd. DM für die neuen Länder.
- Bereitstellung zusätzlicher Mittel für die Arbeitsmarktpolitik (2 Mrd. DM, davon 1,8 Mrd. DM für die neuen Länder).
- Aufstockung der GRW um 350 Mio. DM.

Insgesamt wurde der Transferbedarf für die neuen Länder in 1993 und 1994 auf 110 Mrd. DM jährlich geschätzt. Nur 9 Mrd. DM davon sollten 1993 durch Einsparungen beim Bund und den alten Ländern finanziert werden, für 1994 sieht der Bund in der jüngst vorgelegten Planung höhere Einsparungen vor (mindestens 21 Mrd. DM). Merkliche Mehreinnahmen aus Steuererhöhungen werden vermutlich erst 1995 mit der Wiedereinführung eines modifizierten Solidaritätszuschlags anfallen (abgesehen von der

Finanzsystem und föderale Struktur

Mineralölsteuer, deren Mehraufkommen aber zur Finanzierung der Bahnstrukturreform dienen soll). Die Nettokreditaufnahme wird deshalb in diesen beiden Jahren nicht zurückgeführt werden können.

Die Ergebnisse des FKP für die Neuregelung des bundesstaatlichen Finanzausgleichs ab 1995 weist Tab. 3 aus. Die bis dahin aufgelaufenen Schulden der Sondervermögen mit Ausnahme des FDE werden in den „Erblastentilgungsfonds" umgebucht (rd. 370 Mrd. DM), dessen Schuldendienst (zunächst) der Bund übernimmt.

Tab. 3: Neuordnung des bundesstaatlichen Finanzausgleichs ab 1995 (Mrd. DM)*

1995	Bund	Länder West	Ost
I. Primärbelastung			
1. Erblasten	-30,0	-	-
2. Finanzausstattung nBL			
Umsatzsteuerverteilung/LFA¹	-16,6	-15,6	32,2
Fehlbetrags-BEZ	-5,3	1,5	3,8
BEZ politische Führung	-1,5	0,6	0,9
Sonderbedarfs-BEZ	-14,0	-	14,0
Finanzhilfen	-6,6	-	6,6
3. Sonstiges			
Treuhand (Restaufgaben)	-3,0	-	-
Wohnungsbauschulden²	-1,2	-	-1,2
Übergangs-BEZ (aBL)	-1,4	1,4	-
Sanierung Bremen/Saarland³	-3,4	(-3,4)	-
4. Annuitäten Fonds "Deutsche Einheit"	2,1	-2,1	-
Primärbelastung insgesamt	-80,9	-14,2	56,3
II. Finanzierung durch FKP			
Ausgabekürzungen	4,7	2,6	0,5
Abbau Steuersubventionen	4,7	1,8	0,1
Solidaritätszuschlag	28,0	-	-
insgesamt	37,4	4,4	0,6
Wirkung nach Finanzierungsmaßnahmen (I. + II.)	-43,5	-9,8	56,9
III. Durch Neuordnung ab 1995 wegfallende Be- und Entlastungen (1994)			
FDE	19,5	9,1	-33,6
Berlin-Hilfe	6,2	-	-6,2
Schuldendienst KAF	5,0	-	-
Bisherige BEZ	4,5	-4,5	-
insgesamt	35,2	4,6	-39,8
Defizitveränderungen durch FKP	-8,3	-5,2	17,1

*Hier: Ergebnisse der Klausurtagung vom 11.-13.3.1993 einschließlich Kompromiß vom 23.4.1993 (Basis regionalisierte Steuerschätzung).
¹ LFA berechnet nach dem Einwohnerstand vom 30.6.92. ² Beträge ab 1.7.95 in Ziff. I.1 enthalten. ³ in die Ländersumme nicht eingerechnet; fließt nur zwei Ländern zu.
Quelle: Nds. Finanzministerium

Finanzsystem und föderale Struktur

5. Im Länderfinanzausgleich wird eine Angleichung der Disparitäten sowie die Bereitstellung der dann noch notwendigen Umverteilungsmasse durch die Erhöhung des Länderanteils an der Umsatzsteuer von derzeit 37 % auf 44 % erreicht. Die alten Länder verlieren durch die Einbeziehung der neuen Länder 1995 15,6 Mrd. DM an Umsatzsteuer (verglichen mit den fiktiven Ergebnissen des geltenden Systems). Dieser Verlust, die Streichung der Bundesergänzungszuweisungen und die Übernahme von zusätzlichen 2,1 Mrd. DM FDE-Annuitäten werden durch die neu eingeführten Fehlbetrags- und Übergangs-Bundesergänzungszuweisungen (letztere sind degressiv ausgestaltet) nur teilweise kompensiert. Insgesamt verbleibt den alten Ländern ein geschätztes Minus von 9,8 Mrd. DM jährlich. Hinzugerechnet werden vor allem die regulären Annuitäten des FDE (4,75 Mrd. DM jährlich) sowie der Wegfall der bis 1998 vorgesehenen Strukturhilfemittel in Höhe von 2,45 Mrd. DM p.a.

Gegenüber den ursprünglichen Vorstellungen des Bundesfinanzministeriums ist dieses Ergebnis der Solidarpaktverhandlungen von den Ländern begrüßt worden, weil es geringere Einbußen für die alten Länder bringt als befürchtet und trotzdem ein Transfervolumen von rund 56 Mrd. DM für die neuen Länder sichert. Bemerkenswert ist allerdings die Gewichtsverlagerung zugunsten vertikaler Zuweisungen auch in den alten Ländern (speziell angesichts der Finanzlage des Bundes). Diese Zuweisungen sollen längerfristig zwar abgebaut werden; ob es dazu wirklich kommt, wird sich aber erst in der Zukunft herausstellen. Überdies bleibt abzuwarten, ob es tatsächlich bei der vereinbarten Umsatzsteuerverteilung bleibt oder ob es aufgrund der Verschuldungspolitik des Bundes im Zuge der Deckungsquotenüberprüfung wieder zu einer Absenkung des Länderanteils kommt.

Nach den Finanzierungsvereinbarungen für die letzten Jahre und die nähere Zukunft zu urteilen, haben die Länder die an sie gerichteten Finanzierungsforderungen noch relativ weitgehend abwehren können (was das für ihre Stellung im föderativen System bedeutet, sei hier offengelassen). Mehr als der Bund werden die alten Länder und ihre Kommunen aber trotzdem gezwungen sein, ihre Verluste über Einsparungen auszugleichen. Dies gilt um so mehr, wenn es nicht gelingt, mit einer Pflegeversicherung Länder und Kommunen in ihren Sozialausgaben (über die Mißbrauchsbekämpfung hinaus) ein Stück weit zu entlasten, und wenn mit der Bahnstrukturreform zusätzliche Lasten auf die unteren Gebietskörperschaften zukommen.

Im übrigen muß befürchtet werden, daß die Finanzierungsfähigkeit des öffentlichen Sektors mit der Schwächung der Wachstumsgrundlagen einnahmeseitig noch weiter eingeschränkt wird.

Marlies Hummel

Kritische Betrachtung der Neuregelung des Länderfinanzausgleichs

1. Eine kritische Betrachtung des nunmehr erzielten politischen Kompromisses zwischen Bund und Ländern muß alle drei Säulen berücksichtigen, auf denen die Ordnung der Finanzbeziehungen zwischen Bund und Ländern nach dem Grundgesetz ruht:

- das System der vertikalen und der horizontalen Steuerverteilung,
- der bundesstaatliche Finanzausgleich sowie
- die verschiedenen Formen der Mitfinanzierung von Länderaufgaben durch den Bund (kooperativer Föderalismus).

2. Vertikale und horizontale Steuerverteilung: Die Bundes- und Länderanteile an der Umsatzsteuer (derzeit 63 % bzw. 37 %) gerieten in der politischen Debatte der Neuregelung des Länderfinanzausgleich zur „freien Diskussionsmasse". Dies zeigen die Vorschläge der Bundesregierung, die sich im Föderalen Konsolidierungsprogramm finden undn einen Länderanteil an der Umsatzsteuer von 32,5 % (1995) bzw. 32 % (1996) vorsahen, sowie die Gesetzesanträge der Länder Bayern und Nordrhein-Westfalen, die einen Länderanteil von 45 % (1995) reklamierten.

Der Kompromiß (Länderanteil ab 1995: 44 %) stellt zwar sicher, daß die notwendige Finanzmasse für einen Transfer von West nach Ost zur Verfügung steht, Kritik kann jedoch angemeldet werden, daß ein alternatives Systemelement, das eine flexible Anpassung der Bund-Länder-Lastverteilung ermöglicht hätte, keinen Eingang in den jetzigen Kompromiß fand. Es bestand in einer Vorabauffüllung finanzschwacher Länder durch den Bund (Reformvorschlag des Sachverständigenrats: Anhebung auf 85 % der durchschnittlichen originären Finanzkraft), die auch - allerdings ohne Quantifizierung - in einer Reformvariante (IIIb) des Wissenschaftlichen Beirats beim BMF vorgesehen war.

3. Bundesstaatlicher Finanzausgleich: Wie bereits im derzeit geltenden Finanzausgleich hält auch die Neuregelung daran fest, daß der Länderfinanzausgleich ein Finanzkraftausgleich und ein Spitzenausgleich sein soll. Bei der Ermittlung der *Finanzkraftmeßzahl* wurde jedoch eine Chance vergeben, da die originäre Finanzkraft der Länder weiterhin um Sonderbedarfe (Hafenlasten) bereinigt wird, obwohl diese (systemfremden) Positionen besser außerhalb des Finanzausgleichs berücksichtigt werden sollten. Die Tatsache, daß die Gemeindesteuern weiterhin nur zur Hälfte (präziser: mit 50 % des Gemeindesteueransatzes im Länderfinanzausgleich) berücksichtigt werden, hat zweifellos Vorteile, denn in finanzschwachen (West-)ländern mit geringen Spielräumen für eine Anhebung der Gewerbesteuerhebesätze müßte andernfalls in der derzeitigen Phase der strukturellen Anpassungsprozesse mit einer Verstärkung finanzieller Probleme gerechnet werden.

Finanzsystem und föderale Struktur

Bei der Ermittlung der *Ausgleichsmeßzahl* hielten Bund und Länder an einer Einwohnerwertung der Stadtstaaten von 135 % fest. Die Vorschläge des Sachverständigenrats und des Wissenschaftlichen Beirats beim Bundesministerium der Finanzen plädierten hingegen für eine Berücksichtigung von Stadt-, Umlandproblemen durch Zahlungen außerhalb des bundesstaatlichen Finanzausgleichs. So stringent die Überlegungen der wirtschaftswissenschaftlichen Beratergremien sind, die damit verbundenen politischen Probleme (u.a. eine Bildung von neuen Ländergruppierungen) dürften im Rahmen einer Neuordnung des Länderfinanzausgleichs bis 1995 nicht lösbar sein. Die immer wieder diskutierten Synergie-Effekte einer Länderneuordnung in Westdeutschland und einer Neugliederung der Länder Berlin und Brandenburg, sind damit allerdings weiterhin offen.

Die Neuregelung sieht deutliche Änderungen beim *Umverteilungstarif* vor. Zwar besteht für die Empfänger von Ausgleichsbeiträgen weiterhin eine Mindestgarantie von 95 % der Ausgleichsmeßzahl, die Zahler von Ausgleichszuweisungen werden im neuen Länderfinanzausgleich jedoch nach einem neuen Modus zu Kasse gebeten. Der nunmehr geltende Stufentarif beseitigt die „tote Zone" und schafft - bei den derzeitigen Finanzkraftunterschieden - die „Vollabschöpfung" derjenigen Überschüsse ab, die 10 % über der Ausgleichsmeßzahl liegen. Insofern sind in das neue Umverteilungssystem Elemente eingebaut worden, die das Länderinteresse an der Pflege der eigenen Steuerquelle stärken. Ein linearer Umverteilungstarif mit einer breiten Spreizung der Umverteilungszone hätte diesem Ziel jedoch besser entsprochen. Dies ist vor allem für die zukünftige Entwicklung von Bedeutung: Sollte sich die wirtschaftliche Entwicklung der Zahlerländer im Finanzausgleich sehr unterschiedlich gestalten, so können - wegen des eingebauten Ausgleichsmechanismus zwischen Ausgleichsbeiträgen und -zuweisungen - in Zukunft wiederum „Vollabschöpfungen" auftreten, die u.U. wieder einen Gang vor das Verfassungsgericht nach sich ziehen werden.

Der nunmehr gefundene Kompromiß, der im wesentlichen die Elemente des Ländervorschlags enthält, muß daher weiterhin fast alle Argumente gegen sich gelten lassen, die gegenüber dem geltenden System des Finanzausgleichs vorgebracht wurden.

4. Formen der Mitfinanzierung von Länderaufgaben durch den Bund: Besondere Aufmerksamkeit verdienen die Bundesergänzungszuweisungen, die befristet und zweckgebunden eingesetzt werden sollen. Das Spannungsfeld zwischen zweckgebundenen Zuweisungen und der Eigenverantwortlichkeit der Länder wird dabei offenbar. Denn der „Konnexitätsgrundsatz" erfordert, daß sich die Entscheidung über Höhe und Struktur der öffentlichen Ausgaben vermehrt an der Aufgabenzuweisung der jeweiligen Gebietskörperschaften orientieren soll. Deshalb sind mittelfristig Mischfinanzierungen zwischen Bund und Ländern abzubauen und die Finanzhilfen des Bundes zurückzuführen.

Im Hinblick auf die (zeitlich befristeten) Zuweisungen des Bundes für Investitionen in den neuen Ländern zur raschen Behebung fundamentaler Infrastrukturdefizite ist der temporäre Einsatz von Bundeszuschüssen gerechtfertigt, da mit ihrer Hilfe Hemm-

Finanzsystem und föderale Struktur

nisse für das Wachstum privater Investitionen (und für sukzessive sprudelnde eigene Steuerquellen der neuen Länder) gezielter beseitigt werden können als bei einer allgemeinen Aufstockung der Finanzmittel, die zu einer Verfestigung des hohen Anteils konsumtiver Aufgaben (Stichwort: Personalüberhang auf kommunaler Ebene) führen würde. Die Abfederung der Auswirkungen des neuen Länderfinanzausgleichs in den finanzschwachen alten Ländern birgt aber - nach aller Erfahrung - das Risiko einer Perpetuierung in sich.

Die Neugestaltung des Länderfinanzausgleichs hat - gegenüber den ursprünglichen Vorschlägen des Bundes - eine deutliche Stärkung der Länder ergeben. Die - konsequenterweise erforderliche - gleichzeitige Entflechtung bei der Mischfinanzierung, z.B. im Öffentlichen Personennahverkehr, wurde jedoch nicht genutzt. Damit wurde der Konsolidierungsdruck auf die Länderhaushalte zur Durchforstung ihrer Ausgaben verringert. Stattdessen wurde der „einfachere" Weg einer Erhöhung des Solidaritätszuschlags gewählt, der unter wachstumspolitischen Gesichtspunkten negativ zu bewerten ist. Mit der Neufassung ist zwar die Integration der neuen Länder in den Finanzausgleich am dem 1.1.1995 bewirkt worden, die meisten Intransparenzen und Inkonsistenzen des geltenden Finanzausgleichssystems bestehen aber weiterhin.

■ Finanzsystem und föderale Struktur

Rolf-Dieter Postlep

Einige Thesen zur schleichenden Aushöhlung der Stellung der kommunalen Ebene im föderativen Staatsaufbau der Bundesrepublik Deutschland

1. Aus ökonomischer Sicht konkretisiert sich der föderative Gehalt eines Staatswesens durch die faktischen Entscheidungsspielräume bei den Aufgaben, Ausgaben und Einnahmen unterhalb der zentralen Ebene (Bundesebene). Eine These lautet: Ohne daß sich an der Rechtsposition der gemeindlichen Ebene in der Bundesrepublik Deutschland etwas geändert hat, sind die faktischen Handlungsspielräume der Gemeinden in der Vergangenheit sukzessive eingeschränkt worden. Dafür waren vor allem folgende Faktoren verantwortlich:

a) wachsende Bedarfe bei den Pflichtaufgaben zur Erfüllung nach Weisung/Auftragsangelegenheiten und den pflichtigen Selbstverwaltungsaufgaben, so insbesondere der Sozialhilfe nach dem BSHG,

b) zunehmende Nutzung der Gesetzgebungskompetenz der überlokalen Ebenen auch im Bereich der freiwilligen Selbstverwaltungsaufgaben; ein spektakuläres Beispiel ist hier in jüngerer Zeit das sog. „Kindergartengesetz",

c) vor allem in den neuen Bundesländern: zweckgebundene Finanzzuweisungen, oft verbunden mit einer Dotationspflicht, die zu Lenkungseffekten führen und insofern gemeindliche Entscheidungen beeinflussen,

d) ein zunehmender einnahmeseitiger „unsichtbarer" Finanzausgleich durch Steuerreformen des Bundes, der über die Gesetzgebungskompetenz verfügt. Beispielhaft sei in diesem Zusammenhang auf das Steueränderungsgesetz 1992 und Standortsicherungsgesetz der Bundesregierung verwiesen.

2. Die sich ausweitende Wirtschaftskrise verschärft diese Entwicklung, weil sie die Sozialbedarfe wachsen läßt, die eigenen Einnahmen der Gemeinden sowie die Verbundmasse des kommunalen Finanzausgleichs verringert und den steuerpolitischen Handlungsbedarf des Bundes vor allem im Sinne einer Reduzierung der Unternehmensteuerbelastung vergrößert. Im Ergebnis stehen anteilig immer weniger Mittel für eigene Aufgaben der Gemeinden zur Verfügung, wobei auch der Verschuldungsspielraum enger begrenzt ist: zum einen wegen der sinkenden Schuldendienstfähigkeit, zum anderen aufgrund der angespannten Kapitalmarktsituation und damit der (zu erwartenden) höheren Fremdfinanzierungskosten.

3. Der Prozeß der deutschen Wiedervereinigung hat ebenfalls zu einer größeren Abhängigkeit der gemeindlichen Ebene geführt, insbesondere weil die ostdeutschen

Finanzsystem und föderale Struktur

Gemeinden nach wie vor nur über geringe eigene Einnahmen verfügen und deshalb fiskalisch von ihren Ländern, vor allem aber vom Bund, sehr stark abhängen. Beispielhaft sei nur auf die Altlastensanierung verwiesen, die in hohem Maße von einem finanziellen Engagement des Bundes abhängt, gleichzeitig aber von Mitspracherechten abhängig gemacht wird. Offen ist dabei, ob es sich hier allein um ein in einem überschaubaren Zeitraum vorübergehendes Problem handelt oder ob hier langfristig veränderte föderative Strukturen festgeschrieben werden.

4. Die bisher praktizierte bzw. nicht praktizierte Asyl- und Einwanderungspolitik auf Bundesebene hat den Kommunen in den letzten Jahren erhebliche finanzielle Lasten aufgebürdet, trotz teilweiser überlokaler Mitfinanzierung.

5. Es läßt sich eine Reihe von Argumenten dafür anführen, daß sich dieser Prozeß der schleichenden Aushöhlung der Stellung der kommunalen Ebene weiter fortsetzen wird:

a) Der Alterslastquotient, d.h. das Verhältnis der über 60jährigen zu den 20- bis 59-jährigen, verändert sich in den nächsten 20 Jahren von jetzt ein Drittel auf etwa ein Halb. Dies wird zu Einnahmeausfällen führen, wenn nicht die Alterseinkünfte anders besteuert werden als bisher, z.B. durch einen höheren Ertragsanteil an den Renten, wie dies ja schon ab 1994 geplant ist, aber auch indirekt durch Verlagerung hin zur Konsumbesteuerung. Dies wird aber auch die Pflegeproblematik verschärfen. Die Pflegekosten betragen schon heute stationär im Heim im Durchschnitt DM 4.500,-, d.h. die Kommunen müssen in sehr vielen Fällen durch Sozialhilfe die Differenz der stationären Kosten zur Rente auffüllen. Hier wird auch die gesetzliche Pflichtversicherung angesichts ihres finanziellen Rahmens nur begrenzt Entlastung schaffen.

b) Die Langzeitarbeitslosigkeit, die i.d.R. zu 100 % auf die Sozialhilfe durchschlägt, und die Arbeitslosigkeit schlechthin, die Zuzahlungen zur Arbeitslosenunterstützung notwendig macht, werden an Bedeutung nicht abnehmen, weil

- der arbeitsplatzsparende technische Fortschritt angesichts der Relation der Arbeits- zu den Kapitalkosten weiter zunehmen wird,
- sich die Aufnahmekapazität des traditionellen tertiären Sektors empirisch als begrenzt erwiesen hat,
- diejenigen tertiären Bereiche, die wachstumsträchtig sind und Personal aufnehmen könnten, noch nicht als nachfragefähig bei den Konsumenten erkannt sind, auch weil sie stark staatlich reguliert sind. Hierzu zählt der Umweltsektor und der Gesundheitssektor. Die grundsätzliche Frage ist, ob es hier jemals in größerem Umfang zu marktlicher Allokation kommen wird. Andernfalls müßte viel über Zwangsabgaben finanziert werden (Staatskonsum), die nach herrschenden Vorstellungen eher wachstumsschädlich sind.

c) Die Kommunen werden immer stärker mit Folgelasten unzulänglicher Bundes- und Landespolitik konfrontiert. Verwiesen sei beispielhaft auf die Abfallpolitik (und hier insbesondere die Konsequenzen der Technischen Anleitung Siedlungsabfall) sowie die

Finanzsystem und föderale Struktur

Verkehrspolitik, deren ungelöste Probleme spürbar vor Ort zu belastenden Konsequenzen führen.

6. Die Kommunen sind kaum in der Lage, diesen Tendenzen aktiv zu begegnen, weil hier ungelöste Strukturprobleme im föderativen Aufbau der Bundesrepublik Deutschland behindernd wirken. So gesehen kommt den kommunalen Spitzenverbänden eine besondere Verantwortung zu, wenn es darum geht, im politischen Raum Veränderungen zu bewirken.

Finanzsystem und föderale Struktur

Martin Junkernheinrich

Gemeindefinanzierung in Ostdeutschland
Hohe Aufgabenintensität bei geringer Einnahmenautonomie

1. Aufgabenseitig sind die Kommunen in den neuen Bundesländern mit hohen Belastungen durch den Verwaltungsaufbau und die Rekommunalisierung staatlicher Aufgaben, durch dringend notwendige Infrastrukturinvestitionen und durch steigende Soziallasten gefordert. Diese Belastung trifft auf eine originäre Finanzkraft aus Steuern und Entgelteinnahmen, die weit unter dem Bundes- bzw. dem westdeutschen Durchschnitt liegt. Hinzu kommt, daß in den neuen Ländern gerade in einer Zeit äußerster politisch-administrativer Belastung kommunale Gebietsreformen vorbereitet und durchgeführt werden.

2. Dieser besonderen Situation wurde und wird finanzpolitisch zunächst durch kurzfristige vertikale Sonderfinanzierungen begegnet (Fonds „Deutsche Einheit", „Gemeinschaftswerk Aufschwung-Ost" etc.). Damit haben die ostdeutschen Kommunen insgesamt eine Finanzausstattung erhalten, die kaum als schlecht bezeichnet werden kann. Während der Finanzierungssaldo in den alten Ländern im Jahr 1991 bei minus 94 DM/E lag, wurde in den neuen Ländern ein Überschuß von 101 DM/E erwirtschaftet. Für das Jahr 1992 ist - primär bedingt durch die starke Zunahme der Personalausgaben - von einem Finanzierungsdefizit der ostdeutschen Kommunen in Höhe von 5,5 Mrd. DM (373 DM/E) auszugehen[1].

3. Aufgrund der schwachen ökonomischen Basis sind die originären Einnahmenquellen - gemessen am westdeutschen Durchschnitt - deutlich unterproportional ausgeprägt. Zuweisungen und Verschuldung haben dagegen eine vergleichsweise große Bedeutung:

- Das Gewerbesteueraufkommen ist außerordentlich gering. Die Erhebung der Gewerbekapitalsteuer ist aufgrund der Ertragsschwäche der ostdeutschen Wirtschaft ausgesetzt worden. Im Jahr 1992 lagen die Gewerbesteuereinnahmen bei rund 50 DM/E; das sind nur 9 v.H. des Westniveaus.
Der Gemeindeanteil an der Einkommensteuer hat den größten Teil an den ostdeutschen Kommunalsteuern. Mit Pro-Kopf-Einnahmen von 163 DM wurde ca. 26 v.H. des Westniveaus erreicht.
- Die Grundsteuer ist, da nicht ertragsorientiert, vergleichsweise ergiebig. Hier wurde knapp 50 v.H. des westdeutschen Wertes vereinnahmt.

[1] 1991: Jahresergebnis der vierteljährlichen Kassenstatistik. 1992: Schätzung unter Berücksichtigung einer Repräsentativerhebung der Bundesvereinigung der kommunalen Spitzenverbände (Stand: Juni 1993).

Finanzsystem und föderale Struktur

- Das Gebührenaufkommen der ostdeutschen Kommunen lag 1992 bei 3,7 Mrd. DM, so daß je Einwohner etwas mehr als 50 v.H. des westdeutschen Gebührenaufkommens realisiert werden konnte[2].
- Die staatlichen Zuweisungen für die ostdeutschen Verwaltungshaushalte lagen 1992 bei 21 Mrd. DM; das Niveau der investiven Zuweisungen erreichte ca. 10 Mrd. DM. Auch für 1993 liegt das Gesamtvolumen der Zuweisungen bei 31 Mrd. DM. Die ostdeutschen Kommunen können somit im laufenden Jahr aus Zuweisungen fast 1.450 DM/E zur Deckung ihrer laufenden Ausgaben und über 660 DM/E für investive Aufwendungen verausgaben. Das ist pro Einwohner etwa das 1,7fache bzw. das 3,5fache des westdeutschen Wertes.
- Die Schuldaufnahme war in den Jahren 1991 und 1992 deutlich überproportional ausgeprägt und lag um etwa 80 v.H. höher als in Westdeutschland. Dies ist allerdings kein Ausdruck von Finanzierungsengpässen. So konnte im Vermögenshaushalt noch ein Überschuß erwirtschaftet werden. Vielmehr haben sich die Kommunen mit Krediten eingedeckt, die von der Bundesregierung bzw. der Kreditanstalt für Wiederaufbau zu besonders günstigen Zins- und Tilgungskonditionen angeboten wurden. Dies hat zu hohen Kassenbeständen geführt, die für die Folgejahre zur Verfügung stehen.

4. Die Personalausgaben stellen auf der Ausgabenseite das Hauptproblem der ostdeutschen Kommunalhaushalte dar. 1992 lagen die Personalausgaben ostdeutscher Städte mit einem Gesamtvolumen von 19,5 Mrd. DM bei 1.424 DM/E. Trotz noch weit unter Westniveau liegender Tarife erreichten sie damit knapp 136 v.H. des entsprechenden westdeutschen Pro-Kopf-Wertes. Die tarifvertraglich festgelegte stufenweise Anhebung der Tarife in den neuen Ländern bis auf 80 v.H. des Westniveaus ab Juli 1993 bedingt im Zusammenspiel mit jährlichen Tarifanhebungen weiterhin stark zunehmende Personalausgabenbelastungen. Selbst unter Berücksichtigung eines allmählichen Personalabbaus wird für 1993 mit Ausgaben in Höhe von 21 Mrd. DM gerechnet. Damit ergibt sich ein Sprengsatz für die kommunale Ausgabenseite, der von ganz erheblicher Bedeutung für die zukünftige Entwicklung sein wird. Wird diese Entwicklung nicht nachhaltig gebremst, überschreiten die ostdeutschen Kommunen - auch bei großzügiger Dotierung ihrer Einnahmen - die Grenzen ihrer Zahlungsfähigkeit.

5. Die sozialen Leistungen der Kommunen (also insbesondere die Leistungen nach BSHG) lagen pro Einwohner im Jahr 1992 bei knapp 37 v.H. des Westniveaus. Zukünftig wird die Belastung durch Sozialhilfeausgaben stark zunehmen und den Finanzierungsspielraum der Kommunen in steigendem Maß einengen. Dies wird insbesondere dann eintreten, wenn Arbeitslose nur noch geringe Ansprüche auf Arbeitslosenhilfe

---

[2] Allerdings sind wichtige Gebührenarten in den kommunalen Haushalten der neuen Länder nicht enthalten. Dies betrifft insbesondere die Abwasserbeseitigungs- sowie Straßenreinigungsgebühren, deren Kostendeckungsgrade im alten Bundesgebiet besonders hoch sind. Dies läßt den Schluß zu, daß der Spielraum der ostdeutschen Städte zur Erhöhung der bestehenden Gebühren nicht so groß ist, wie das niedrige Pro-Kopf-Niveau erwarten läßt.

haben und verstärkt auf Sozialhilfe angewiesen sind. Mit dem Auslaufen von Arbeitsbeschaffungsmaßnahmen bzw. mit Finanzierungsengpässen der Bundesanstalt für Arbeit werden die Sozialstaatskosten verstärkt auf der kommunalen Ebene anfallen. Für 1993 werden bereits 43 v.H. des Westniveaus erwartet.

6. Die Sachinvestitionen konnten von 1991 auf 1992 um mehr als 30 v.H. gesteigert werden. Damit wurde das westdeutsche Investitionsniveau um ca. 41 v.H. überschritten. Ursächlich dafür sind die Mittel aus dem Kommunalkreditprogramm und Ausgabenreste aus dem Vorjahr. Soll die Angleichung der Infrastrukturausstattung in den nächsten zehn Jahren erreicht werden, muß dieses hohe Investitionsniveau fortgeführt werden. Dazu ist es unverzichtbar, daß der investive Spielraum zukünftig nicht durch Personal-, Sach- und Sozialausgaben verringert wird.

7. Würdigt man diese finanzwirtschaftlichen Trends unter dem Gesichtspunkt der kommunalen Finanzautonomie, so kann folgendes festgehalten werden: Die ostdeutschen Kommunen haben durch den politischen Systemwechsel einen Gewinn an Selbstverwaltungsspielraum und Finanzautonomie erhalten. Angesichts des geringen Anteils an originären und von den Kommunen selbst zu beeinflussenden Einnahmen bzw. der großen Abhängigkeit von staatlichen Zuweisungen ist die kommunale Finanzautonomie aber noch nicht hinreichend entwickelt. Es wird eines längeren - und nicht zuletzt ökonomischen - Anpassungsprozesses bedürfen, bis hier „westdeutsche" Finanzstrukturen realisierbar sind. Ausgabenseitig müssen sich die Kommunen insbesondere im Personalbereich dem notwendigen Konsolidierungsbedarf stellen.

8. Zahlreiche seit längerem diskutierte Vorschläge zur Reform des Gemeindefinanzsystems sind auch für die Kommunalfinanzierung in den neuen Ländern von großer Bedeutung. Besonders hervorzuheben sind die Überlegungen zur Umverteilung der Sozialhilfelasten, zur Neuordnung der Gemeindessteuern und zur Finanzausgleichsreform:

- Mit Blick auf die Sozialhilfeausgaben ist festzustellen, daß diese im Rahmen eines föderalen Staatsaufbaus nicht allein auf der kommunalen Ebene anzusiedeln sind. Sofern der Bund über das BSHG Art und Umfang der Leistungen wesentlich bestimmt, ist er auch an der Finanzierung zu beteiligen.
- Bei einer Reform des Gewerbesteuersystems ist eine möglichst breit angelegte wertschöpfungsorientierte Steuer mit Hebesatzrecht sinnvoll. Diese Steuer ist eine ergiebige Gemeindesteuer, die das Interesse der Kommunen am ortsansässigen und ansiedlungswilligen Gewerbe sichert. Eine Beteiligung an der Umsatzsteuer (z.B. nach Einwohner oder Beschäftigten) hätte andere - und für die ostdeutschen Kommunen vermutlich positive - Umverteilungseffekte, wäre aber unter dem Aspekt der kommunalen Einnahmenautonomie und effizienzorientierter Anreize nur eine Secondbest-Lösung.
- Die kommunalen Finanzausgleichssysteme sollten einem ständigen Reformprozeß unterliegen. Mit der schrittweisen Stärkung der Steuereinnahmen muß die fiskalische Aufstockungsfunktion zugunsten einer bedarfsgerechten und anreizorientierten Ausgestaltung zurückgeführt werden.

■ Finanzsystem und förderale Struktur

Hans Pohle, Eberhard Thiel

Zusammenfassende Thesen

1. Eine Aushöhlung der Länderkompetenzen im Zuge der weiteren europäischen Einheit ist in Zukunft wenig wahrscheinlich. Das gilt insbesondere für das Verhältnis der Länder zum Bund (Art. 23 GG). Im Hinblick auf das Verhältnis zur EG ist jedoch durch die Länder selbst auf die ausreichende Wahrung ihrer Interessen zu achten. Das gilt in Zukunft auch und gerade für Fragen der Raumordnungspolitik.

2. Im Zuge der deutschen Vereinigung ist es versäumt worden, das bislang hohe Niveau des Finanzausgleichs zwischen den Ländern zu reduzieren. Dies hätte die Ausgestaltung und die Reform des Finanzausgleichs ohne Zweifel erleichtert. Gleichzeitig aber wären dadurch die Anforderungen an andere räumliche Ausgleichsmechanismen, wie die Raumordnungspolitik insgesamt und die Gemeinschaftsaufgaben insbesondere, wesentlich vergrößert worden.

3. Die Art der Finanzierung der deutschen Einheit und die damit verbundenen Transfers haben die Finanzsituation der öffentlichen Haushalte unterschiedlich getroffen. Die damit insgesamt zunehmende Belastung der öffentlichen Haushalte insbesondere aus der steigenden Nettokreditaufnahme des Bundes wird in Zukunft den Finanzspielraum für räumliche Ausgleichsmaßnahmen in den alten Bundesländern erheblich einengen. Die Raumordnung ist aufgefordert, dieser Tendenz entgegenzuwirken.

4. Beim in diesem Jahr gefundenen Kompromiß für den horizontalen und vertikalen Finanzausgleich sind Chancen für eine größere Flexibilität vertan worden. Die relative Verteilung der Finanzmassen ist zumindest zwischen den westlichen Bundesländern in etwa gleich geblieben. Darüber ist versäumt worden, dieses finanzpolitische Instrument transparenter zu gestalten, was als Orientierungshilfe insbesondere für die Raumordnungspolitik von großem Nutzen gewesen wäre.

5. Der Prozeß der schleichenden Aushöhlung der Stellung der kommunalen Ebene im föderativen System wird sich in Zukunft weiter fortsetzen. Verantwortlich dafür sind neben demographischen und ökonomischen Entwicklungen die Verlagerung von finanziellen Lasten durch Leistungsgesetze des Bundes auf die Gemeindeebene. Für die Eigenentwicklung von Städten und Gemeinden bleibt damit immer weniger Spielraum.

6. Die ostdeutschen Kommunen haben durch den Systemwechsel formal Selbstverwaltungsspielraum und Finanzautonomie erhalten. Allerdings ist wegen des geringen Anteils an eigenen Einnahmen und damit der großen Abhängigkeit von Zuweisungen durch Bund und Land die kommunale Finanzautonomie materiell noch nicht hinreichend entwickelt. Das erfordert, daß Bund und Länder vorrangig in ostdeutschen Kommunen erforderliche Investitionen zur Daseinsvorsorge und Investitionen im Zusammenhang mit dem Strukturwandel öffentlicher Leistungen unterstützen.

Finanzsystem und föderale Struktur

Hans Pohle

Diskussionsbericht

Auf der Basis der vorbereiteten Statements der Mitglieder der Vorbereitungsgruppe wurden in der AG 2 "Finanzsystem und föderale Struktur" weiterführende Aspekte des Themenfeldes diskutiert.

So wurde zunächst darauf hingewiesen, daß es nicht ausreiche, nur die Finanzströme des Länderfinanzausgleichs und der Ost-West-Transfers im Bundeshaushalt zu betrachten. Vielmehr müssen auch die anderen Fachpolitiken in ihren räumlichen Umverteilungswirkungen einbezogen werden. Als Beispiele wurden die Gemeinschaftsaufgaben, insbesondere die GRW, die Verkehrswegefinanzierung, die Arbeitsmarktpolitik und die verschiedenen öffentlichen Schattenhaushalte genannt. Zwar sei z.B. die GRW gegenüber den offiziellen West-Ost-Transfers nur ein relativ kleiner Betrag, aber in ihrer strukturpolitischen Ausrichtung für die Entwicklung der neuen Länder von besonderer Bedeutsamkeit. Vergessen dürfe man bei dieser Diskussion ebensowenig die privaten Investitionen, die von Standorten im Westen auf Standorte in den neuen Ländern verlagert werden.

Deshalb wurde eine stärkere Bündelung und Koordination aller öffentlichen Finanztransfers für die neuen Länder gefordert, um gezielter Entwicklungsschwerpunkte fördern zu können. Ein mögliches Instrument zur effizienteren Mittelverwendung könne die stärkere Ausweitung zweckgebundener Finanzzuweisungen zu Lasten ungebundener Finanztransfers sein. Dem wurde entgegengehalten, daß damit neben der fehlenden empirischen Basis für eine auf spezifische Entwicklungsschwerpunkte hin koordinierte Finanzpolitik des Bundes wesentliche Teile föderaler Eigenständigkeit der Länder und der Gemeinden verlorengingen. Zudem wurde darauf hingewiesen, daß wegen der größeren Problemnähe und der Einbeziehung der spezifischen Standortbedingungen und Problemlagen die Entscheidung über die Verwendung der Finanzmittel besser so weit wie möglich vor Ort getroffen werden sollte. Dies spräche eher für eine Reduzierung der zweckgebundenen Finanzzuweisungen zugunsten allgemeiner Transfers. Es würde auch eher dem Leitbild des Wettbewerbs der Regionen in Europa entsprechen und die neu gewonnene Finanzhoheit der Gebietskörperschaften der neuen Länder stärken.

Im Zusammenhang mit der Diskussion über die West-Ost-Transfers wurde unter den Gesichtspunkten von zumutbarem Verzicht und Gerechtigkeitsaspekten hinterfragt, ob es ausreichend sei, dabei ausschließlich monetäre Ströme zu betrachten. Notwendig sei vielmehr zu analysieren, welche realen Güterströme dadurch initiiert werden und wo dann die Einkommen entstünden. Ein weiterer Aspekt sei die Zusammensetzung der aus diesen Transfers erzeugten Staatsnachfrage. In den neuen Bundesländern sei die konsumptive Verwendung der Finanztransfers zu hoch und auf Grund des hohen

Finanzsystem und föderale Struktur

Personalbestands im öffentlichen Dienst auf Dauer nicht zu finanzieren. Die Möglichkeit der investiven Verwendung z.B. im Infrastrukturbereich, wo der Bedarf dagegen besonders hoch wäre, sei dadurch erheblich eingeschränkt.

Ausgehend von der These, daß der Ausgleichsmaßstab im Finanzausgleich wesentlich zu hoch sei und noch dem tradierten Denken in Relationen und Anteilen zwischen den beteiligten Gebietskörperschaften entspräche, wurde eine wesentliche Senkung der Volumina der Finanzausgleichsinstrumente gefordert. Dabei müsse stärker als bisher das absolute Niveau der Finanztransfers zur Bildung von Maßstäben herangezogen werden. Sonst stehe zu befürchten, daß der jetzige Transfermechanismus nicht mehr zu finanzieren sei. Bereits jetzt sei anzunehmen, daß dieses hohe Niveau von Umverteilungen zu Lasten der gesamtwirtschaftlichen Allokation und damit des Wachstums gehe. Bei einer Fortschreibung dieser Praxis werde der zu verteilende "Kuchen" noch weiter schrumpfen.

Neben diesen eher generellen Aspekten des Arbeitsgruppenthemas wurden auch spezifische Regelungen des neuen Länderfinanzausgleichs diskutiert. So wurde im Hinblick auf die geringe Größe gerade auch der neuen Bundesländer argumentiert, daß diese Länder ihre geringe Größe selbst befürwortet hätten und daher die damit verbundenen Nachteile einer unzureichenden Finanz- und Wirtschaftskraft auch selber tragen müßten. Eine Verwendung der Finanzausstattung als Maßstab des Finanzausgleichs würde diesem Gedanken der Eigenverantwortlichkeit entgegenstehen.

Gleiches gelte in bezug auf die "Veredelung" der Einwohnerzahlen für die Stadtstaaten. Hier müsse im Vergleich zu den in Flächenländer eingebundenen Großstädten wie München, Stuttgart und Frankfurt gefragt werden, ob damit nicht ein rein norddeutsches Problem auf Kosten der süddeutschen Länder über den Länderfinanzausgleich gelöst werde.

In raumordnerischer Hinsicht sei in diesem Zusammenhang auch die Diskussion um die Einbindung der Zentralitätsstufe in den Finanzausgleich von Bedeutung. Dabei werde häufig übersehen, daß eine höhere Zentralität nicht nur höhere Belastungen wegen der Bereitstellung von höherwertigen Funktionen für den Verflechtungsbereich mit sich bringt, sondern daß ebenso zusätzliche Einnahmen erzielt werden. Generell müsse festgestellt werden, daß nicht alle strukturbedingten spill-over im Länderfinanzausgleich berücksichtigt werden können und auch nicht sollten, da dieser sonst überfrachtet und noch weniger transparent werde.

Arbeitsgruppe „Regionalisierung"

Bericht von Ernst-Hasso Ritter (Leiter), Dietrich Fürst, Otto Goedecke, Lorenz Rautenstrauch, Isolde Roch, Dietmar Scholich

1. Definitorische Vorklärung

Region - Regionalismus - Regionalisierung sind drei Begriffe, deren politische Strahlkraft in den letzten zwei Jahrzehnten zwar stetig stärker geworden ist, die aber gleichwohl noch keinen scharfen Begriffsinhalt haben, sondern in oft schillernder Bedeutung und in unterschiedlichen Sinnzusammenhängen verwandt werden. Das macht es notwendig, zumindest das thematische Vorverständnis zu verdeutlichen und eine definitorische Annäherung zu versuchen, wenn auch im Rahmen dieses Berichts exakte Begriffsbestimmungen nicht möglich sind.

Unter „Region" wird zunächst ganz allgemein eine räumliche Einheit verstanden, die gemeinsame historische, kulturelle und wirtschaftliche Eigenheiten aufweist. So heißt es in der Konvention des Europarates von 1978 (Erklärung von Bordeaux): „Als wesentlicher Bestandteil des Staates ist die Region ein Grundelement des Reichtums eines Landes. Sie bezeugt dessen kulturelle Mannigfaltigkeit. Sie gibt Anregungen für die wirtschaftliche Entwicklung..."(Ziff.1). Die Region wird gebildet von einer menschlichen Gemeinschaft, die charakterisiert ist „durch eine geschichtliche oder kulturelle, geographische oder wirtschaftliche Homogenität oder eine Kombination dieser Merkmale, die der Bevölkerung eine Einheit verleihen in der Verfolgung gemeinsamer Ziele und Interessen"... (Ziff.4). „Die Region gibt den Rahmen ab für die Anerkennung ethnischer und kultureller Verschiedenheiten, die Bewahrung der regionalen Sprachen, der regionalen Kulturen und Traditionen. Die Übertragung von eigentlich der Regierung zustehenden Vollmachten auf die regionalen Institutionen ist die logische demokratische Antwort auf die Wiederbejahung der jeder Region eigenen ethnischen und kulturellen Traditionen" (Ziff. 30).

In dieser Umschreibung stecken bereits die dynamischen Elemente für die zwei verschiedenen prozeßhaften Entwicklungen, die mit dem Werden und Leben von Regionen verbunden sind. Das ist einmal der Bezug auf die historischen, kulturellen und insbesondere ethnischen Besonderheiten, die in vielen Staaten inzwischen einen sezessiv-autonomistischen Sprengsatz bilden oder doch zentrifugale Kräfte freisetzen. Der darin zum Ausdruck kommende „Regionalismus" reicht in seiner Spannbreite vom Sprachenstreit in Belgien über die blutigen Separatismusbewegungen in Nordirland oder im Baskenland bis hin zum Zerfall der osteuropäischen Staatenwelt.

Zum zweiten ist der Begriff Region verbunden mit dem Gedanken der politisch-administrativen Untergliederung größerer Gemeinschaften (Staaten). Diese Entwicklung zielt als „Regionalisierung" ab auf eine dezentrale Herrschaftsausübung, auf Machtausgleich und einen Zugewinn an Demokratie. In diesem Sinne ist die „Region"

Regionalisierung

eine Handlungs- und Steuerungsebene zwischen dem zentralen Staat auf der einen Seite und den örtlichen Gemeinschaften (Kommunen) auf der anderen Seite. Wenn im folgenden Aspekte der Regionalisierung behandelt werden, ist dieser Zusammenhang gemeint.

2. Hintergründe des Regionalisierungsprozesses

Regionalisierung als Erscheinungsform intermediärer Politikformulierung zwischen zentraler staatlicher Ebene und kommunaler Ebene wird wesentlich getragen durch einen Wandel öffentlicher Aufgabenwahrnehmung.

2.1 Vorab sind hier die steuerungspolitischen Veränderungen zu nennen.

a) Zum ersten sind die politischen Problemfelder heterogener geworden; sie sind weniger nach einheitlichen Vorgaben zu handhaben; eher dezentrale Lösungen sind gefragt. Die öffentlichen Leistungsinstanzen müssen auf veränderte Bedürfnisse reagieren, die sie stärker als bisher nur im konkreten räumlich-sozialen Kontext erfüllen können, zumal sich ein wachsender Bedarf nach ergänzenden Leistungen zeigt, die durch vornehmlich monetär ausgerichtete zentralstaatliche Sicherungssysteme nicht oder nur unzureichend erbracht werden können. Daneben haben auch die Vollzugsinstanzen ihre Sichtweise insofern verändern müssen, als standardisierte Vorgaben zentraler Programme sich als den differenzierten gesellschaftlichen Lebens- und Produktionsprozessen immer weniger angemessen erwiesen haben.

b) Zum zweiten gibt es eine durchgängige Strömung hin zur Entstaatlichung, zur Deregulierung und zum Abbau von Vorgaben und Institutionen. Auch dies läuft in Richtung einer Regionalisierung, weil zwar auf der einen Seite zentrale Vorgaben unter den Gesichtspunkten der Flexibilität, der Sachgerechtigkeit und der Effizienz in Zweifel gezogen werden, auf der anderen Seite aber unübersehbar ist, daß weder auf übergreifende Regelungen gegenüber lokalen Interessen noch auf Ausgleich und Koordination lokaler Belange völlig verzichtet werden kann. Auch insoweit bietet sich die Region als eine intermediäre Zwischeninstanz an.

c) Drittens ist festzustellen, daß die Grenzen zwischen staatlicher und privater Aufgabenwahrnehmung verschwimmen, die Verflechtungen von Staat und Gesellschaft zunehmen. Der einseitig hoheitlich handelnde Staat wandelt sich zum kooperativen Staat. Auch für solche Kooperationsprozesse empfiehlt sich die regionale Zwischenebene als geeignete Plattform.

d) Viertens wird die Regionalisierung mitgespeist aus der „partizipatorischen Revolution", nämlich aus der Notwendigkeit, Konsensbildungsprozesse von unten zu organisieren, die Erzeugung von Akzeptanz zu fördern, wo generelle Legitimität vorgegebener abstrakter Regelungen nicht mehr ausreicht.

e) Fünftens tritt hinzu ein ausgesprochen ökonomisch orientierter Konkurrenzkampf unter den Bedingungen des EU-Binnenmarktes 1993, der zu neuen Formen regionaler Kooperation zwingt. Nachdem der nicht zuletzt wirtschaftspolitisch geführte „Wettbewerb der Systeme" mit Beginn der 90er Jahre auf europäischem Boden ausgelöscht worden ist, wurde auch im politischen Bewußtsein breiter Bevölkerungsgruppen der Blick frei für die konkreten räumlich-ökonomischen Daseinsbedingungen und für den sich in diesen Beziehungen abspielenden „Wettbewerb der Regionen".

f) Gerade auch in dem Zusammenhang spüren schließlich vor allem die Kommunen die Grenzen ihrer Handlungskapazitäten und versuchen, darauf mit Zusammenarbeit, Zweckgemeinschaften oder regionalen Verbünden zu antworten. Auf diese Weise ergibt sich „Regionalisierung" nicht nur aus den Dezentralisierungstendenzen von oben gesehen, sondern ebenso aus Kooperationsbemühungen von unten.

2.2 Hinter den Veränderungen in den Steuerungs- und Handlungsformen verbergen sich inhaltliche Verschiebungen des Wertgefüges und neue räumliche Sichtweisen. Sie finden ihren Ausdruck im sozio-kulturellen Wandel zur Liberalisierung aller Lebensbereiche und zur regionalen Differenzierung der Bedürfnisbefriedigung. Sie stellen die Frage nach der notwendigen „Gleichwertigkeit der Lebensverhältnisse" und beantworten sie immer mehr in konkreten, räumlich erlebten Bezügen, also im regionalen Maßstab. Sie spiegeln sich in einem neuen Lebenswertgefühl wider und in der Suche nach lebensräumlichen Identifikationsmöglichkeiten; insofern meint „Heimat" auch ein emotionales Bezugssystem im regionalen Rahmen. Diese Veränderungen sind ferner Folge und Ausdruck eines wirtschaftlichen Strukturwandels, der zur Entdeckung der „ökonomischen Netze" in den jeweiligen Regionen geführt hat und der durch die Anforderungen standortsuchender Betriebe geprägt wird, die nicht nur einen lokalen Standort, sondern ein regionales System von Standortbedingungen nachfragen. Und diese Veränderungen zeigen sich in der regionalen Sichtweise und Bewertung von Umwelt, wobei es zunehmend darauf ankommt, in naturräumlichen und regional-ökosystemaren Zusammenhängen zu denken.

Freilich darf nicht vergessen werden, daß der beschriebene Zug zur Regionalisierung durchaus ambivalent ist und sich Gegenströmungen ausgesetzt sieht. Solche Gegenströmungen resultieren etwa aus der globalen Sichtweise, zu der die weltwirtschaftlichen Verflechtungen des Produktionssystems, des Handelssystems oder des Währungssystems ebenso zwingen wie die weltumspannenden Bedrohungen der Regenerationsfähigkeit natürlicher Ressourcen.

3. Regionalisierung in der Binnenperspektive

3.1 Im Institutionengefüge der Bundesrepublik Deutschland haben die beschriebenen Regionalisierungstrends zunächst durchaus positiv auf die regionale Planungsebene der Raumordnungspolitik gewirkt. Das System der Regionalplanung hat in den letzten

Regionalisierung

Jahren teilweise einen Bedeutungszuwachs erfahren, teilweise konnte es zumindest einen Potentialgewinn verbuchen, der indessen nicht überall aktualisiert wurde. Dies war mit einer konzeptionellen, methodischen und instrumentellen Umorientierung der Regionalplanung verbunden.

Die konzeptionelle Umorientierung wird dadurch bestimmt, daß neben die Negativplanung, die als Schutz- und Verhinderungsstrategie die erste Phase der Ökologisierung der Raumplanung markierte, wieder mehr und mehr positiv gestaltende Planelemente treten; man kann hier einen neuen Schub zu Entwicklungskonzeptionen beobachten. Die methodische Umorientierung wird dadurch bestimmt, daß Planung als Planungsprozeß gesehen wird und weniger darauf abstellt, ein fertiges Plandokument abschließender Entscheidungen zu liefern. Die methodische Umorientierung dokumentiert sich zugleich im Wechsel der Funktionen regionaler Planung; die ordnungsrechtlichen Regelungsfunktionen werden ergänzt durch Moderationsfunktionen und Koordinationsfunktionen, die ihrerseits wieder konstitutive Elemente des Planungsprozesses sind. Daraus ergibt sich schließlich die instrumentelle Umorientierung, nämlich der Übergang vom einseitig-hoheitlichen Handeln zum kooperativen Handeln und zum Planungs- bzw. Projektmanagement.

Der Bedeutungszuwachs der Regionalplanung wurde begünstigt durch ihre größere Problemnähe zu den örtlich entstandenen Konfliktherden, durch die größere Experimentieroffenheit im Windschatten parteipolitisch verfestigter Frontstellungen sowie durch die Konkretisierungsspielräume, die die übergeordneten Landesplanungen der regionalen Ebene durchaus belassen haben. Freilich sind die Regionalisierungstendenzen beim etablierten Regionalplanungssystem auch alsbald an Grenzen gestoßen, die sich aus der relativ starken rechtlichen Verfaßtheit von Raumordnung und Landesplanung ergeben. Daß hier Entwicklungssperren liegen können, zeigt sich schon äußerlich an Maßstabsfragen. So wird die Leistungsfähigkeit der niedersächsischen Regionalplanung auf Kreisebene in Frage gestellt durch die Suche nach Kooperationsmöglichkeiten oberhalb der Kreise (wobei die Regionen teilweise als eingetragene Vereine des Bürgerlichen Rechts agieren), der Raumzuschnitt der bayerischen Planungsregionen durch die übergreifende Kooperation von Städten wie München, Augsburg und Ingolstadt, die Funktionsfähigkeit der baden-württembergischen Regionalplanung im Mittleren Neckar durch die Notwendigkeit einer Neukonstitution des Planungsraums Stuttgart. Dieser Tendenz zur Maßstabsvergrößerung steht andererseits eine Tendenz zur Maßstabsverkleinerung gegenüber, wie sie an den Sub-Regionen zu beobachten ist, die sich unterhalb der nordrhein-westfälischen Regionalplanungsebene der Regierungsbezirke gebildet haben.

3.2 Mit dieser (Sub-)Regionalisierung schiebt sich zunehmend ein neuer Politikansatz neben das regionale raumordnerische Planungssystem: die regionalisierte Strukturpolitik. Die klassische Regionalpolitik - Beispiel: „Gemeinschaftsaufgabe regionale Wirtschaftsstruktur" - agierte von oben nach unten in der Hierarchie Bund - Land - Regionen (wobei die Regionen lediglich als passive Gebietskulisse für den vorgegebenen zentralen Förderrahmen fungierten). Hier hat sich seit einiger Zeit ein Umdenken

Regionalisierung

vollzogen. Nicht mehr die Regionalpolitik von oben nach unten, sondern die Regionalpolitik von unten nach oben oder die „regionale Regionalpolitik" ist gefragt, wobei die Regionen selbst als Akteure im Willensbildungsprozeß erscheinen. Die Motive für diesen Wandel liegen ziemlich offen zutage: Die Bedürfnisse zu erkennen kann nur gelingen, wenn man sie vor Ort erfährt und nicht von oben vorbestimmt. Die Antriebskräfte, die in den Regionen selbst liegen, müssen genutzt werden; es gilt, die endogenen Potentiale zu mobilisieren. Die regionale Identität soll stabilisiert werden, insbesondere auch als eine Standortbedingung im ökonomischen Sinne, soweit es um die bessere Nutzung von Ressourcen, um die Herstellung von regionalen Synergieeffekten geht. Und letztlich geht es wesentlich darum, die Positionen im Konkurrenzkampf des EU-Binnenmarktes zu stärken, der in erster Linie ein Wettbewerb der Regionen sein wird. Denn die Attraktivität eines Standortes hängt von einem Angebotsprofil ab, das in der Regel nur im regionalen Maßstab zu erfüllen ist (funktionierendes Netz von Zulieferern und Dienstleistern, fundierter Forschungs- und Wissenstransfer, qualifizierte Arbeitskräfte, hochwertiges Kultur- und Freizeitangebot, gute Umweltbedingungen).

Bestrebungen zu einer regionalisierten Strukturpolitik in neuen Formen gibt es inzwischen in verschiedenen Ländern der Bundesrepublik. Die Erfahrungen bisher sind unterschiedlich. Während in Nordrhein-Westfalen die Gesamteinschätzung positiv ausfällt, in Niedersachsen, Hessen und Rheinland-Pfalz noch experimentiert wird, sieht man in Bayern die neuen Formen regionalisierter Strukturpolitik skeptischer und setzt eher auf eine Stärkung der vorhandenen Regionalverbände. Immerhin kann Nordrhein-Westfalen als ein exemplarisches Beispiel für den neuen Weg dienen. Hier wird als „regionalisierte, kooperative Strukturpolitik" seit Ende der 80er Jahre der Versuch unternommen, an die Stelle der traditionellen, in sektorale Sparten verfestigten regionalen Wirtschaftspolitik ein komplexes, auf Zusammenfassung verschiedener Politikfelder sowie auf Zusammenarbeit und Konsens setzendes Politikmodell zu praktizieren. Das hauptsächliche Anliegen der regionalisierten Strukturpolitik ist die Mobilisierung der strukturpolitisch relevanten Kräfte in den Regionen. Davon ausgehend muß jede Mobilisierungsstrategie auf vorhandene Strukturen und Netze zugeschnitten sein sowie auf Freiwilligkeit und Selbstkoordination bauen. Dementsprechend haben sich auf freiwilliger Grundlage 15 (Sub-)Regionen gebildet, die im wesentlichen identisch sind mit den Bezirken der Industrie- und Handelskammern. Das Gremium für die regionalen Willensbildungsprozesse ist die Regionalkonferenz; auch die Besetzung der Regionalkonferenzen ist von der Landesregierung nicht abschließend vorgeschrieben. Die Regionalkonferenzen erarbeiten Regionale Entwicklungskonzepte. Die Entwicklungskonzepte sind keine Planungsinstrumente im technischen Sinne; sie sollen der Koordinierung der einzelnen regionalen Aktivitäten dienen und haben für die Maßnahmen der Landesregierung Empfehlungscharakter. Ausgehend von einer Stärken- und Schwächenanalyse sollen in ihnen Leitvorstellungen für die zukünftige Entwicklung einer Region formuliert werden. Hierauf bauen strukturpolitische Handlungsfelder und Entwicklungsschwerpunkte auf. Sofern nötig, sollen aus diesen Leitprojekte und Maßnahmen formuliert werden.

Regionalisierung

Als Zwischenergebnis aus raumordnungspolitischer Sicht ist festzustellen:

Es gibt eine regionale Zusammenarbeit und Politikverarbeitung außerhalb des Systems der Regionalplanung. Diese regionale Zusammenarbeit vollzieht sich jenseits der bekannten hierarchisierten Strukturen. Sie wird getragen durch ein Netzwerk vornehmlich informeller Beziehungen und lebt wesentlich durch einen kontinuierlichen Prozeß des mehrdimensionalen Interessenausgleichs. Die Ergebnisse, die dabei herauskommen, dokumentieren sich deshalb in erster Linie als Prozeßnutzen: in der Verbesserung der Kooperationsbereitschaft, in der Herstellung eines Vertrauensklimas, in der Entwicklung einer regionalen Identität, in der Herausbildung von kooperativen Verfahrensstrukturen, in der Integration der Fachpolitiken von unten sowie in der Herausbildung gemeinsamer, regional verantworteter Konzepte und Projekte.

Die regionalisierte Regionalpolitik wirft allerdings auch eine Reihe von Problemen auf. Obwohl sie vom Prinzip der Freiwilligkeit und Selbstorganisation getragen wird, folglich keine neue Verwaltungsebene im formalen Sinne ausbildet, sind jedoch gewisse Institutionalisierungen zwangsläufig (Regionalkonferenzen als Basisgremien der Konsensbildung, Lenkungs- oder Steuerungsgruppen als Instanzen der Prozeßführung, räumliche oder sektorale Arbeitsgruppen zur Problemvertiefung und Lösungsvorbereitung, regionale Entwicklungsagenturen als Motoren einer koordinierten Projektumsetzung). Schon daraus ergeben sich Legitimationsfragen, die gerade auch von den kommunalen Vertretungen erhoben werden. Ein weiteres Problem liegt darin, daß die weitgehende Informalität des Handelns und Entscheidens ihren Tribut fordert in der Nichtrepräsentativität der Beteiligten und in der nicht immer vorhandenen Transparenz der Vorgänge. Demgemäß stellen die Entwicklungskonzepte auch inhaltlich kein ausgewogenes Spektrum der regionalen Bedürfnisse dar, sondern sind eindeutig im ökonomischen Sinne gewichtet.

Das Verhältnis der regionalisierten Strukturpolitik zur raumordnerischen Regionalpolitik ist ambivalent. Auf der einen Seite sind wesentliche Impulse für die regionalen Entwicklungskonzepte von Regionalplanungsstellen bei den Regierungspräsidenten ausgegangen; die Regierungspräsidenten und die Regionalplanungsstellen haben häufig die Funktion des Moderators und Katalysators bei den Willensbildungsprozessen der regionalisierten Strukturpolitik gespielt. Andererseits ist nicht zu verkennen, daß die Inhalte der Regionalen Entwicklungskonzepte über die raumgebundenen Inhalte der Regionalplanung weit hinausreichen (z.B. in der Arbeitsmarkt-, in der Qualifizierungs- und Technologiepolitik). Ferner sind die (Sub-)Regionen nicht nach raumordnungspolitischen Kriterien (z.B. oberzentrale Verflechtungsbereiche) abgegrenzt, folgen auch nicht überall den Grenzziehungen der räumlichen Teilabschnitte der Gebietsentwicklungspläne, sondern richten sich hauptsächlich an den Handlungsradien der wirtschaftspolitischen Akteure aus (IHK-Bezirke). Dessenungeachtet hat die nordrhein-westfälische Landesregierung bestimmt, daß die Bezirksplanungsräte als die Träger der Regionalplanung in das Erstellungs- und Abstimmungsverfahren für die Regionalen Konzepte eingebunden werden; sie ist dabei über das geltende Landesplanungsgesetz insoweit hinausgegangen, als dieses die regionale Wirtschaftspolitik nicht zu den gesetzlichen Aufgaben der Bezirksplanungsräte zählt.

Regionalisierung

3.3 Eine eigene Kategorie in der Regionalisierungsdiskussion bilden die Stadt-Umland-Beziehungen, die namentlich die Entwicklungsperspektiven der großen Städte bestimmen. Sie haben derzeit wieder eine aktuelle Bedeutung bekommen. Erinnert sei etwa an die Wiedererrichtung des schon aufgelösten Großraumverbandes Braunschweig, an die Bestrebungen zur Neubildung des Großraumes Stuttgart, an die Einführung der Regionalbezirkspläne in Schleswig-Holstein; dieselbe Problematik, nur auf einem anderen (staatsrechtlichen) Niveau trifft man in den Bemühungen, die Umlandbeziehungen von Berlin, Bremen und Hamburg auf eine neue, tragfähige Basis zu stellen. Solche Bestrebungen werden wesentlich ausgelöst durch die Unmöglichkeit, bestimmte Leistungsangebote im Rahmen der Kernstadt überhaupt noch erbringen zu können (z.B. Öffentlicher Personennahverkehr, Entsorgung, Ausweisung von Industrie- und Gewerbegebieten) oder einen spezifischen finanziellen Lastenausgleich zwischen Stadt und Umland herstellen zu können. Raumordnungspolitisch interessant an diesen Bestrebungen ist die Tatsache, daß sie gewissermaßen einen Regionalisierungsdruck von unten erzeugen, wobei die Grenzlinie zwischen gemeinsamer kommunaler Aufgabenwahrnehmung und regionaler Aufgabenwahrnehmung flüssig wird. Freilich sind die Interessenlagen auf der kommunalen Seite durchaus nicht immer gleichgerichtet; vor allem kleinere Umlandgemeinden befürchten eine „Eingemeindung auf kaltem Wege".

3.4 Neuerdings taucht in der Regionalisierungsdebatte häufiger der Begriff der „Städtenetze" auf. Er hat seinen Ursprung in gewissen europapolitischen Strategien (die EU hat zur Förderung der Vernetzung eigens das RECITE-Programm aufgelegt; dazu gehören z.B. die Netzwerke POLIS im Bereich Straßenverkehr, SEALINK im Bereich Seeverkehr oder AUTOMOBILE CITIES im Bereich der Kraftfahrzeugherstellung) sowie in raumordnungspolitischen Vorstellungen einiger Nachbarländer (Schweiz, Niederlande). Verwandt damit ist die Leitvorstellung der „kooperierenden Städte", die die Akademien ARL und DASL 1989 entwickelt haben. Der „Raumordnungspolitische Orientierungsrahmen" 1993 greift diesen Ansatz nunmehr für die Bundesrepublik auf und mißt ihm eine grundlegende Bedeutung insbesondere für die Raumstruktur der neuen Länder zu. Städtenetze werden geprägt durch bewußt gestaltete funktionale Verbindungen zwischen Städten/Gemeinden; man kann sie auch als eine spezielle Form kommunaler Zusammenarbeit bezeichnen, die ggf. über große Entfernungen reicht, jedoch keineswegs ein Nachbarschaftsverhältnis voraussetzt. Städtenetze agieren auf verschiedenen Plattformen: europaweit, national oder im regionalen Kontext. Sie werden teilweise durch Hardware-Systeme zusammengehalten (Netz der Hochgeschwindigkeitsbahnen), können im übrigen aber auch nur auf immateriellen Beziehungen beruhen.

Städtenetze unterscheiden sich von Regionen dadurch, daß sie nicht flächig angelegt sind, sondern eben einen punktuellen Raumbezug haben. Dementsprechend sind - wie es das Bild schon nahelegt - Netze durch Knoten und durch Maschen definiert. Oder anders gewendet: Die Maschen des Städtenetzes sind die Zwischen-Räume, die aus den Kooperationsbeziehungen ausfallen. Für eine Raumordnungspolitik, die sich gesamträumlichen Ausgleichszielen verpflichtet fühlt, ist dies ein empfindlicher Punkt; denn an der Stelle kann die Kontroverse um die einseitige Bevorzugung von Agglomera-

■ **Regionalisierung**

tionen gegenüber peripheren Gebieten wieder aufbrechen. Andererseits wird in den Städtekooperationen eine mögliche Gegenstrategie der Diversifikation gesehen, mit der der befürchteten Zusammenballung wirtschaftlicher Macht auf einer einzigen europäischen Entwicklungsachse (London, Randstadt Holland, Brüssel, Rhein-Ruhr, Rhein-Main, Rhein-Neckar, Basel/Zürich, Mailand/Turin) entgegengewirkt werden kann.

4. Regionalisierung in der Außenperspektive

4.1 In der Außenperspektive wird der Prozeß der Regionalisierung in erster Linie durch die europapolitischen Entwicklungen bestimmt. Hier wiederum ist es zunächst die Regionalpolitik in der EU, die namentlich durch die Strukturfonds mit ihren unbeschriebenen, gleichwohl sehr tiefen und bisher nicht klar ermittelten Auswirkungen auf Raumordnung und Raumstruktur in den einzelnen Ländern Einfluß nimmt. Zwischen faktischen Folgen, politischem Bewußtsein und rechtlicher Kompetenz gibt es freilich keine Deckung. Eine Raumordnungskompetenz fehlt bisher der EU ganz, und sie wird auch nach dem Vertrag von Maastricht in ausdrücklicher Form nur für einen begrenzten Sektor (im Zusammenhang mit bestimmten umweltpolitischen Maßnahmen) gewährt. Dies ist um so erstaunlicher, als ein großer Teil der Vertragsziele (gemeinsame Landwirtschaftspolitik, gemeinsame Verkehrspolitik, Ziel des wirtschaftlichen und sozialen Zusammenhalts, gemeinsame Umweltpolitik, Ziele zum Ausbau und Aufbau transeuropäischer Netze) einen sachnotwendigen Raumbezug aufweist. Erst im Entstehen begriffen ist dementsprechend auch das raumordnungspolitische Bewußtsein in den Institutionen der europäischen Union, wiewohl mit dem Dokument „Europa 2000" von 1991 ein inhaltlicher Anfang gemacht worden ist.

Von den Strukturfonds der EU sind der Europäische Fonds für regionale Entwicklung und der Europäische Ausrichtungs- und Garantiefonds für die Landwirtschaft auf Regionalisierung angelegt. Das bedeutet zweierlei: Einmal erfolgen der Mitteleinsatz und die räumliche Konzentration über die Typisierung von Förderregionen. Diese Förderregionen haben jedoch bisher nicht die Qualität regionaler Akteure, sondern sind lediglich Gebietskulissen, bei deren Abgrenzung raumordnerische Kategorien und Prozeduren weitgehend ausgeklammert sind. Zum anderen sehen die einschlägigen EU-Verordnungen zur Strukturpolitik ein Verfahren vor, das jedenfalls aus der Sicht der Gemeinschaft als Planung „von unten" verstanden wird. Die Rahmenverordnung definiert hierfür den Begriff „Partnerschaft" als eine enge Zusammenarbeit zwischen der Kommission, dem betreffenden Mitgliedstaat und den von diesem bezeichneten, auf nationaler, regionaler, lokaler oder sonstiger Ebene zuständigen Behörden und Institutionen.

4.2 Die Frage, welches denn nun die regionale Ebene in einem „Europa der Regionen" sein kann, ist derzeit noch völlig offen. Sie läßt sich gewiß nicht mit einem Hinweis auf die „Systematik der Gebietseinheiten für die Statistik - NUTS" beantworten, die jeden Mitgliedstaat in drei hierarchisch gegliederte Ebenen einteilt. Wegen ihrer besonderen, statistisch motivierten Zweckbestimmung und wegen ihrer ausgesprochen heterogenen Zusammensetzung ist es kaum möglich, aus den NUTS-Kategorien Vorgaben für Größe, Struktur und Aufgabenzuschnitt von Binnenorganisationen der EU ziehen zu können. Zwar hat das Europäische Parlament in seiner Regionalismus-Charta von 1988 europaweit die Schaffung von Regionen vorgeschlagen, denen eigene legislative und exekutive Kompetenzen zustehen sollen, dabei aber den konkreten Zuschnitt offengelassen. In der Bundesrepublik sind dazu zwei gegensätzliche Bewegungen festzustellen. Einerseits verstehen sich die Bundesländer selbst als Regionen im Sinne der Gemeinschaftscharta und beanspruchen für sich die regionale Kompetenz im Rahmen der Europäischen Union. Eine Gegenbewegung geht von den kommunalen Gebietskörperschaften aus; sie setzen dem „Europa der Regionen" ein „Europa der Kommunen" entgegen und möchten, wenn schon regionale Zusammenschlüsse unvermeidlich sind, höhere Kommunalverbände unterhalb der Länderebene als Regionen im europäischen Sinne etablieren.

Unter raumordnungspolitischen Gesichtspunkten wird man es vorerst zu akzeptieren haben, daß den Ländern im europäischen Maßstab die Rolle der dritten Ebene zukommt. Dies folgt schon aus der deutschen Binnenkompetenzstruktur, die den Ländern die maßgebliche Rolle bei der Aufstellung der Ziele der Raumordnung und Landesplanung zuweist. Folgerichtig haben die Länder auch (neben einem kleinen kommunal besetzten Anteil) die Vertretung im neuzubildenden „Ausschuß der Regionen" übernommen. Es ist zu erwarten, daß dieser Ausschuß ein sehr heterogen zusammengesetztes Gremium sein wird. Denn abgesehen von Belgien steht die Bundesrepublik Deutschland mit ihrem föderativen System, das den Ländern die Doppelfunktion von Staaten und von Regionen zuweist, ziemlich allein da. Lediglich in Italien und Spanien verfügen regionale Gebietskörperschaften noch über beschränkte Gesetzgebungsmöglichkeiten; im übrigen erledigen die Regionen praktisch nur Verwaltungsaufgaben, sind Regionen teilweise nur in Ansätzen vorhanden (z.B. Großbritannien) oder führt eine Regionalisierung schon aus Maßstabsgründen zu nicht mehr vergleichbaren Ergebnissen (z.B. Luxembourg).

4.3 Unterhalb der dritten europäischen Aktionsebene, die in Deutschland von den Ländern repräsentiert wird, bilden sich unter europapolitischen Aspekten immer häufiger Formen grenzregionaler Zusammenarbeit heraus. Gebiete, die sich bisher in einer nationalen Randlage befanden, versuchen, im europäischen Binnenmarkt eine wettbewerbsfähige Mittellage dadurch zu erringen, daß sie sich mit anderen benachbarten Gebieten, die ebenfalls aus der nationalen Sicht diese Randlage hatten, verbünden und ein gemeinsames Potential aufbauen. Hierdurch werden sich zumindest teilregional völlig neue Wachstumsperspektiven ergeben; mittelfristig werden neue, transnationale Regionen als Akteure im europäischen Integrationsprozeß entstehen. Bislang gibt es noch kein adäquates Gefäß, in das man diese grenzregionale Zusammenarbeit raumordnungsrechtlich einordnen kann. Sie agiert bisher im Grunde genommen in beliebigen, privatrechtlichen Formen. Und sie agiert raumordnungspolitisch gesehen immer noch in einer Randlage, weil die Inhalte der jeweiligen Raumordnungspolitiken eben immer noch durch die Einzelstaaten bestimmt werden.

Regionalisierung

4.4 Ein neues Element in der europäischen Perspektive sind die transnationalen Großregionen. Als Beispiele dafür können gelten: ARGE-Alp, ARGE-Donauländer oder die Neue Hanse Interregio zwischen Nordwestdeutschland und den östlichen Niederlanden. Hier zeichnet sich eine Entwicklung ab, die raumordnungspolitisch bisher noch kaum bewußt geworden ist, nämlich daß sich unabhängig von den nationalen Grenzen bestimmte Regionen zusammenfinden, um im europäischen Konzert ihre Stimme zu Gehör zu bringen. Im Unterschied zu der nachbarschaftlichen, grenzregionalen Zusammenarbeit, die administrativ und kommunal verfaßt ist, wird hier politisch agiert. Hier sind Staaten beteiligt und (föderale) Teilstaaten, hier treten Ministerpräsidenten auf und Minister, zum Teil auch parlamentarische Vertreter; hier wird versucht, die Gemeinsamkeiten ökonomischer Verflechtungen und einer vergleichbaren sozialen Ausstattung zu nutzen, um gebündelt europäische Politik im nicht national vorbestimmten Rahmen zu machen. Möglicherweise zeichnet sich darin ein anderer und neuartiger Zugang zu einem „Europa der Regionen" ab.

Der Vollständigkeit halber sei erwähnt, daß - ähnlich wie bei den Städtenetzen - auch Regionen zu einer funktionsbezogenen Zusammenarbeit finden, ohne dabei eine gemeinsame gebietliche Grundlage anzustreben. Ein Beispiel hierfür ist die Zusammenarbeit von Baden-Württemberg, Rhones-Alpes, Katalonien, Lombardei und Wales. Solche „transnationalen" Netzwerke zwischen Regionen mit vergleichbaren ökonomischen Strukturen sollen zur Überwindung institutioneller Defizite beitragen.

5. Bewertung des Regionalisierungsprozesses

a) Die Regionalisierung der Politik wird weiter fortschreiten im Sinne einer Politik der räumlichen (regionalen) Nähe. Die Gründe hierfür liegen sowohl in der Notwendigkeit, die immer komplexer werdenden Problemlandschaften mit neuartigen Steuerungsformen anzugehen, wenn Staat und Gesellschaft überhaupt noch handlungsfähig bleiben sollen, wie in den veränderten Lebensgefühlen und räumlich-politischen Sichtweisen.

b) Regionalisierte Politik ist eine Politik in besonderen Funktionszusammenhängen. Das bedeutet, es gibt keinen einheitlichen Regionenbegriff. Was jeweils eine „Region" ist, definiert sich vielmehr nach den Funktionen und nach den Aufgabenstellungen, d.h. nach den Ansprüchen, die von Problemzusammenhängen und Handlungsnotwendigkeiten gestellt werden.

c) Damit ist die verfassungspolitisch brisante Frage nach der Formenklarheit staatlicher Handlungsräume, nach der Transparenz der Entscheidungsstrukturen, nach der demokratischen Legitimation und nach der rechtsstaatlichen Verfahrenssicherheit aufgeworfen.

d) Insgesamt sind die Regionalisierungsdebatte und die zu erwartenden Ergebnisse eine Herausforderung an den Nationalstaat und an seine klassischen Politikmuster des Agierens von oben nach unten bzw. von innen nach außen. Die Zuordnung von Gesellschaft und Staat muß auch im Gefolge der Regionalisierungsdebatte neu durchdacht werden.

e) Regionale Politik kann als Gegengewicht zur unbestreitbaren Tendenz der Zentralisierung in der europäischen Union verstanden werden. Das Demokratiedefizit dieser Zentralisierung kann institutionell und zentral auf Ebene der EU kaum ausgeglichen werden, da die Distanz zwischen der zentralen Entscheidungsstelle und den besonderen Lebensräumen und Landschaften Europas für funktionsfähige Identifikations- und Akzeptanzprozesse deutlich zu lang ist. Voraussetzung für eine mediale Rolle der Regionen im Demokratisierungsprozeß der Gemeinschaft ist jedoch, daß die Regionen dafür auch förmlich konstituiert sind.

f) Im Übergang von der Außen- zur Binnenperspektive stellt sich die Frage, welche tatsächliche und rechtliche Verfaßtheit ein „Europa der Regionen" haben kann. In der Tendenz spricht vieles dafür, daß sich die europäische Union zu einem mehrstufigen Bundesstaat hin entwickeln wird, wobei die dritte europäische Ebene aus Gebietskörperschaften besteht, deren Verfaßtheit auf einer gleitenden Skala zwischen bloßen Administrativregionen und Institutionen mit Staatsqualität angesiedelt ist.

g) Unterhalb der dritten europäischen Regionsebene wird die räumlich-regionale Binnendifferenzierung weiter fortschreiten. Die jeweiligen regionalen Gebilde agieren häufig auf der Basis von Netzwerken, die nur bis zu einem gewissen Grade formalisiert und formalisierbar sind.

h) Die Regionalisierungstendenzen werden nicht unbeträchtlich von der untersten, der kommunalen Ebene stimuliert. Immer stärker sehen Städte und Gemeinden in der regionalen Zusammenarbeit eine Chance, kommunale Grenzen (gebietlich) und Begrenzungen (Handlungspotential) zu überwinden.

i) Wer den Regionalisierungsprozeß ernst nimmt, wird Abschied nehmen müssen von den herkömmlichen traditionellen Erklärungsmustern und Verantwortungsmustern staatlichen Handelns einerseits und gesellschaftlichen, freiheitsbestimmten Handelns andererseits. Die Verbundorganisation zwischen Staat und Gesellschaft wird stärker zunehmen; die regionale Ebene ist dafür ein sichtbarer Ausdruck. Daraus ergeben sich wiederum Fragestellungen an die Prämissen unserer demokratischen, rechtsstaatlichen Grundordnung.

■ Regionalisierung

6. Folgerungen für die Raumordnungspolitik

6.1 Wandel in den Leitvorstellungen

Die Regionalisierung bedeutet für die Raumordnungspolitik eine inhaltliche Umorientierung, für die sie eine adäquate theoretische Grundlage und handlungsleitende Ordnungs- und Entwicklungsmodelle braucht. Hier wird ein erheblicher Bedarf an konzeptioneller Aufbereitung sichtbar.

a) Zunächst einmal wird man festzustellen haben, daß es an einer Regionaltheorie, die auf der Höhe der Zeit ist, fehlt. Was eine Region (auch im europäischen Bezug) sein soll, welche Funktionen die Regionen wahrnehmen sollen, welche sozio-ökonomischen Prozesse im regionalen Kontext ablaufen und wie das Verhältnis zueinander und zum politischen Gesamtraum (Land, Bund, Europäische Union) bestimmt werden soll, darüber gibt es derzeit mehr offene Fragen als Antworten.

- Das Modell der „ausgeglichenen Funktionsräume" beruht auf dem Gedanken, daß jede Region auf der Basis endogener Entwicklungen (einschließlich der Import-Export-Beziehungen) alle Daseinsgrundfunktionen in ausreichendem Maße bereitstellen kann. Ob dieses Modell angesichts der enorm gewachsenen regionalen Disparitäten in der Bundesrepublik überhaupt noch ein realistischer Ansatz sein kann, muß bezweifelt werden. Die Kosten seiner Umsetzung dürften jenseits der Leistungsfähigkeit liegen. Zudem ist das inhaltliche Problem ungelöst, wie dezentrale Verdichtungen beschaffen sein müssen, damit sie ein selbsttragendes Wachstum erzeugen, und wo man solche Wachstumskerne in vergleichbarer Weise in der Bundesrepublik identifizieren könnte.

- Das Modell der „funktionsräumlichen Arbeitsteilung" wiederum akzeptiert zwar die funktionale Verschiedenartigkeit der Räume und konzentriert sich auf die Minimierung der Kosten der Arbeitsteilung sowie auf die Förderung der in der Arbeitsteilung liegenden wirtschaftlichen Entwicklungs- und Wohlstandschancen. Auf die Weise begegnet dieses Modell der Gefahr, Raumordnungspolitik zu überfordern, besser. Ungelöst bleibt aber die Grundsatzfrage, ob und wie das Ziel der „gleichwertigen Lebensverhältnisse" gehalten werden kann. Das Postulat der Gleichwertigkeit der Lebensverhältnisse dürfte zum Dreh- und Angelpunkt einer jeden Regionalisierungskonzeption werden.

b) Regionalstruktur und Siedlungsstruktur sind aufeinander bezogen. Der Dezentralisierungsgedanke, der die Regionalisierungsdiskussion bestimmt, beherrscht ebenso mit dem „Leitbild der dezentralen Konzentration" die Vorstellungen über die Siedlungsentwicklung. Der „Raumordnungspolitische Orientierungsrahmen" von 1993, der dieses Leitbild aufgreift, setzt zwar bei dem bekannten System der zentralörtlichen Gliederung an, führt es jedoch in Richtung eines Systems regional wirkender Entwicklungszentren weiter, gibt also den statischen Ausgleichs- und Versorgungszielen eine dynamische Wachstumskomponente. Damit wird freilich zugleich das flächendeckende

Versorgungsziel zugunsten einer Konzentration der Kapazitäten auf bestimmte Schwerpunkte aufgegeben. Die entscheidende Frage lautet deshalb, welche Potentiale sind wo und inwieweit zu bündeln oder zu dekonzentrieren? Wo liegen die Wachstumspole, wo sind Entlastungsfunktionen und wo Unterstützungsfunktionen erforderlich? Welches Potential funktionaler Umgestaltung steht überhaupt zur Verfügung? Oder anders formuliert: Wie, mit welchem Aufwand und in welchen Zeitdimensionen ist die Siedlungsstruktur in ihrer baulichen und funktionalen Ausprägung überhaupt gestaltbar? Auch hier gibt es noch keine schlüssigen Konzeptionen.

c) Ungeklärt ist ferner, auf welchem konzeptionell-methodischen Hintergrund die Raumordnungspolitik mit den „Städtenetzen" umgehen soll. In dem Zusammenhang wird zu prüfen sein, inwieweit kommunale Kooperationen im Hinblick auf bestimmte Sachbeziehungen das zentralörtliche Versorgungssystem ergänzen oder flexibilisieren können. Das könnte insbesondere in peripheren ländlichen Räumen der Fall sein, wo ein voll funktionsfähiges Zentrengefüge zu zumutbaren Kosten und bei zumutbaren Reichweiten nicht mehr zur Verfügung gestellt werden kann. Ebenso könnte die Kooperation von Oberzentren spezialisierte Bedarfe arbeitsteilig besser befriedigen (Opern/Theater, Messen, Krankenhausversorgung). In dem Sinne wird Raumordnungspolitik zugleich „Stadtsystempolitik" betreiben müssen.

6.2 Wandel in den Instrumenten

Raumordnung und Landesplanung gehören zu den am stärksten durchnormierten Planungssystemen. Sie haben daher besondere Mühe, sich auf das Vordringen mehr informeller regionaler Konsensbildungsprozesse einzustellen. Das erfordert eine Neueinschätzung auch des Instrumentariums.

a) Das oft schwerfällige und weitgreifende Planungssystem muß flexibler und problemadäquater gestaltet werden.

- Dazu ist vorab ein neues Planungsverständnis notwendig, das Planung als interaktiven und iterativen Erarbeitungsprozeß versteht, der Mitarbeit durch Beteiligung erlaubt. Die Förmlichmachung des Plans ist dabei nicht mehr und nicht weniger als eine Etappe, die anzeigt, wann und mit welchem Ergebnis der Willensbildungsprozeß zu einem bestimmten Zeitpunkt und für eine bestimmte Zeit beendet ist.

- Planung ist Steuerungs- und Konsensbildungsprozeß zugleich. Sie hat das Einbringen der Inhalte von sich aus zu organisieren.

- Um Überlastungen zu vermeiden, wird die Raumplanung im Rahmen ihrer Gesamtstrategie abwägen müssen, auf welche Aufgabenfelder sie das knappe Problemlösungspotential und die knappen Ressourcen konzentrieren will.

Regionalisierung

- Differenzierte Verfahrensanforderungen (Zielabweichungsverfahren, sofern die Grundzüge der Planung nicht betroffen sind; vereinfachte Änderungsverfahren) können dazu beitragen, auf Veränderungen der Ausgangsbedingungen schnell und situationsgerecht reagieren zu können.

- Neben den förmlich (gesetzlich) festgelegten Planungstypen wird die Raumordnung auch mehr informelle Planungstypen (Teilraumgutachten, Rahmenkonzepte, Leitentscheidungen, Raumordnungsskizzen) dort einzusetzen haben, wo es nicht um verbindliche Vorgaben, sondern um Orientierungen und konzeptionelle Hilfestellungen geht.

b) Raumordnung und Landesplanung müssen ihre Umsetzungsorientierung erhöhen.

- Auch nach der Novelle des Bundesraumordnungsgesetzes 1993 kann das Raumordnungsverfahren eine wichtige Rolle bei der konkreten Durchsetzung der Ziele der Raumordnung und Landesplanung spielen. Das gilt namentlich für die neuen Länder, wo dem Raumordnungsverfahren in gewissem Umfang sogar eine planersetzende Funktion zukommt. Die Möglichkeit, von Raumordnungsverfahren bei „bedeutsamen Investitionen" zum Zwecke der Beschleunigung absehen zu können (§ 6 a Abs. 12 ROG), ist inkonsequent und ein Rückschritt.

- In Fällen, die für die regionale Entwicklung von besonderer Bedeutung sind, wird die Regionalplanung konkretes Projektmanagement (z.B. bei der Einrichtung überkommunaler Gewerbegebiete) betreiben oder stimulieren müssen.

- Die neuerdings wieder stärker diskutierten Planungsgebote (Raum Stuttgart) können bei speziellen Konstellationen von Stadt-Umland-Problemen durchaus hilfreich sein, wenn sie in ihren Voraussetzungen klar definiert sind und behutsam angewendet werden.

- Durch das Investitionserleichterungs- und Baulandgesetz können sich an einigen Stellen (Außenbereich; Abrundungssatzungen) Steuerungslücken für die Raumplanung ergeben. Hier wird vor allem die Regionalplanung versuchen müssen, negative Entwicklungen durch kooperative Konzepte mit den Gemeinden abzufangen.

c) Traditionell schwach ist der Einfluß der Raumordnung auf die monetären Förderungsinstrumente. Hier wird sich die Raumplanung stärker im Sinne einer Raumfinanzpolitik (Einfluß auf Verlauf und Koordination der staatlichen Finanzströme im Raum) zu engagieren haben.

- Die finanziellen Ausgleichsmechanismen zwischen Kommunen und (in Zukunft vermutlich auch) zwischen Regionen werden mehr als bisher nach raumordnungspolitischen Kriterien auszurichten sein. Die Raumordnungspolitik steht in der Bringschuld, solche Kriterien zu liefern.

Regionalisierung

- Regionalplanung sollte sich als Moderator bei der Aufstellung abgestimmter regionaler Förderkonzeptionen und bei der projektorientierten Bündelung von Finanzzuweisungen in regionaler Regie einbringen. Sie kann hier als verbindendes Element zwischen unterschiedlichen fachlichen Regionalbezügen wirken.

- Die Regionalplanung sollte ein Mitberatungsrecht (Beispiel Nordrhein-Westfalen) bei der Aufstellung strukturwirksamer Förderprogramme haben, wobei sie auch auf die gebotene regionale Differenzierung der zum Einsatz kommenden Maßnahmebündel entsprechend den jeweils unterschiedlichen regionalen Bedarfen zu achten hätte.

6.3 Wandel in der Aufgabenstellung der Regionalplanung

- Die regionale Planungsebene der Raumordnung ist der Konkurrenz durch die neuen Akteure des Regionalisierungsprozesses besonders ausgesetzt. Sie muß sich darauf durch ein differenziertes Aufgabenverständnis einstellen.

a) Nach wie vor sind es in erster Linie die Regionalen Raumordnungspläne, die die Vorgaben für die überörtliche Siedlungsstruktur und Raumnutzung zu machen haben. Diese Vorgaben sind auch von den anderen regionalpolitischen Akteuren zu beachten.

- Die Vorgaben betreffen namentlich die Zuweisung der Zentralitätsfunktionen an die Orte, die Siedlungsstruktur und korrespondierend dazu die Freiraumstruktur, raumordnerische Grundzüge der Verkehrsstruktur.

- Soweit durch andere regionalpolitische Akteure bestimmte Interessen präferiert werden (regionalisierte Wirtschaftspolitik), kommt der Regionalplanung mit ihrem umfassenden Abwägungsauftrag ein Gegengewicht zugunsten solcher Belange zu, die in der Gefahr stehen, nicht angemessen berücksichtigt zu werden. In dem Zusammenhang wird die Regionalplanung beispielsweise ihren Auftrag zur Landschaftsrahmenplanung zu akzentuieren haben.

- Zu beachten ist allerdings, daß die Regionalplanung gesetzlich an ihren Raumbezug gebunden ist; sie muß sich daher bestimmter regionalpolitischer Tätigkeiten (z.B. in der Arbeitsmarktpolitik, Technologiepolitik oder Bildungspolitik) enthalten.

b) Aufmerksamer als bisher wird zu prüfen sein, ob insbesondere in den hochverdichteten Stadt-Umland-Zonen die Aufgaben der Regionalplanung organisatorisch mit anderen Fachplanungsaufgaben (z.B. Öffentlicher Personennahverkehr, Entsorgung) verbunden werden können.

c) Die Regionalplanung hat sich besser auf die mehr informellen regionalen Konsensprozesse einzustellen.

Regionalisierung

- Sie hat die Impulse aus Regionalkonferenzen und Regionalen Entwicklungskonzepten aufzunehmen und insofern ortsnäher auf Bedürfnisse zu reagieren.

- Sie hat dabei raumrelevante Ergebnisse in ihre Abwägungsprozesse einzubeziehen und danach durch Aufnahme in den Regionalen Raumordnungsplan verbindlich zu machen, um auf diese Weise Planungs- und Investitionssicherheiten zu schaffen.

- Die Beschlußorgane der Regionalplanung sollten bei der Aufstellung Regionaler Entwicklungskonzepte auch formal beteiligt werden, um ihre Sichtweise einzubringen und den Entwicklungskonzepten zugleich eine zusätzliche Legitimation zu verleihen.

d) Die Regionalplanung kann ihre reichen Erfahrungen als Moderator für die informellen Konsensbildungsprozesse zur Verfügung stellen, um hier durch Informationen und Planungsmanagement Hilfen zu geben.

e) Nicht vergessen werden sollte, daß die Regionalplanung ihre Aufgaben nur erfüllen kann, wenn ihr ausreichende Personalausstattung und Sachmittel zur Verfügung stehen.

6.4 Wandel in der Aufgabenstellung der Landesplanung

Nach der eingespielten Kompetenzverteilung des föderalen Systems der Bundesrepublik liegt die inhaltliche Ausgestaltung der Raumordnungspolitik mit eindeutigem Schwergewicht bei den Ländern. Dabei muß es bleiben.

a) Allerdings tragen die Länder als Regionen im europäischen Bezugsrahmen damit auch eine Mitverantwortung für die Gestaltung europäischer Raumordnungspolitik. Diese Aufgabe können sie nur gemeinsam mit dem Bund erfüllen.

- Dies setzt einmal voraus, daß Bund und Länder generell einen effektiven Abstimmungsmechanismus in Europaangelegenheiten einrichten. Die Grundlagen dazu sind mit der Änderung des Artikels 23 GG sowie mit dem „Gesetz über die Zusammenarbeit von Bund und Ländern in Angelegenheiten der Europäischen Union" vom März 1993 geschaffen. Offen ist jedoch noch die Frage, wie die Belange der Raumordnung, die als Querschnittsaspekt im bisherigen Bundesratsverfahren oft einen schweren Stand hatten, besser zur Geltung gebracht werden können.

- Zum anderen ist Voraussetzung, daß die Länder sich horizontal stärker als bisher koordinieren und damit auch gemeinsam entwickelte Vorstellungen akzeptieren, wenn sie sich im europäischen Konzert Gehör verschaffen wollen.

b) Im Hinblick auf die regionalen Willensbildungsprozesse kommt der Landesplanung die Aufgabe zu, die überregionalen Zusammenhänge zu sehen und die sich daraus

Regionalisierung

ergebenden Notwendigkeiten durch entsprechende Vorgaben durchzusetzen. Das kann geschehen durch strategisch angelegte Programme mit Integrationscharakter, durch besondere kooperationsstiftende Ausweisungen in Landesentwicklungsplänen (z.B. gemeinsame Entwicklungsschwerpunkte in Baden-Württemberg und Bayern) oder durch bestimmte Handlungsaufträge an die Regionalplanung.

c) Die Landesplanung ist gut beraten, wenn sie der regionalen Planung und den regionalen Akteuren ein ausreichendes Experimentierfeld läßt und sich im übrigen bereithält, stützend und entlastend dort einzugreifen, wo sich regionale Abstimmungsprozesse festzulaufen drohen.

6.5 Institutionelle Rahmenbedingungen

Landesplanung und Regionalplanung können sich nur in den jeweils vorgegebenen staatsrechtlichen Kompetenzstrukturen bewegen. Wenn also die Handlungsfähigkeit der Raumordnungspolitik gestärkt werden soll, müssen auch die institutionellen Rahmenbedingungen mit ins Kalkül gezogen werden.

a) Auf der Landesebene steht die Raumordnungspolitik in der Ressortkonkurrenz zu ebenfalls räumlich-regional agierenden Fachpolitiken, wie insbesondere der Umweltpolitik (großräumige Landschaftsplanung), der Wirtschaftspolitik (regionalisierte Strukturpolitik) und der Verkehrspolitik (Regionalisierung des öffentlichen Personennahverkehrs). Allgemeine Koordinierungsgremien für Raumordnungsangelegenheiten (Interministerielle Raumordnungsausschüsse) sind bisher nicht von dauerhafter Wirkung gewesen. Erfolgversprechender scheinen daher spezielle Koordinierungsgremien (in Nordrhein- Westfalen z.B. der Ständige Interministerielle Arbeitskreis für die Regionalen Entwicklungskonzepte), in denen sich die Landesplanung dann freilich auch inhaltlich zu engagieren hat.

b) Für die kommunale Ebene ist die sehr schwierige Balance zwischen den eigenen Angelegenheiten der örtlichen Selbstverwaltung, den Notwendigkeiten interkommunaler Verbünde und den Erfordernissen übergeordneter regionaler Aufgabenwahrnehmung teilweise neu zu finden. Dabei kommt es auf der einen Seite darauf an, die schon verfassungsrechtlich gebotene Beteiligung der Kommunen an den regionalen Willensbildungsprozessen (auch an den informellen Regionalkonferenzen) sicherzustellen. Auf der anderen Seite sind die Verfahren so zu gestalten, daß durch kommunale Egoismen verursachte Blockaden vermieden werden können.

c) Von nicht geringer Bedeutung für die Raumordnungspolitik ist der Fortgang der Föderalismusdebatte in nationalem Maßstab und vor allem der Regionalisierungsdebatte im Rahmen der Europäischen Union. Dabei dürften die Entscheidungsstrukturen der Union insgesamt auf dem Prüfstand stehen und grundlegende Korrekturen unumgänglich sein. Diese müßten einmal geschehen im Sinne eines Abbaus der vertikalen Politikverflechtungen in den jeweiligen Fachbereichen. Hinzutreten müßte eine stär-

■ Regionalisierung

kere horizontale Aufgabenbündelung (auch unter raumordnungspolitischen Koordinierungsfunktionen) durch demokratisch repräsentierte Gebietskörperschaften. Und schließlich sollte eine optimale Dezentralisierung der Planungs- und Entscheidungskompetenzen auf Raumeinheiten erfolgen, die auch unter europäischen Aspekten raumordnerische Ausgleichsfunktionen übernehmen können.

Zusammenfassende Thesen

(Die Gliederungsnummern verweisen auf die entsprechenden Abschnitte des Berichts)

1. Der Begriff „Regionalisierung" zielt auf die Herausbildung einer Handlungs- und Steuerungsebene zwischen dem zentralen Staat auf der einen Seite und den örtlichen Gemeinschaften auf der anderen.

2. Regionalisierung wird wesentlich getragen durch einen Wandel öffentlicher Aufgabenwahrnehmung. Dieser dokumentiert sich in steuerungspolitischen Veränderungen, die ihrerseits wieder Verschiebungen des Wertgefüges und neue räumliche Sichtweisen ausdrücken.

3.1 Die Regionalisierungstendenzen haben zu einem Potentialgewinn der Regionalplanung geführt, der mit einer konzeptionellen, methodischen und instrumentellen Umorientierung verbunden ist.

3.2 Daneben bilden sich in verschiedenen Ländern neue Formen einer regionalisierten Strukturpolitik heraus, die auf die Aktivierung der vorhandenen Strukturen und Netze ebenso setzt wie auf Freiwilligkeit und Selbstkoordination. Trotz ihres grundsätzlich offenen Prozeßcharakters führt die regionalisierte Strukturpolitik zu institutionellen Ansätzen und politischen Ergebnissen, die auch das System der Regionalplanung tangieren.

3.3 Eine aktuelle Bedeutung in der gegenwärtigen Regionalisierungsdiskussion haben wieder die Stadt-Umland-Beziehungen gewonnen.

3.4 Regionalpolitische Bedeutung hat ferner die Strategie der „kooperierenden Städte" oder der „Städtenetze".

4.1 Von besonderem Gewicht für den Regionalisierungsprozeß ist die Regionalpolitik in der Europäischen Union.

4.2 Allerdings gibt es noch keine in sich konsistente regionale Ebene in der Europäischen Union; in der Bundesrepublik Deutschland nehmen insoweit die Länder auch die Funktionen von „Regionen" wahr.

Regionalisierung

4.3 Vornehmlich an den europäischen Binnengrenzen entstehen neue Formen grenzregionaler Zusammenarbeit.

4.4 Neben die nachbarschaftlich verfaßte grenzregionale Zusammenarbeit treten transnationale Großregionen, die europapolitische Interessen bündeln.

5. Bei der Bewertung des Regionalisierungsprozesses ist davon auszugehen,

- daß die Regionalisierung als Politik der räumlichen Nähe fortschreitet,
- daß regionalisierte Politik eine Politik in jeweils besonderen Funktionszusammenhängen ist und keinen einheitlichen Regionenbegriff erlaubt,
- daß regionale Politik als Gegengewicht zu zentralistischen Tendenzen innerhalb der Europäischen Union an Bedeutung gewinnt,
- daß Regionalisierungstendenzen nicht nur unter der Dezentralisierungsperspektive zu sehen sind, sondern sich ebenso aus Kooperationszwängen auf der unteren Ebene ergeben können,
- daß Regionalisierung zu einer Binnendifferenzierung führt, die sehr wesentlich auf der Basis von Netzwerken und informellen Kontakten agiert und nur bis zu einem gewissen Grade formalisierbar ist und daß die Regionalisierung verfassungspolitische Fragen nach der Formenklarheit und der Legitimation öffentlichen Handelns aufwirft.

6.1 Der Regionalisierungsprozeß hat Folgerungen für die Raumordnungspolitik schon im Bereich der Grundlagenforschung. Es fehlt an einer angemessenen und problemadäquaten Regionaltheorie; es fehlt an einer konzeptionellen Verbindung zwischen Regionalstruktur und Siedlungsstruktur, und es fehlt aus raumordnungspolitischer Sicht der konzeptionell-methodische Hintergrund für die Strategie der „Städtenetze".

6.2 Die Raumordnungspolitik muß auf die Regionalisierungsprozesse mit einer Neujustierung ihres Instrumentariums antworten:

- Das oft schwerfällige und weitgreifende Planungssystem muß flexibler und problemadäquater gestaltet werden.
- Raumordnung muß ihre Umsetzungsorientierung erhöhen.
- Raumplanung muß stärker als bisher Einfluß nehmen auf Verlauf und Koordination der staatlichen Finanzströme im Raum.

6.3 In besonderer Weise trifft der Umorientierungsprozeß die Aufgabenstellung der Regionalplanung:

- Nach wie vor hat die Regionalplanung die Aufgabe, Vorgaben für Raumnutzung und Raumfunktionen zu machen, an denen sich alle regionalpolitischen Akteure zu orientieren haben.

Regionalisierung

- Insbesondere in den hoch verdichteten Stadt-Umland-Zonen wird zu prüfen sein, ob und inwieweit die Aufgaben der Regionalplanung organisatorisch mit anderen Fachplanungsaufgaben verbunden werden können.
- Die Regionalplanung hat sich sensibler als bisher auf die mehr informellen regionalen Konsensbildungsprozesse einzustellen. Sie kann dabei insbesondere als Moderator wirken sowie durch Information und Planungsmanagement Hilfen geben.

6.4 Auf der Ebene der Landesplanung kommt es darauf an, Mitverantwortung für die Gestaltung der europäischen Raumordnungspolitik zu übernehmen; in der Raumordnungspolitik müssen die Länder zeigen, daß sie als „Regionen" im europäischen Sinne präsent sind. Im Hinblick auf die regionalen Willensbildungsprozesse kommt der Landesplanung die Aufgabe zu, die überregionalen Zusammenhänge zu sehen und durch entsprechende Vorgaben durchzusetzen. Im übrigen ist Landesplanung gut beraten, wenn sie regionaler Planung und regionalen Akteuren ein ausreichendes Experimentierfeld läßt.

6.5 Wenn die Raumordnungspolitik sich den Herausforderungen der Regionalisierung stellen will, muß sie auch auf ihre institutionellen Rahmenbedingungen achten. Dazu gehören die Durchsetzungsfähigkeit im Ressortkonflikt mit den regionalisierten Fachpolitiken, die Stärkung der kommunalen Kooperationsfähigkeit, eine Neustrukturierung von Organisation und Entscheidungsabläufen im europäischen Rahmen.

Regionalisierung

Klaus Wolf

Diskussionsbericht

Der Bericht über Ergebnisse der Arbeitsgruppe Regionalisierung folgt der chronologischen Struktur des Ablaufs der Sitzung.

Herr Ritter als Sprecher der Vorbereitungsgruppe und Leiter der Sitzung stellte noch einmal die wichtigsten Thesen des Vorbereitungspapieres vor, betonte, daß es den Versuch macht, Tendenzen der Regionalisierungsdebatte aufzugreifen und die Diskussion anzuregen. Wesentlich seien u.a. folgende Aspekte:

- Der Begriff Regionalisierung bildet einen Prozeß ab, der den Bedeutungszuwachs einer Handlungs- und Steuerungsebene zwischen dem zentralen Staat und den Kommunen veranschaulicht. Er hat einen Binnen- (BRD) und einen Außen-(Europa)Effekt;

- regionalisierte Strukturpolitik gewinnt neben der verfaßten Regionalplanung zunehmend an Bedeutung und kreiert neue Formen der regionalen Kooperation, besonders unter dem Aspekt der Neuorientierung in europäischen Dimensionen.

Daraus resultieren Klärungs- und Handlungsbedarf hinsichtlich diskursiver Kooperation, möglicherweise aber auch hinsichtlich verfassungsrechtlicher Korrekturen auf dieser räumlichen Ebene.

Zur weiteren Animation der Diskussion wurden von Frau Roch, Herrn Konze, Herrn Fürst und Herrn Scholich weitere Kurzstatements vorgetragen:

Frau Roch machte in ihrem Statement deutlich, daß in den östlichen Bundesländern - als Beispiel nannte sie die grenznahen Räume Sachsens - ein erheblicher regionaler Handlungsbedarf besteht. In kurzer Zeit müßten auf der Grundlage durchaus grob gestrickter Konzepte der Raumentwicklung, - auf raumordnerischen und ökologischen Belangen aufbauend - Siedlungsleitbilder entworfen, Vorranggebiete benannt und Stärken-Schwächen-Profile herausgearbeitet, Handlungskonzepte erarbeitet werden. Dabei komme es vor allem darauf an, die daraus abzuleitenden Maßnahmenbündel mit den regional Betroffenen in den Kommunen abzustimmen, vor allem aber die Fördermittelverteilung der Regionalplanung zuzuordnen, damit u.a. dadurch die Regionalplanung ihren Aufgaben auch Nachdruck verleihen könne: Transmission zwischen Landesplanung und örtlicher Bauleitplanung zu sein.

Herr Konze hob am Beispiel Nordrhein-Westfalens besonders darauf ab, daß Planung und umsetzende Politik große Schwierigkeiten miteinander hätten und daß es z.B. gelte, die Regionalplanung an die förderpolitischen Entscheidungen anzubinden. Regionalplanung müsse mehr eingebunden werden in die Wegbereitung für die planerische Absicherung konkret angedachter Projekte, müsse vorbereitet sein auf die Zu-

Regionalisierung

sammenführung mit der regionalen Strukturpolitik, wobei sie Offenheit für alle Interessenten, z.B. auch die nicht wirtschaftsorientierten, herzustellen habe. Regionalplanung müsse vor allem Regionalkoordinator sein.

Am Beispiel der „Bündelungsbehörde" Regierungspräsident konnte er deutlich machen, daß es sich positiv auswirkt, wenn der Regionalplaner die Koordination aller Beteiligten sowohl an der regionalen Strukturpolitik als auch der Regionalplanung übernimmt, um so zu einer regionalen Entwicklungspolitik zu kommen, die z.B. in regionalen Entwicklungsplänen münden könnte.

Herr Fürst wendete die Thematik in seinem Statement noch einmal stärker zur theoretisch-konzeptionellen Seite der Regionalisierungsdebatte. Trotz globaler Unternehmenskonzentrationen und -verflechtungen oder m.E. gleichzeitig oder gerade deshalb werden auch Dezentralisierungstendenzen in Wirtschaft und Verwaltung deutlich, die neue regionale Handlungsspielräume eröffnen, herausfordern. Stichworte sind: Dezentralisierung von Produktionsprozessen, weiche (kultur- und ökologiebezogene) und damit regional dimensionierte Standortfaktoren.

Damit eröffnen sich den regionalen Akteuren neue Handlungspotentiale, wobei die Stichworte sind:

- Unterstützung von Produktions-Clustern (Vernetzungen zwischen Betrieben) mit Erhöhung des Innovationstransfers;
- Organisation von „Wissensinseln" in der Region zu kreativen Netzwerken;
- kollektive Visionen (Regionalkonferenzen, Runde Tische) zur Effektivierung synergetischer Handlungssynchronisationen;
- Bedeutungszuwachs der Umweltplanung in ihrer regionalen Dimension.

Allerdings: Kollektive Visionen, kollektives Handeln müssen organisiert werden. Dies komme staatlichen oder kommunalen Stellen zu.

Auch wenn, nach Fürst, von Regionalisierung zu reden, sich mit ihr zu beschäftigen, modisch sei, sozusagen ein Kind des Zeitgeistes, sei Zeitgeist immer auch Ausdruck neuer Möglichkeiten und Handlungszwänge. Es gelte, sie wahrzunehmen, gerade in Zeiten des Strukturwandels. Der Aufbau von (regionalen) Netzwerken und die „Evolution der Kooperation" sind aus seiner Sicht ernst zu nehmende Lösungsansätze, von denen die Regionalplanung nur profitieren kann.

Herr Scholich berichtete zum Stand der Arbeiten des ARL-Arbeitskreises „Regionalplanung 2000", dessen Aufgabe „die Aufarbeitung der Handlungsfelder der Regionalplanung zur Bewältigung künftiger Herausforderungen und die Erarbeitung von Vorschlägen zur Weiterentwicklung" sei. Ausgehend vom vorhandenen Rechts- und Aufgabenrahmen der Regionalplanung sei zu prüfen, ob sie den neuen Aufgaben gerecht werde bzw. wo sie angepaßt werden müsse. Handlungsbedarf bestehe im Bereich planungspolitischer/planerischer Konsensfindung: Regionalplanung als Mittler zwischen

Konfliktpartnern. Wege zu zeigen sei Ziel des Arbeitskreises. Unter dem Aspekt „Regionalisierung" prüfe der Arbeitskreis auch die Möglichkeiten und Notwendigkeiten einer stärkeren Dezentralisierung der Landesplanung und einer stärkeren Rücknahme landesplanerischer Vorgaben. Regionalplanung müsse künftig mehr politische Bedeutung bekommen.

Die sich anschließende, von einem nur noch gut einstündigen Zeitrahmen relativ knapp terminierte Diskussion im Plenum spiegelte, wie nicht anders zu erwarten, die regional unterschiedlichen Standorte vor allem der Regionalplanung im Prozeß der Regionalisierung. In Stichworten sollen einige Leitlinien der Diskussion aufgezeigt werden:

Eine große Leitlinie ließ sich bei vielen Beiträgen dahingehend erkennen, daß Regionalisierung eine Verstärkung der kooperativen Entscheidungsvorbereitung auf regionaler, d.h. intermediärer Ebene zwischen Kommunen und Land bedeute, daß dabei aber, etwa durch Theorie-Mangel, Unklarheit über Regionszuschnitt und -struktur, Diskussionsbedarf gerade in der europäischen Dimension bestehe.

Deutlich wurden auch die unterschiedlichen Ausgangspositionen und Aufgabenfelder für Regionalplanung in den westlichen und östlichen Bundesländern. In den westlichen Ländern ist die Stellung aufgrund der Ressourcensituation wesentlich komplizierter als in den neuen Ländern, in denen bei augenblicklich besserer finanzieller Ausstattung konstruktive Handlungsbedarfe bestehen.

Hingewiesen wurde in mehreren Beiträgen darauf, daß Regionalplanung nicht nur Moderatorenfunktion wahrnehmen kann, sondern in klare Entscheidungsstrukturen eingebunden ist.

Deutlich wurde, daß regionale Strukturpolitik und Regionalplanung besser koordiniert werden müssen und daß auf regionaler Ebene kooperative Vorbereitungsgremien zu installieren sind, daß aber wenig damit zu bewirken ist, wenn nicht auch der Fördermitteleinsatz daran gebunden wird.

Es wurde vor allem auch darauf hingewiesen, daß, soll der Regionalplaner stärker die Rolle eines Moderators oder gar eines „Regional-Diplomaten" übernehmen, er sich in der augenblicklichen administrativen Hierarchie in einer zu schwachen Position befindet und ihm daher ein politischer Repräsentant für die Region - in einem Beitrag wurde in pointierender Zuspitzung von einer Art „Regionshauptmann" gesprochen - an die Seite gestellt werden sollte.

All diese Forderungen setzen aber auch einen neuen Typ von „Regionalmanager" voraus, der neue Anforderungen an die Ausbildung stelle und eine teamorientierte Organisation der Geschäftsstellen erfordere.

Regionalisierung

Das Zitat „region as a state - region as a corporation" wies auf das Spannungsfeld harter staatlicher Verfaßtheit versus regionaler Organisationsverbund als Aufgabe für die auch von der ARL zu führende Diskussion und Erarbeitung von Lösungsansätzen hin.

Andere wichtige Themenfelder aus dem richtungweisenden Vorbereitungspapier - etwa die Rolle von Städtenetzen, von kooperierenden Städten, mit Ausnahme eines Hinweises aus bayerischer Sicht, Regionalpolitik in der EG, Regionen-Verbünde - konnten aus Zeitmangel in der Diskussion nicht mehr aufgegriffen werden.

Die Diskussion der Arbeitsgruppe brachte für die Arbeit in der ARL im wesentlichen folgende neue Anregungen:

- Nachdenken über Theorie(n) der Regionalisierung;

- Entwicklung von Konzepten der Regionalisierung im Binnen- (BRD) und Außen-(Europa)Feld;

- Diskussion regionaler raumbezogener Entwicklungskooperation zwischen Strukturpolitik und Regionalplanung;

- Konzeptionen für regionale Kompetenz-Vernetzung und deren Implementierung und

- Anschübe für eine aufgabentransformierte Planerausbildung und geeignete Diskussionsformen für die regionalen Akteure.

Statements und Beiträge im Rahmen der Akademiediskussion

Gérard Marcou

Diskussionsbeitrag

Die Dezentralisierungsreform und die Vollendung des europäischen Binnenmarktes haben eine Anpassung der Ziele und Mittel der französischen Raumordnungspolitik mit sich gebracht.

Die Stellung und das Gewicht der Pariser Region stehen nach wie vor im Mittelpunkt der Raumordnungspolitik. Der noch auf dem Tisch liegende Regionalplan für die Region Ile-de-France muß den Bevölkerungszuwachs meistern, die Disparitäten innerhalb der Region reduzieren und gleichzeitig die Anziehungskraft und die Ausstattung von Paris und der Region auf europäischem Maßstab weiterentwickeln. Die Entwicklung der Region Ile-de-France muß heute in Verbindung mit dem gesamten Pariser Becken gefördert werden. Dadurch würde ein Teil der Gewinne des Pariser Wachstums auf Umlandregionen verteilt und eine Überlastung der Ile-de-France vermieden. Ziel der Raumordnungspolitik ist es, den Ausbau dieser Verbindungen zu unterstützen.

Auf der anderen Seite zielt die Raumordnungspolitik darauf ab, die Standortbedingungen in allen Regionen, je nach ihren Eigenschaften, zu verbessern und aufzuwerten. Die Möglichkeiten der Wirtschaftsförderung, welche früher der Kern der Raumordnungspolitik in Frankreich war, sind heute im Rahmen der EU begrenzt.

Deshalb erhält die Raumordnungspolitik eine neue Orientierung. Kern einer nationalen Raumordnungsstrategie müssen die Fachplanungen sein: Eisenbahnen und Hochgeschwindigkeitsstrecken, Autobahnen, Flughäfen, Wasserstraßen, Telekommunikation, Universitäten und Hochschulen, öffentliche Forschungsanstalten, die in der Zuständigkeit des Staates und der Regierung bleiben. Diese Fachplanungen werden durch Gesetz geregelt und die Fachpläne im Interministeriellen Ausschuß für Raumordnung beschlossen; die DATAR bereitet diese Beschlüsse mit vor. Damit werden grundlegende Bedingungen für die Entwicklung der Regionen geschaffen.

Diese Investitionen werden zum Teil von den Gebietskörperschaften finanziert. Inhaltlich und finanziell wird über sie zwischen dem Staat und den Regionen bzw. anderen Gebietskörperschaften verhandelt. Hauptinstrumente sind hier die Planverträge, die zwischen dem Staat und jeder Region abgeschlossen werden.

Die Gestaltung von Städtenetzen wird auch gefördert. Da Frankreich viele Mittelstädte hat, aber zuwenig Großstädte, versucht man, Nachbarstädte mit komplementären Eigenschaften und Kräften zusammenarbeiten und zusammenwachsen zu lassen

■ **Akademiediskussion**

und deren jeweilige Potenzen so weiterzuentwickeln. Diese Politik ist noch in den Anfängen und soll während der nächsten Planperiode durchgesetzt werden.

Die Regierung will auch die Entwicklung einer bestimmten Zahl von Provinzstädten dadurch unterstützen, daß sie zahlreiche zentrale Institutionen aus Paris in diese Städte verlegen will. Das bekannteste Beispiel ist die Verlegung der ENA nach Straßburg. Man will dadurch auch außerhalb von Paris einige Verwaltungsschwerpunktorte herausbilden.

Umgekehrt werden die Stadtsanierung und die Verbesserung der Daseinsvorsorge im Rahmen der neu formulierten Stadtpolitik vom Staat mitfinanziert.

In der letzten Periode hat die Regierung den Problemräumen verstärkte Aufmerksamkeit gewidmet, z.B. ländlichen Räumen, sanierungsbedürftigen Vororten von Großstädten und Regionen mit überdurchschnittlicher Arbeitslosigkeit.

Der Innenminister, Minister der Raumordnung Charles Pasqua, hat im letzten Frühling in einem Zeitungsartikel erklärt, er wolle Frankreich wiedervereinigen; er sprach dadurch den politischen Willen aus, durch eine zielgerichtete Raumordnungspolitik eine wirtschaftliche und soziale Spaltung der französischen Gesellschaft zu bekämpfen.

Seit einigen Monaten wird von der Regierung eine nationale Debatte über die Raumordnungspolitik vorbereitet, die jetzt bereits geführt wird, um dadurch Ziele, Orientierungen und Mittel neu zu erörtern und die Vorbereitung eines Raumordnungsrahmengesetzes zu begründen.

Dieses Gesetz soll die Grundsätze der Raumordnung mit Rechtswirksamkeit bekräftigen. Es soll auch neue Instrumente einführen. Der Erlaß von Gebietsrichtlinien wurde vom Staatsrat vorgeschlagen und wird gewiß im Gesetzentwurf übernommen werden.

Damit würde in Frankreich die Raumplanung auf der Ebene der Mittelinstanz eingeführt, wo sie zur Zeit, von einigen Ausnahmen - wie der Ile-de-France - abgesehen, nicht besteht. Diese Richtlinien würden vom Staat erlassen, aber auf Veranlassung oder mit Zustimmung der betroffenen Region bzw. Département; die Bauleitplanung sollte ihnen gerecht werden.

Akademiediskussion

Martin Lendi

Schweizerische Raumordnungspolitik

Gestatten Sie mir vorweg einige Worte des Dankes. Die Akademie gibt uns stets von neuem Gelegenheit, aus ihrem reichen Erfahrungs- und Erkenntnisschatz zu schöpfen. Als kleines Land mit begrenzten Möglichkeiten der Forschung auf dem Gebiet der Raumplanung, insbesondere im Bereich der Theoriebildung, sind wir dafür besonders dankbar.

Die Stichworte „Gleichwertige Lebensbedingungen", „Nachhaltigkeitsprinzip" und „Regionalisierung" sind in der Schweiz nicht weniger aktuell als in der Bundesrepublik Deutschland. Sie werden allerdings anders akzentuiert. Die Verfassung spricht beispielsweise nicht von den gleichwertigen Lebensbedingungen, sondern von der „Beförderung der gemeinsamen Wohlfahrt" - eine alte Formulierung, aber nicht abwegig. Das Nachhaltigkeitsprinzip ist in den sektoralen Gesetzen differenziert angesprochen, absolut für den Wald, mit dem Stichwort „haushälterisch" sinnvoll für die Raumplanung. Die Raumplanung muß nuanciert agieren und sich nicht einseitig einigen wenigen Zielen unterordnen.

Im Moment scheint es mir wichtig zu sein, über die allgemeinen Aspekte der schweizerischen Raumordnungspolitik zu sprechen.

Ich äußere mich zu folgenden Themen:

1. Notwendigkeit einer Analyse der anstehenden Problemlagen
2. Politischer Stellenwert der Raumordnungspolitik
3. Hervorstechende materielle Probleme
4. Instrumente der Raumordnungspolitik.

1. Notwendigkeit einer Analyse der anstehenden Problemlagen

Ein Blick auf die schweizerische Raumordnungspolitik könnte sich lohnen. Sie hat sich nämlich mit Problemlagen auseinanderzusetzen, die im Vergleich mit anderen Staaten etwas voraus resp. überhöht sind.

Zwei Hinweise mögen diese These belegen: Da ist einmal der sozio-kulturelle Tatbestand eines Bevölkerungswachstums, das Dimensionen eines Entwicklungslandes angenommen hat, nämlich über 1 %. Dazu gehört auch die feststellende Aussage, daß der ausländische Bevölkerungsanteil nunmehr 18 % ausmacht. Damit einher gehen subtile Probleme der kulturellen Identität und Kohärenz sowie der politischen Möglichkeiten und Grenzen. Nicht minder wichtig ist der wirtschaftliche Entwicklungsschub. Der Wandel weg vom ersten und sogar vom zweiten Wirtschaftssektor hin zum dritten

Akademiediskussion

ist in hohem Maße vollzogen, wobei der dritte seinerseits von der Rationalisierungswelle ergriffen wurde und - obwohl wachsend - mindestens gegenwärtig Arbeitsplätze freisetzt. Dazu kommt, daß sich dies alles in einem Land abspielt, das zwar in etwa die gleiche Bevölkerungsdichte ausweist wie die Bundesrepublik, das aber mit seinen Alpen ein Viertel des Landes als unproduktiv abschreiben muß, so daß sich im Mittelland die Probleme konzentrieren.

Faßt man diese wenigen Aussagen unter einer „Raumkategorie" zusammen, so ergibt sich, daß unsere Städte zu großen sozio-kulturellen und wirtschaftlichen Problemgebieten geworden sind. Die traditionelle Fragestellung nach gleichwertigen Lebensbedingungen in allen Landesteilen, vor allem im Vergleich mit den Berggebieten und den Grenzregionen, hat unter diesen Umständen an Bedeutung eingebüßt.

Dies alles fordert eine sorgfältige neue Analyse der räumlichen Ausgangslage. Die Schweiz kann es sich nicht gestatten, auf der Zielebene allein anzusetzen. Sie muß problemorientiert agieren und vorweg und vor allem die zentralen raumrelevanten Probleme aufgrund einer neuen Beurteilung ansprechen.

2. Politischer Stellenwert der Raumordnungspolitik

Bei einem Vortrag in der Schweiz riskieren Referenten die Gegenfrage: Was ist unter Raumordnungspolitik zu verstehen? Nicht, weil die Raumordnungspolitik dem Land fremd wäre, wohl aber deshalb, weil der Bürger wissen will, wie sich die Raumordnungspolitik einbringt. Er fürchtet sich vor dominierenden Politikbereichen, die selbsttätig werden könnten. Dabei tut sich das Land vor allem mit dem Teilbegriff der Politik schwer. Politik ist in der Schweiz weniger nach der klassischen Weberschen Definition zu verstehen, wonach Politik Führung des Gemeinwesens auf der Basis von Macht (und Recht) wäre, sondern deutlicher - im aristotelischen Sinn - als gemeinsame Bewältigung gemeinsamer Probleme hervorzuheben. Raumordnungspolitik ist so besehen die gemeinsame Bewältigung gemeinsamer räumlicher Probleme - eine meines Erachtens anregende Sicht der Raumordnungspolitik.

In dieser Art ist die Raumordnungspolitik als öffentliche Aufgabe anerkannt. Drei Gründe halfen, den Stellenwert zu festigen: a) die konsequente rechtsstaatliche Ausrichtung, b) die demokratische Abstützung, und zwar in der verfaßten Demokratie aller Staatsebenen, und c) die föderative Einbindung in den fein gegliederten Bundesstaat mit den Ebenen des Bundes, der Kantone und der Gemeinden.

Eine erste kleine Differenz gegenüber Deutschland ergibt sich aus der großen Zahl der Kantone - es sind deren 26 -, was die Zurücknahme der Regionalplanung erlaubt, wobei Subsidiarität, Dezentralisation usw. dennoch gewährleistet sind. Zweiter kleiner Unterschied: Die direkte Demokratie hat viele Nachteile, darf aber den Vorteil organisierter und gleichzeitig legitimierter Konfliktregelung im Rahmen öffentlicher Willensbildungs- und Entscheidungsprozesse unterstreichen. Der Zwang, „intermediäre Ge-

Akademiediskussion

walten" einzuführen, wird kleiner. Kooperation in Richtung Konsens bei Respekt vor dem Dissens ist der direkten Demokratie eingegeben, ein Vorteil für die kooperierende und dennoch entscheidungsorientierte Raumplanung.

Ein Hauptgrund für den relativ hohen Stellenwert der Raumordnungspolitik liegt letztlich wohl darin, daß es die „Raumordnungspolitiker" verstanden haben, die zudienende Funktion zu unterstreichen. Sie haben in der Schweiz - zu Recht - nie eine dominierende Funktion für die Raumordnungspolitik beansprucht.

3. Hervorstechende materielle Probleme

Mit dem Hinweis auf die Notwendigkeit einer neuen Analyse der tiefgreifend veränderten räumlichen Verhältnisse habe ich bereits angedeutet: Die Schweiz steht vor schwerwiegenden raumordnungspolitischen Problemen, die aber, dies sei unterstrichen, nicht begrenzt sind auf die Dimension „Raum". Wenn ich im folgenden einige Probleme hervorhebe, so sind dies exemplifizierende Hinweise.

a) Demographische Entwicklung

Diesen Aspekt habe ich bereits eingebracht. Es geht hier um Entwicklungen, bedingt durch die Immigration, die wirtschaftlichen Umstände, den sozial-kulturellen Wandel, dann aber und vor allem um die Auswirkungen, die sich daraus ergeben, bis zum Gesundheitswesen und zu den kulturellen und politischen Implikationen. Raumrelevant sind die Anforderungen vorweg an die Städte, an den Wohnungsbau, an die Infrastruktur und vor allem an die „gleichwertigen Lebensbedingungen" in unserem Lebensraum, nun aber nicht mehr primär in Richtung Berggebiete, sondern innerhalb der Städte und Agglomerationen. An die Finanzprobleme, die sich aus den demographischen Aspekten ergeben, sei lediglich erinnert.

b) Wirtschaft

Die schweizerische Wirtschaft ist in hohem Maße internationalisiert, vom Sektor Food über Pharmazie, Chemie, Uhren, Maschinen bis zum Sektor Banken, die Versicherungen nicht zu vergessen. Daraus ergeben sich gewichtige Probleme der europäischen und universellen Ausrichtung, dann die vermeintlich kleineren des Kadermangels usw. Die schweizerische Wirtschaft schafft Arbeitsplätze im eigenen Land, gleichzeitig aber auch weltweit, sei es in der EG und weit darüber hinaus, verbunden mit Arbeitsmarktproblemen hier und dort. Der relativ kleine Heimmarkt operiert dabei als Basis nur dann erfolgreich genug, wenn er wettbewerbskräftig ist. Daran kann und darf die Raumordnungspolitik nicht vorbeisehen. Daß sich nebenbei erhebliche Probleme mit der Landwirtschaft einstellen, daß die Maschinenindustrie mit Innovationsproblemen kämpft und daß die Banken letztlich vom Ertrag im Ausland abhängig werden usw., dies alles zeigt, daß die Raumordnungspolitik positiv mit der Wirtschaft kooperieren muß.

■ Akademiediskussion

c) Verhältnis zur EG

Aus den bisherigen Ausführungen sollte deutlich geworden sein, wie sehr die Schweiz ein optimales Verhältnis mit der EG aufbauen muß, wie sehr sie aber gleichzeitig mit dem GATT zu liebäugeln hat. Der freie Handel - weltweit - ist nämlich ihr primäres Ziel. Schade ist m.E., daß die EG zu wenig Verständnis gegenüber einem Kleinstaat mit einer sehr langen Geschichte und also mit einer verwurzelten Tradition zeigt. Es wäre angebracht, mit der Schweiz als der ältesten Demokratie konstruktive bilaterale Beziehungen zu pflegen, wobei unser Land wesentlich mehr an Aufgeschlossenheit einbringen müßte, als es bis dato in die Waagschale zu legen bereit war. Allerdings glaube ich, daß auch andere EG-Staaten früher oder später die Dimensionen des Welthandels und der Eigenverantwortung betonter mitnehmen müssen, etwa in der gleichen Art, wie dies die Schweiz heute tun muß.

d) Verkehr

Die Umweltprobleme in der Schweiz sind, soweit sie noch nicht gehörig angegangen sind, weitgehend verkehrsbedingt. Es ist deshalb eine ihrer primären Aufgaben, das Verkehrsproblem zu meistern, bis zu und mit der Frage der Optimierung des Stellenwertes des öffentlichen Verkehrs und der Substitution des Privatverkehrs durch die Telekommunikation. In diesem Rahmen spielt der Transitverkehr eine zentrale Rolle. Dieser darf die Umweltsituation keinesfalls verschlechtern. Was immer die Schweiz gemeinsam mit der EG vorkehrt, es muß sich um zukunftsweisende, umwelt- und raumadäquate Lösungen handeln. Alles andere muß aus der Diskussion ausscheiden. Im übrigen ist die Schweiz bemüht, dem öffentlichen Verkehr nach wie vor einen sehr hohen Rang zuzuerkennen. Das schweizerische Städtesystem und die Bevölkerungskonzentration im Mittelland kommen den Anforderungen der kurzen Wege einerseits und der bestmöglichen Auslastung des öffentlichen Verkehrs andererseits entgegen.

e) Siedlung

Sorgfältige Anlysen haben ergeben, daß die Siedlungsentwicklung nach innen in der Schweiz möglich und angesichts der Belastung der offenen Landschaft unabdingbar ist. Zu bremsen sind die Agglomerationsprozesse, die eine teilweise fatale Eigendynamik angenommen haben, wenn auch alles - im Vergleich mit anderen Ländern - im kleinen Maßstab. Nach wie vor ungelöst sind die Probleme des Bodenmarktes und des Wohnungsbaues, auch wenn vor geraumer Zeit eine gewisse Entspannung eingetreten ist, allerdings auf sehr hohem Niveau.

f) Berggebiete, Grenzregionen, Städte

Sicherlich, die Probleme der Berggebiete sind nach wie vor nicht gelöst, jene der Grenzregionen ebenfalls nicht. Dabei ist zu bedenken, daß zwei Drittel des Landes zum Berggebiet gerechnet werden können und daß in den Grenzgebieten ganz andere Probleme anstehen, als sie üblicherweise für „periphere" Räume moniert werden.

Akademiediskussion

Die menschlich heiklen Probleme liegen aber eindeutig in den Städten. Hier bauen sich Disparitäten - auch moralische - neu auf, die folgenschwerer sein könnten als die noch anstehenden Disparitäten Stadt-Berggebiet/Ländlicher Raum.

Mit diesen Aspekten ist die Problemfülle nicht ausgeleuchtet. Sie sollen aber illustrieren, daß sich die raumordnungspolitischen Probleme verschieben und daß ihnen mit den klassischen Methoden erprobter Raumplanung kaum mehr beizukommen ist.

4. Instrumente der Raumordnungspolitik

Die schweizerische Raumordnungspolitik basiert in hohem Maße auf den kantonalen Richtplänen, die sowohl konzeptionellen als auch programmatischen Charakter haben. Der Bund verfügt bis heute nicht über die Möglichkeit des „Nationalplans" und kann nicht auf einen periodischen Raumordnungsbericht resp. auf ein wiederkehrendes Raumordnungsprogramm zurückgreifen. Der Bund hat sich aber mit dem Raumplanungsbericht 1987, dem Realisierungsprogramm 1989 und den Grundzügen, die in absehbarer Zeit erscheinen werden und sowohl Orientierungs- wie auch Handlungsrahmen sein sollten, günstige Voraussetzungen für eine wirksame Raumordnungspolitik auf nationaler Ebene geschaffen. Hilfreich sind die raumrelevanten Sachpolitiken, wobei der Verkehr mit den Projekten für den Alpentransitverkehr eine wichtige Rolle spielt, allerdings nicht ganz so bedeutsam wie die Faktoren der Wirtschaft und der Sozio-Kultur.

Für das Gedeihen der schweizerischen Raumordnungspolitik ist der nach wie vor vorhandene Konnex zur „politischen Planung" nicht unwichtig. Die davon ausgehenden Querbeziehungen erlauben ihr, mit den anderen Sach- und Querschnittspolitiken zu kooperieren, wobei eine engere Beziehung zur Umweltpolitik vordringlich ist. Vor allem aber stützt die politische Planung die Raumordnungspolitik in ihrer politischen Relevanz.

Zusammenfassung

Die schweizerische Raumordnungspolitik hinkt in vielen Teilen hinter der deutschen hinterher. Auf der anderen Seite kann die Schweiz auf die vorweggenommenen Raumordnungsprobleme einer hochentwickelten Wirtschaft mit einer hochentwickelten Immigration in einem politisch-kulturell sensiblen Umfeld aufmerksam machen.

■ **Akademiediskussion**

Jakob Maurer

Diskussionsbeitrag

Die Bundesregierung der Schweiz beauftragte das Bundesamt für Raumplanung, zu Händen der Eidgenössischen Räte (die Parlamente Ständerat und Nationalrat) einen Bericht über die erwünschte räumliche Entwicklung der Schweiz und die daraus zu ziehenden Konsequenzen vorzulegen. Das ORL-Institut und mein Fachbereich beraten das Bundesamt. Die Arbeiten sind in vollem Gange. Dabei ist das formelle Geschehen weniger wichtig als die schon seit einiger Zeit laufenden Kontakte und Kooperationen.

Die rechtliche Grundlage der Raumplanung, und damit der Raumordnung, ist in der Schweiz in wesentlichen Punkten von jener der Bundesrepublik Deutschland verschieden, z.B. in bezug auf die größeren Kompetenzen des Bundes und der Kantone und die daraus folgende Bedeutung des erwähnten Berichtes.

Erneut erwies sich, daß die räumliche Entwicklung der Schweiz in hohem Maße jene der angrenzenden Länder und des Kontinentes Europa beachten muß (Deutschland, Frankreich, Italien, Österreich). Überspitzt ausgedrückt: die Schweiz besteht aus Grenzregionen! Hinzu kommen die engen räumlichen Grenzen und die politische und kulturelle Vielfalt.

Selbstverständlich ist das Thema nicht neu. Doch einige Sachverhalte scheinen besonders hervorzutreten, denen früher weniger Aufmerksamkeit gewidmet wurde. Dazu beigetragen haben Projekte und Untersuchungen in enger Zusammenarbeit mit den großen schweizerischen Wirtschaftsunternehmen (z.B. das Projekt Impulse für die Entwicklung des Raumes Zürich).

Zu den in den Vordergrund tretenden Sachverhalten gehören: (a) der optimale Umgang mit knappen Ressourcen aller Art entlang der Zeitachse, vor allem der Umwelt und des Bodens sowie der Werke, Anlagen und Bauten, (b) der Prozeß der radikalen Änderungen erheblicher Teile der Wirtschaft samt den daraus folgenden räumlichen Konsequenzen, (c) die Um- und Neugestaltung ganzer Talschaften wegen des Wandels in der Landwirtschaft und wegen technischer Werke wie die Alpentransversalen der Bahn, (d) die Wahrung der sozialen Stabilität und der Beitrag der Raumordnung und (e) die Funktionen und Ausprägungen räumlicher Netze als Mittel für große Erreichbarkeiten vieler Orte, ohne die Eigenart und Vielfalt zu hemmen und ohne die Gefährdung des kulturellen und politischen Gleichgewichtes.

Verschwiegen sei nicht, daß häufig erhebliche Bedenken gegenüber der faktischen Raumordnungspolitik der Europäischen Gemeinschaften geäußert werden, z.B. der Verkehrs-, Landwirtschafts-, Umwelt- und Regionalpolitik, der in Kauf genommenen oder sogar gewollten extremen Ballung im Raume Südengland, Benelux, Pariser Becken sowie der ungenügenden Öffnung zu den mittel- und osteuropäischen Ländern.

Silvia Kneil Rabossi

Tendenzen eines elitären Regionalismus in Italien

1. Betrachtet man den komplexen Aufbau der Raumeinheit „Regione", so zeigt sich, daß die zwanzig existierenden Regionen, die seit nunmehr über zwei Jahrzehnten Italien bilden, sich auf dem Gebiet der Raumplanung nur teilweise als politische Instanzen der mittleren staatlichen Ebene festigen konnten. Die ihnen in exklusiver Kompetenz, allerdings mit einer Reihe von Einschränkungen, zugesprochene Landesplanung geriet, wohl auch aufgrund des labilen und fast ausschließlich normativen nationalen Bezugrahmens, in eine ziemlich tiefgreifende Anpassungskrise, die sich insbesondere seit der Mitte der 80er Jahre mitunter weiter verstärkt hat.

Die Entwürfe der großen nationalen Raumordungsprogramme der Vergangenheit erreichten niemals das Stadium ausreichender Übereinstimmung mit den Erfordernissen der Steuerung der räumlich unterschiedlich ausgeprägten dynamischen Entwicklungsprozesse und blieben daher weitgehend wirkungslos. Das Fehlen abgestimmter programmatischer Rahmenvorschriften hat zusätzlich bei den aktiven Planungsinstanzen zu Kompensationserscheinungen geführt, die sich u.a. in der Verselbständigung von neuen Verfahrens- und Regelungsvorgängen und vor allem in einer Vielzahl spezieller Plantypen für Einzelzwecke ausgedrückt haben.

So haben einige Regionen neue Planungsverfahren getestet, wie z.B. die Regione Lombardia, deren Versuche auch von anderen Trägern und sogar von Zentralinstanzen übernommen worden sind. Andere hingegen haben den Weg der sektoralen Planaufstellung gewählt und wieder andere, wie z.B. die Regione Toscana, konzentrierten sich auf die für sie besonders bedeutungsvollen Räume, wie u.a. die Meeresküsten oder Gebiete mit hohen landwirtschaftlichen Qualitäten. Während Raumordnungspläne für den Gesamtraum nur von den Regioni Friuli Venezia Giulia, Umbria, Emilia Romagna, Trentino-Südtirol und Valle d'Aosta entwickelt wurden, setzten die Regionen Zentralitaliens und einzelne des Südens auf punktuelle Neuordnungsmaßnahmen, vor allem auf die Kontrolle der Ausdehnung ihrer Ballungsräume und des damit zusammenhängenden Verkehrs.

Sieht man von einer Bewertung der einzelnen Lösungsansätze und deren Anwendung auf die in jeder Region vorherrschenden speziellen räumlichen Problemlagen ab - ein Unterfangen, das eine tiefgreifende Analyse erfordern würde -, so ist doch der Trend einer bemerkenswerten Inakzeptanz gegenüber den traditionellen Formen umfassender Raumpläne bereits erkennbar. Dagegen wird die Suche nach überschaubaren und zu rascher Realisierung führenden Planungsverfahren für Stadt- und Umlandräume deutlich verstärkt und werden Annäherungen an die öffentlichen Sektorpolitiken angestrebt.

Auf wissenschaftlicher Ebene werden in steigender Zahl interdisziplinär verfaßte Ansätze vorgeschlagen, die spielraumöffnende Elemente in den Vordergrund rücken.

Akademiediskussion

Diese begrüßenswerte Tendenz, die die Raumforschung aus ihren traditionell deskriptiven und ästhetischen Zwängen herausführen sollte, hat bisher aber noch nicht dazu beitragen können, sie zu einem integrierten Partner des Planungsvorgangs sowie des Informations- und Monitoring-Prozesses werden zu lassen. Im Zusammenhang mit den unvermeidlichen Reaktionen der regionalen Ebene auf die stürmische, vorwiegend zielorientierte und sektorbezogene gewichtige Gesetzgebung der Zentralinstanz zwischen der zweiten Hälfte der 80er und dem Beginn der 90er Jahre scheint die italienische Raumforschung jedoch eher retardierend als zielführend zu wirken.

2. Waren die 70er und 80er Jahre geprägt von umfangreichen staatlichen Dezentralisierungsmaßnahmen, die ihren Abschluß mit weitreichenden Kompetenzübertragungen, einschließlich denen der Landesplanung, auf zwanzig Regionen fanden, so ist in den letzten Jahren eine Phase zunehmend einengender zentralstaatlicher Gesetzgebung festzustellen, die sich nur selten auf Rahmenvorschriften beschränkt, sondern vielmehr Aufgaben von grundlegender Bedeutung und Tragweite für die Regionen regelt. Wären diese Gesetze in der Anfangsphase des regionalen Aufbaues erlassen worden, so hätten sie seinerzeit zu einer kontinuierlichen und harmonischen Entwicklung der Landesplanung führen können. So jedoch zeigten die geballten Gesetze geradezu Sprengwirkungen, insbesondere die Gesetze zum Umweltschutz und zur Landschaftsplanung (1985), zum Bodenschutz (1989) und jüngst zur Reform der Gebietskörperschaften, die den Provinzen nunmehr auch raumplanerische Aufgaben überträgt. Bedenkt man, daß sich die Zahl der Provinzen, auch infolge von Neugliederungen vornehmlich in Nordwestitalien, auf nun insgesamt 103 erhöht, kann man die gewichtigen Umschichtungen im raumplanerischen Kompetenzgefüge ermessen.

So werden partnerschaftliche Abstimmungen häufig durch Kompetenzstreitigkeiten und Interpretationsquerelen behindert und Problemlösungen hinausgezögert. Dies trifft insbesondere auch auf den erst jüngst in Gang gekommenen Prozeß in Richtung einer regionalisierten Raumordnungspolitik zu. Gemeinsame Initiativen benachbarter Regionen und entsprechende Planungsvereinbarungen in Regionalkonferenzen, wie sie zwischen regionalen Instanzen Nordwest- und Nordostitaliens begonnen wurden, lassen auf die Überwindung der Schwierigkeiten hoffen. Auch wird versucht, die Fachplanungen des Staates in regionale Strategien zu integrieren und die Verfahrungsstrukturen zu vereinfachen.

Man beginnt so zum ersten Mal, neben der herkömmlichen geographischen Differenzierung des Wohlstandsniveaus und des Entwicklungspotentials auch die räumlichen Hierarchien zu durchleuchten, die es einzelnen Regionen erlauben, als gewichtige Partner des Zentralstaates aufzutreten und auch auf europäischer Ebene ihre Identität zu betonen. Sollten weiterführende Forschungsergebnisse auf der Grundlage tiefergehender Analysen, die bereits im Gange sind, diesen Trend bestätigen, wäre mit allem Nachdruck auf die Gefahren hinzuweisen, die aus einem Eliteregionalismus in einem Land mit einem Mezzogiorno erwachsen könnten.

Akademiediskussion

3. Bei der Betrachtung der Raumplanung der Regionen sind unter mehreren Tendenzen zwei als besonders deutlich herauszustellen. Zunächst wäre auf den Trend hinzuweisen, laufend neue Arten atypischer Pläne hervorzubringen, die in der Regel aus projektorientierten Planungen resultieren und die den Freiraum zwischen der übergeordneten Planung und der lokalen Flächennutzungsplanung besetzen.

Des weiteren ist die Tendenz unverkennbar, daß bei projektorientierten Aktivitäten der zeitliche Vorsprung ausgenutzt wird, der durch Verzögerungen und Unentschlossenheit bei der Aufstellung großräumiger Pläne zu beachten ist, so speziell bei der Vorlage von Landschaftsplänen, die seit 1986 verbindlich vorgeschrieben sind, jedoch bisher über einzelne Fallstudien und Entwürfe nicht hinausgekommen sind. Eine gravierende Lücke, wenn man bedenkt, daß diese Pläne auch Inhalte aufzuweisen haben, die mit den Erfordernissen des Zivil- und Katastrophenschutzes verknüpft sind.

Kaum ein Beispiel wäre besser geeignet, die Verflechtung dieser beiden Tendenzen aufzuzeigen, als die Ereignisse der Planung und Projektdurchführung, die sich im Zusammenhang mit der Abhaltung der Fußballweltmeisterschaft 1990 und der Kolumbiaden in Genua 1992 abgespielt haben. Aller Voraussicht nach werden sie als Vorbild dienen für die Unternehmungen zur Expo in Venedig. Liberalisierungsvorgänge solcher Art, die durch verständliche Realisierungszwänge bei festgelegten Terminen gefördert werden, neigen allerdings dazu, das traditionelle hierarchische Planungssystem mit seinem zentralsteuernden Charakter zu destabilisieren, ohne erkennbare kompensatorische Benefits auf der Seite der langfristig angelegten programmatischen Zielabsichten auszuweisen.

4. Gerade diese zuletzt betrachtete Subtendenz, Schnellösungen durch rein projektorientierte Planungen anzustreben, wie dies ja auch die Fachplanungen seit jeher praktizieren, wird sowohl von seiten der Wissenschaft als auch von Teilen der Raumordnungsinstanzen abgelehnt. In der Tat ist es geradezu eines der zentralen Probleme des Landes, in einvernehmlichem Zusammenspiel der befaßten Instanzen instrumentelle Formen für die Definition der Zuschnitte geeigneter Planungsräume, insbesondere in Großstadtbereichen, zu finden. Ein Problem, das in ganz Europa aktuell ist, in Italien aber, wie vielleicht auch in anderen Mittelmeerländern, von einer zusätzlichen Besonderheit geprägt ist, und zwar in dem Sinne, daß die endogenen Potentiale zur Lösung dieser Aufgaben bisher nur in Räumen sichtbar werden, die auf die technologischen Veränderungen des industrialisierten Sektors am empfindlichsten reagiert haben.

Als Beispiel hierfür dürfte die relativ schnelle Absorption einer Reihe von Industriezonen des Nordwestens gelten, die, von Großunternehmen aufgegeben, von einer Vielzahl kleiner Unternehmen reaktiviert wurden. Ein Vorgang, der die Wiederbelebung ehemals großmaßstäblicher monofunktionaler Räume zeigt, die bislang die räumliche Gliederungsstruktur gesprengt hatten. Durch Spezialisierung wurden die einseitigen Raumfunktionen weiterentwickelt und differenziert und werden heute als Beitrag zur regionalen Identität verstanden.

■ **Akademiediskussion**

Auf der anderen Seite agieren die staatlichen Fachplanungen unter Ausnutzung ihrer mächtigen Kompetenzen. So werden z.B. ausführungsreife Planungen über die Neutrassierungen für Hochgeschwindigkeitszüge vorgelegt, die die Halbinsel von Süden nach Norden durchschneiden und mit den bestehenden Trassen in Richtung Frankreich, Schweiz und Brenner verknüpft werden sollen. Das Ziel ist dabei, das Transportvolumen an Gütern und Personen zu vervielfachen und in wenigen Jahren ca. zwei Drittel des gesamten öffentlichen Transportumfanges zu erreichen. Die Lösung etwaiger Umweltprobleme in den betroffenen Gemeinden wird von der Fachplanungsinstanz insoweit als erfolgt betrachtet, als eine Verlagerung eines beträchtlichen Teiles des Straßenverkehrs auf die Schiene unterstellt wird und somit eine globale Reduzierung der Umweltbelastung angenommen wird. Vor diesem Hintergrund haben alleine im Teilstück zwischen Neapel und Rom 59 Kommunen der Trasse bereits zugestimmt; dabei muß nicht einmal angenommen werden, daß es sich hierbei um eine resignative Haltung handelt. Eine einzige Gemeinde mit 25.000 Einwohnern, die sich vehement zur Wehr gesetzt hat, nimmt hier nur eine Symbolfunktion ein, zumal ihr Widerstand letzten Endes durch Dekret leicht neutralisiert werden kann. Hier bleibt nur zu hoffen, daß die längst überfällige nachhaltige Stärkung der Regionen, auf Kosten der zentralistischen Einflußnahmen der staatlichen Fachplanungen, in die Wege geleitet und durchgesetzt wird und zielgerichtete positive Zukunftsperspektiven eröffnet werden können.

ELEONORE IRMEN

Zur Forderung nach Gleichwertigkeit der Lebensbedingungen und nachhaltiger Entwicklung (sustainable development)

Ungleichwertigkeit der Lebensbedingungen müssen wir in verschiedener Hinsicht feststellen: im sozialen, räumlichen und ökologischen Kontext. In sozialer und gesellschaftlicher Hinsicht zum Beispiel zwischen „arm" und „reich", zwischen Männern und Frauen; in räumlicher Hinsicht in den gravierenden Unterschieden der Lebensbedingungen zwischen Ost- und Westdeutschland, aber auch nach wie vor zwischen zentralen und peripheren Räumen.

Gerade im europäischen Maßstab sind diese Entwicklungsunterschiede zwischen zentralen und peripheren Gebieten wesentlich dramatischer als in der „alten" Bundesrepublik. Sowohl in Ostdeutschland als auch in den Staaten Mittel- und Osteuropas zeigt sich in dieser Phase der wirtschaftlichen Entwicklung ein Anwachsen des Stadt-Land-Gefälles, und es gibt wenig Hoffnung, daß sich dies in absehbarer Zeit ändern wird.

Allerdings zeigt die Betrachtung der räumlichen Dimension, daß die Standortvorteile zentraler Räume zunehmend gefährdet sind: starke Umweltbelastungen und auch

Akademiediskussion

Segregationserscheinungen aufgrund der hohen Lebens- und Arbeitskosten zeugen davon, daß die großen Verdichtungsräume vielfach an die Grenzen ihres Wachstums gestoßen sind. Gleichwohl nehmen die Verdichtungsräume aber auch wichtige soziale Funktionen wahr.

Wenn man die Forderungen nach Gleichwertigkeit der Lebensbedingungen und „sustainable development" ernst nimmt, dann muß man potentiell gewünschte Entwicklungen „umlenken", einerseits von West nach Ost, andererseits weg von den überlasteten großen Verdichtungsräumen. Eine Schlüsselgröße ist dabei der Freiraum: er ist nur schwer regenerierbar und erst recht nicht „nachwachsend". Dies bedeutet gleichzeitig, daß in den Verdichtungsräumen eine Regenerierung des ökologischen Umfeldes notwendig ist.

Daraus entstehen raumordnerische Zielkonflikte, die noch wachsen, wenn man die Prognosen der Bevölkerungs- und Siedlungsentwicklung (vgl. Raumordnungsprognose der BfLR) berücksichtigt. Erwartet wird unter Beibehaltung gegenwärtiger Verhaltensstrukturen ein erheblicher Siedlungsdruck. Greift man den Gedanken der Vereinbarkeit von Gleichwertigkeit der Lebensbedingungen und „sustainable development" wieder auf, müßte dieser Siedlungsdruck einerseits reduziert, andererseits müßte unumgängliche Siedlungstätigkeit „gelenkt" werden.

Ich denke, wichtige Fragen sind, wie die raumordnerischen Leitbilder der dezentralen Konzentration und der Städtevernetzung aus dem Raumordnungspolitischen Orientierungsrahmen des BMBau so konkretisiert werden können, daß sie der Forderung nach Gleichwertigkeit der Lebensbedingungen *und* „sustainable development" gerecht werden können. Städtevernetzung soll interkommunale Kooperation anstoßen, aus ungleichwertigen (Verhandlungs-)Partnern gleichwertige Partner machen, um durch Zusammenarbeit stärkere regionale Synergieeffekte erzielen zu können. Das Leitbild der dezentralen Konzentration ist ja keineswegs neu. Die neue Bedeutung könnte darin bestehen, gezielt Siedlungsschwerunkte außerhalb der großen Verdichtungsräume zu stärken, um damit einerseits Entlastungseffekte und andererseits gebündelte regionale Entwicklungseffekte zu erzielen. Dies aber immer vor dem Hintergrund der Frage, welche Umwelteffekte mit verschiedenen Modellen der Siedlungsentwicklung verbunden sind. Ein Schritt in der Verwirklichung könnte sein, für unterschiedliche Raumkategorien auch unterschiedliche Prioritäten zu setzen.

Die Entwicklung der Bevölkerung und der Arbeitsplätze während der 80er Jahre zeigt raumordnerisch prinzipiell unerwünschte Entwicklungen hin zu einer eher dispersen Verteilung: Stärkste Bevölkerungs- und Beschäftigtenzuwächse zeigen die Gemeindetypen, die keine hohe zentralörtliche Bedeutung als Ober- oder Mittelzentren aufweisen. Dies gilt für Regionen mit großen Verdichtungsräumen, mit Verdichtungsansätzen und ländlich geprägte Regionen gleichermaßen. Im Dokument „Zukunft Stadt 2000" des BMBau wird die Stadt der kurzen Wege gefordert, um negative Umweltfolgen durch erzwungene Mobilität zu verringern. Diese Forderung müßte gleichzeitig für die Region gelten: die Region der kurzen Wege.

■ Akademiediskussion

ULRICH BRÖSSE

Diskussionsbeitrag

In einigen schriftlichen und mündlichen Diskussionsbeiträgen wird die Meinung vertreten, daß es möglich sei, Nachhaltigkeit objektiv zu definieren und mittels entsprechender objektiver Kriterien für die Raumordnung Planungs- und Entscheidungshilfen zu liefern. Dem stelle ich die These entgegen, daß es nicht möglich ist, Nachhaltigkeit objektiv zu fassen, daß Nachhaltigkeit vielmehr subjektiv gemäß dem Wollen und den Zielen der Menschen festgelegt werden muß, wobei natürliche, technische, soziale u.a. Bedingungen beachtet werden müssen.

Nachhaltige Entwicklung kennzeichnet einen Prozeß, der die ungewisse Zukunft einschließt; es handelt sich um einen dynamischen Begriff. Nachhaltigkeit läßt sich nur im Zeitablauf feststellen. Gleichwertigkeit dagegen kann für einen Zeitpunkt definiert werden. Es ist mehr ein Begriff der Statik, auch wenn Gleichwertigkeit für verschiedene Zeitpunkte unterschiedlich festgelegt werden kann oder wenn die Gleichwertigkeit erst für einen späteren Zeitpunkt angestrebt wird.

Entwicklung geht einher mit der Nutzung der Ressourcen durch die Menschen. Das Problem, vor dem die Menschen stehen, ist, daß sie es meistens mit konkurrierenden Nutzungen zu tun haben. Gewässer können beispielsweise für Brauchwasser, für Trinkwasser, für Vorfluter, für die Erholung, für den Sport u.a. genutzt werden. Häufig schließen sich die Nutzungen gegenseitig aus.

Die Ungewißheit über die Zukunft und die Schwierigkeit, Entscheidungen über konkurrierende Nutzungen zu treffen, erklären die Suche nach objektiven Kriterien, aufgrund derer die Problematik der Ungewißheit verringert und die Entscheidung erleichtert werden kann. Die Natur, ökologische Kreisläufe oder gar mögliche Ansprüche späterer Generationen liefern aber solche Kriterien nicht. Argumente wie „die Erde ist begrenzt", „man kann nicht mehr Wasserressourcen nutzen, als Wasser durch Niederschläge wieder neu gebildet wird" oder „Luft kann nicht beliebig viele Schadstoffe aufnehmen" helfen nicht weiter. Denn das für raumordnungspolitische Entscheidungen relevante Problem ist nicht, daß die Landmenge begrenzt ist, sondern wie die vorhandene, gegebene Menge genutzt werden soll und wieviele und welche Schadstoffe an die Luft abgegeben werden sollen. Auch die Größe von Wasserneubildungsraten ist nicht das Problem der Raumordnung, sondern die Frage, wie diese Wassermengen für die konkurrierenden Nutzungen vorgehalten werden sollen. Zahlen über Grundwasserneubildungsraten, über die Fläche einer Region oder auf der Erde, über die Größe der Lufthülle, über den Lebensraumbedarf einer Tierart u.a. erlauben keine Aussagen darüber, wie die Ressourcen konkret genutzt werden sollen. Entscheidungen hierüber sind subjektiver Art, abhängig vom Wollen der Menschen, von ihren Zielvorstellungen, von kulturell bedingten Einstellungen und von den technisch-wissenschaftlichen Möglichkeiten der Menschen. Daß insgesamt nicht mehr genutzt werden kann, als verfügbar ist, ist eine Tatsache, die aber keine Kriterien liefert für die Lösung raumordnungspolitischer Probleme und Fragestellungen. Die Aufgaben der Raumordnung liegen diesbezüglich bei der Konsensfindung für die Ziele und in der Suche nach geeigneten instrumentellen Möglichkeiten zur Behandlung der Nutzungskonkurrenz.

Die Hoffnung, eine Antwort auf die Frage nach einer nachhaltigen, umweltgerechten Entwicklung in der Natur oder in höheren Gesetzen zu finden, ist illusorisch. Sie kann die Menschen nur von ihren eigentlichen Entscheidungen und Aufgaben ablenken. Auch die Raumordnung darf sich nicht durch die Flucht in den Glauben an objektive Vorgaben und Kriterien der Natur ihrer gesellschaftspolitischen Verantwortung entziehen und dadurch ihre Aufgaben bei der Entscheidung in Fällen von Nutzungskonkurrenzen vernachlässigen.

GEROLD KIND

Wertgleiche Lebensverhältnisse und nachhaltige Entwicklung der Regionen - Thesen zu den Diskussionsansätzen

Es besteht heute offensichtlich Konsens darüber, daß die grundsätzlich veränderte Weltsituation eine Neubestimmung der gesellschaftlichen Grundpositionen auch in der Raumordnung erfordert. Es gibt auch weitgehende Übereinstimmung, daß dabei von den langfristigen Entwicklungen und den globalen Problemen auszugehen ist, und über die wichtigsten Problemkomponenten. Es ist aber noch nicht erkennbar, daß die Diskussion in der gebotenen Breite und Tiefe geführt wird. In den folgenden Thesen wird deshalb versucht, einige notwendige Diskussionsansätze aus dem Blickwinkel eines Ostdeutschen zu benennen.

1. Es ist eine der herausragenden Leistungen der Bundesrepublik Deutschland und insbesondere auch der Raumordnungspolitik, daß heute die Lebensverhältnisse in den Regionen des Landes in den alten Grenzen weitgehend ausgeglichen sind.

2. Ein Vergleich der Lebensverhältnisse in den beiden ehemaligen deutschen Staaten und heutigen Teilen der Bundesrepublik ergibt einen weiten Rückstand in Ostdeutschland in wesentlichen Positionen wie Lebenserwartung, materieller Wohlstand, wirtschaftliches Entwicklungsniveau, Umweltqualität u.v.a.m. Daraus wird die raumordnungspolitische Grundthese abgeleitet, daß die Verhältnisse in Ostdeutschland an den Standard in Westdeutschland möglichst umfassend und möglichst schnell anzugleichen sind. Diese These ist zu diskutieren:

- Es gibt durchaus Elemente, in denen die alte Bundesrepublik negativer zu werten ist, z.B. die Kriminalität, die Bewahrung größerer naturbelassener Räume oder das Maß an sozialer Sicherheit.
- Andererseits war in Teilbereichen der Zielerfüllungsgrad im Osten günstiger, z.B. bei der Gleichstellung der Frau (s. Abb. 1).

Es besteht also die Aufgabe einerseits der umfassenden Bewertung der Lebensverhältnisse und vor allem der Zielbestimmung. Dabei spielen auch in den Jahrzehnten

Akademiediskussion

der Trennung gewachsene unterschiedliche Wertvorstellungen eine noch nicht ausreichend gewertete Rolle. Der gegenwärtige Kriterienkatalog ist auf jeden Fall nicht ausreichend.

Abb. 1: Gleichstellungsvorsprung der ostdeutschen Frauen
Frauenanteil in verschiedenen Sektoren von Bildung, Beruf und Politik (in %)

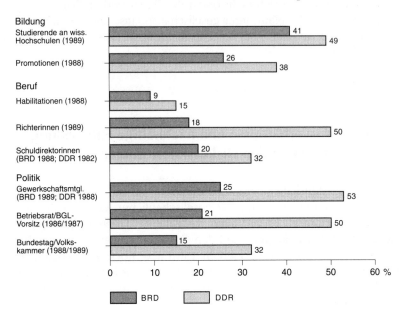

Quellen: Der Bundesminister für Bildung und Wissenschaft (Hrsg.), Grund- und Strukturdaten 1990/91, Bad Honnef 1990, S. 142, 221, 250; Informationsdienst des Instituts der deutschen Wirtschaft, 1987, Nr. 16, S. 4; Autorenkollektiv (Ltg. R. Weidig): Sozialstruktur der DDR, Berlin (Ost) 1988, S. 323; Statistische Jahrbücher der Bundesrepublik und der DDR; Zweiwochendienst (Frauen und Politik), (1988) 3, S. 5ff.
Aus: Zobel, O.: Studienarbeit 1993.

3. Auch das Zusammenwachsen Europas zwingt zu einer Neubestimmung und Wertung der Komponenten der Lebensverhältnisse, der erreichbaren Niveaus und der Instrumente zur Verifizierung der Ziele. Es gibt übereinstimmende, aber auch differenzierende und vielleicht sogar divergierende Teilziele, etwa die Gewichtung der natürlichen Umgebung und der allgemeinen Umweltsituation in den skandinavischen Ländern.

4. Bereits in der Zeit der Zweiteilung Europas in Wirtschafts- und Militärblöcke war das Lebensniveau in vielen Ländern Mittel- und Osteuropas wesentlich niedriger als selbst in der DDR, und es ist in den zurückliegenden Jahren weiter gesunken. Es gibt keinen annehmbaren Grund, die heutige Ostgrenze der EG als einschneidende Wohlstandsgrenze zu akzeptieren. Es ist aber zweifelhaft, ob die dem osteuropäisch-asiatischen Kulturkreis mit anderen Traditionen und auch Dimensionen zugehörigen Völker mit den Instrumentarien Westeuropas überhaupt in absehbarer Zeit auf ein ausrei-

chendes Niveau geführt werden können. Diese Länder müssen erst eigene Zielvorstellungen und auch Instrumentarien entwickeln, die sich deutlich unterscheiden werden.

5. Das Problem gewinnt noch einmal an Brisanz, wenn die Entwicklungsländer in die Betrachtung einbezogen werden. Frau Gandhi, Indiens ehemalige Ministerpräsidentin, hat es 1976 in folgende Worte gekleidet:

„Was für ein Land gut ist, muß jedoch nicht unbedingt für alle anderen gelten. In Europa bedeutet Industrialisierung Abwanderung der Bevölkerung vom Dorf in die Stadt und Rückgang der in der Landwirtschaft Tätigen. Die Arbeit auf dem Lande wurde mechanisiert. In Indien jedoch geht es darum, einer wachsenden Zahl von Menschen mehr Arbeit zu geben. Für uns sind gegenwärtig und auch für die Zukunft arbeitssparende Technologien, für die größere Kapitalinvestitionen erforderlich sind, ohne Bedeutung. Wollte die Bevölkerung der Entwicklungsländer, die viermal so groß ist wie die der entwickelten Länder, die in Europa vorherrschenden Konsumtionsgewohnheiten übernehmen, so würden weder die Landoberfläche der Erde noch die Vorräte an Kohle und Öl ausreichen, aus denen Düngemittel und Brennstoffe produziert werden.

Sowohl in den entwickelten als auch in den Entwicklungsländern sollte die Technik einen neuen Weg einschlagen. Ihr Ziel sollte nicht die Schaffung neuer Bedürfnisse, sondern die Überwindung alter Mißstände sein. Gleichzeitig muß stärker ins Bewußtsein gerückt werden, daß wir alle, gleich welcher Nation wir angehören mögen, Teil einer menschlichen Gemeinschaft sind".

6. Seit der UN-Konferenz über Umwelt und Entwicklung 1992 in Rio de Janeiro ist der Begriff „nachhaltige Entwicklung" (sustainable development) in das Zentrum der Fachdiskussionen auch der Raumordnung gerückt. In den von Finke vorgelegten Thesen wird der Gesamtumfang des Problems sichtbar. Wenn auch dieser Begriff aus dem ökologischen Blickwinkel formuliert wurde, gehen die Konsequenzen doch weit über diesen Bereich hinaus. Letztlich geht es um die weltweite Neubestimmung der Ziele gesellschaftlicher Entwicklung, ausgehend von der Gefährdung des Lebens durch den Raubbau an den Ressourcen der Erde.

7. Die weltwirtschaftlichen Verflechtungen haben eine solchen Grad erreicht, daß alle Problemlösungen global angelegt sein müssen. Es ist allgemein anerkannt, daß die nächsten Jahrzehnte gekennzeichnet sein werden durch den Übergang zur Informationsgesellschaft - in den entwickelten Industrienationen - auf der Grundlage der Basisinnovation Informationstechnik. Obwohl dieser Prozeß läuft und in den 80er Jahren auch viele Publikationen über die räumlichen Konsequenzen vorgelegt wurden - mit Begriffen wie Teleheimarbeit und Teleshopping sowie neuen Chancen für den ländlichen Raum - findet dieser Aspekt in der raumordnerischen Diskussion der Gegenwart - zumindest explizit - kaum Erwähnung. Es gibt aber genügend Stimmen, die darauf verweisen, daß der dadurch ausgelöste Entwicklungsschub der Weltwirtschaft (bezeichnet als künftige Kondratieff-Welle) der möglicherweise längste und folgenreichste sein wird. Bereits der Vergleich der vorangegangenen Entwicklungsschübe und der sie tragenden Basisinnovationen zeigt, daß diese auch die wesentlichsten Veränderungen der Raum-

Akademiediskussion

struktur in den zurückliegenden zwei Jahrhunderten ausgelöst haben, wie z.B. 2. Kondratieff um 1850 (Eisenbahn), 3. Kondratieff um 1900 (Elektrizität), 4. Kondratieff um 1950 (Automobil) und 5. Kondratieff um 2000 (Information).

Alle diese Tatbestände sind wohlbekannt. Sie wurden deshalb genannt, um zu verdeutlichen, daß es verfehlt ist, die Fragen der Wertgleichheit der Lebensverhältnisse und der Nachhaltigkeit der Entwicklung nur aus deutschem Blickwinkel zu betrachten. Notwendig sind zunächst einmal konsistente Lösungsvorschläge für die Weltprobleme - einschließlich ihrer Konsequenzen für die Raumstruktur -, erst danach wird eine Diskussion über die deutschen Verhältnisse ertragreich sein. Es kann als sicher gelten, daß die dann gefundenen Lösungen sich deutlich von den heute diskutierten unterscheiden werden.

LOTHAR FINKE

Diskussionsbemerkung

Der Herr Generalsekretär hatte in seiner Eigenschaft als Diskussionsleiter darum gebeten, auf den Zusammenhang der drei Begriffe Gleichwertigkeit, sustainable development und Regionalisierung einzugehen. Zunächst einmal bleibt festzustellen, daß aus ökologischer Sicht auf einer relativ abstrakten Ebene - im konkreten Fall vor Ort mag sich dies etwas anders darstellen - gegen das Sozialstaatsprinzip der gleichwertigen Lebensbedingungen keinerlei Argumente vorzutragen sind. Aus ökologischer Sicht ist allerdings das angestrebte Niveau der Gleichwertigkeit bzw. Gleichartigkeit von ganz entscheidender Bedeutung. Es scheint mir nicht immer hinreichend deutlich zu sein, daß wir im Zusammenhang mit der Diskussion um gleichwertige Lebensbedingungen quasi stillschweigend davon ausgehen, daß die neuen Bundesländer möglichst schnell auf das Niveau der alten Bundesländer angehoben werden sollen, wobei ebenfalls als selbstverständlich vorausgesetzt wird, daß sich die alten Bundesländer während dieses aus heutiger Sicht sehr lang dauernden Anpassungsprozesses über ihr heutiges Niveau hinaus weiterentwickeln werden.

Meine sehr verehrten Damen und Herren, derartige Vorstellungen eines dauerhaften Wirtschaftswachstums haben mit dem ökologischen Prinzip der Nachhaltigkeit nichts mehr zu tun, im Gegenteil, es besteht hier ein ganz deutlicher Unterschied. Von Frau Dr. Irmen ist zu Recht darauf hingewiesen worden, daß der raumordnungspolitische Orientierungsrahmen mit seinen Vorstellungen zur künftigen Siedlungsstruktur in Gestalt der Kernstädte, Entlastungsstädte und Städtebänder interessante Ansätze bietet, die unter dem Aspekt der nachhaltigen, umweltgerechten Raumentwicklung untersucht und eventuell in dem jetzt anstehenden Handlungsrahmen wieder aufgegriffen werden müßten. Es entspricht ohne jeden Zweifel einer realistischen Betrachtung, davon auszugehen, daß die bestehenden Ballungsräume mit ihren hohen Umweltbelastungen niemals mehr nach dem Prinzip der Nachhaltigkeit werden organisiert werden

Akademiediskussion

können. Dieses kann und darf aus meiner Sicht jedoch nicht bedeuten, die Verfolgung von Umweltzielen in den Kernstädten/Ballungsräumen ganz aufzugeben (so wie dies in Gestalt einer Frage in dem Beitrag von H. Bergmann und D. Marx für die Arbeitsgruppe 1 erfolgt), sondern auch diese Räume haben sich um die Rückgewinnung eines Minimums an sog. „ökologischer Autarkie" zu bemühen. Diese Vorstellungen habe ich in einer Expertise über die umweltpolitischen Implikationen des raumordnungspolitischen Orientierungsrahmens im Auftrag der BfLR weiter ausgeführt. In diesem Zusammenhang bin ich sehr wohl der Meinung, daß das Modell einer Stadt der kurzen Wege auch auf die Ebene der Regionen übertragbar sein müßte, da auf diese Weise zunächst einmal sehr viel Energie eingespart werden könnte, was insgesamt zu Umweltentlastungen und damit zur Verminderung des Ressourcenverbrauches beiträgt. Die von Herrn Bergmann in seiner Zusammenfassung erwähnte Forderung von Turowski, möglichst keinen weiteren Flächenverbrauch mehr zuzulassen, wäre sehr viel differenzierter zu betrachten, als dies i.R. dieser Akademiediskussion möglich ist. Gemeint ist sicherlich, daß dem weiterhin anhaltenden exorbitanten Umwandlungsprozeß biologisch-ökologisch aktiver Freiflächen in Siedlungsflächen insgesamt - aber auch in den Ballungsräumen - mit ganz besonderer Dringlichkeit Einhalt geboten werden muß. Andererseits ist die nur langfristig zu realisierende Stadt der kurzen Wege ebenso wie die Region der kurzen Wege in jedem Falle mit einem Umbau unserer Siedlungsgebilde verbunden, wobei im Zuge dieses Umbaus sehr wohl an bestimmten Stellen noch vorhandene Freiflächen in Siedlungsflächen umgewandelt werden müssen, allerdings verbunden mit dem Rückbau bisheriger Siedlungsflächen, Straßen etc. an anderer Stelle.

Aus meiner Sicht ist zu fordern, daß spätestens auf der regionalen Ebene versucht wird, das Prinzip der Nachhaltigkeit im ökologischen Sinne - d.h. Ausrichten der Raumentwicklung an den regional vorhandenen Naturraumpotentialen, insbesondere den regenerierfähigen - soweit als irgend möglich einzuhalten. Da die Bundesrepublik Deutschland sowohl beim Ressourcenverbrauch als auch bei der Umweltbelastung deutlich oberhalb der natürlich bestimmten Nachhaltigkeitsgrenzen liegt, kommt auf sie die Verpflichtung zu, in Erfüllung ihrer globalen Verpflichtungen dieses in absehbarer Zeit dramatisch zu ändern. Die Forderung nach gleichwertigen Lebensbedingungen kann kein Exklusivrecht für die bundesrepublikanische Bevölkerung sein, grundsätzlich haben alle Menschen auf dieser Erde die gleichen Lebensrechte.

Abschließend noch eine Bemerkung zu der Äußerung des Kollegen Brösse, die er in ganz ähnlicher Form gestern bereits innerhalb der Arbeitsgruppensitzung vorgetragen hatte. Im Gegensatz zu Brösse bin ich nach wie vor der Meinung, daß die Grenze der ökologisch bestimmten Nachhaltigkeit sehr wohl mit naturwissenschaftlichen Methoden objektiv bestimmbar ist. Brösse vermischt hier m.E. in methodisch unzulässiger Weise zwei Dinge, die säuberlich auseinandergehalten werden müssen. Die Ermittlung z.B. der durchschnittlichen jährlichen Grundwasserneubildungsrate ist ganz zweifellos mit hinreichender Genauigkeit objektiv durchführbar. Ob dann tatsächlich nicht mehr Wasser entnommen wird, ist eine ganz andere Frage, die nämlich voraussetzt, daß die naturwissenschaftlich wertfrei ermittelte durchschnittliche jährliche Grundwas-

Akademiediskussion

serneubildungsrate auch tatsächlich zur gesellschaftspolitischen Norm erhoben wird. Sehr verehrter Herr Kollege Brösse, selbstverständlich sind wir Menschen völlig frei, uns - aus welchen Gründen auch immer - über die Prinzipien und die zumindest in einzelnen Teilen klar ermittelbaren Grenzen der Nachhaltigkeit hinwegzusetzen. Ich persönlich bin auch nicht ein solcher Träumer zu glauben, wir würden in unserem raumplanerischen Handeln die Umweltbelange doch nun wirklich hinreichend berücksichtigen. Wer auch weiterhin gegen die Prinzipien und Notwendigkeiten der ökologischen Nachhaltigkeit als Bestandteil eines sustainable development verstößt, der soll dies nach meinen Vorstellungen wenigstens mit schlechtem Gewissen tun.

Um es noch einmal klar zu sagen: Nach meiner Auffassung ist die naturraumspezifisch vorgegebene, von den dort als Ergebnis des menschlichen Wirkens noch vorhandenen Naturraumpotentialen bestimmte Nachhaltigkeit durchaus objektiv bestimmbar. Ob diese ermittelbaren Grenzen dann tatsächlich zur normativen Zielsetzung erhoben werden oder nicht, hat aus meiner Sicht überhaupt nichts mit dem Wert oder Unwert des Prinzips der Nachhaltigkeit für die Raumordnung und Landesplanung zu tun. Es könnte sich allerdings sehr bald herausstellen, daß die sich aus dem Prinzip der Nachhaltigkeit für die Raumordnung und Landesplanung abzeichnenden Erfordernisse nicht umsetzbar sind, weil andere gesellschaftspolitische Interessen einen sehr viel höheren Rang besitzen. Wenn sich dies so ergibt - und ich persönlich befürchte dies aus meiner realistischen Sicht heraus - dann sollten wir möglichst schnell aufhören, über nachhaltige und umweltgerechte Raumentwicklung zu palavern. Wenn schon die Politiker sich nicht trauen, dann sollten wenigstens wir Raumplaner den Mut aufbringen, der Öffentlichkeit gegenüber die Dinge klar und ungeschminkt beim Namen zu nennen. Die Planung muß dann deutlich machen, daß als Folge unseres heutigen Tuns der Entscheidungsspielraum für die nach uns kommenden Generationen extrem eingeschränkt wird und daß gegen das Prinzip des „Offenhaltens von Entscheidungen" i.S. des ROG weiterhin und nachhaltig verstoßen wird.

GERD ALBERS

Diskussionsbeitrag

Mit einer gewissen Besorgnis habe ich aus dem Bericht von Herrn Kollegen Bergmann herausgehört, daß er - vielleicht inspiriert durch eine Bemerkung der Frau Bundesministerin - in der „Stadt der kurzen Wege" ein erfolgversprechendes städtebauliches Konzept sieht. Indessen handelt es sich dabei um nicht mehr als ein griffiges Schlagwort, dem kein realistischer Ansatz entspricht; so etwas ist im Städtebau leider keine Einzelerscheinung. Der dahinter stehende Gedanke ist ziemlich genau hundert Jahre alt und hat die verschiedensten Ausformungen gefunden - Gartenstadt, Trabantenstadt, Bandstadt -, von denen keine diese Erwartungen erfüllt hat. Der Grund scheint mir darin zu liegen, daß solche Planungen niemals die Funktionsbedingungen eines großstädtischen dynamischen Arbeitsmarktes in Rechnung gestellt haben. Ich sehe einen eklatanten Widerspruch zwischen der Absicht, im europäischen Wirtschaftsgefüge leistungsfähige Metropolen zu sichern, und der Hoffnung, dies könnten „Städte der kurzen Wege" sein. Vielleicht sollte sich eine Arbeitsgruppe der Akademie einmal mit dieser Frage beschäftigen; ich vermute, die planerische Durchsetzung einer „Stadt der kurzen Wege" würde Eingriffe in die Entscheidungsfreiheit ihrer Bewohner mit sich bringen, die uns ganz unannehmbar erschienen.

Heinrich Mäding

Diskussionsbeitrag

In der Nachkriegsgeschichte des Nachdenkens über Raumforschung und Raumordnung - gerade auch innerhalb der Akademie für Raumforschung und Landesplanung - lassen sich m.E. drei Stufen unterscheiden, die zugleich eine zunehmende Komplexität abzubilden versuchen.

Auf der ersten Stufe stehen die Bevölkerung und die „Daseinsgrundfunktionen" im Mittelpunkt. Räumliche Strukturen von Siedlung, Wirtschaft und Infrastruktur werden analysiert oder zielbezogen beeinflußt. Das zentrale politische Ziel für raumordnerisches Gestalten ist - neben dem wirtschaftlichen Wachstum - die Gleichwertigkeit der Lebensverhältnisse.

Auf der zweiten Stufe werden die menschlichen Aktivitäten und Artefakte einzeln oder gemeinsam der natürlichen Umwelt gegenübergestellt. Raumnutzungen werden als Gefahr für die Stabilität von Ökosystemen, das Wachstumsziel zum „sustainable development" fortentwickelt. Die „Optimalität" der Raumstrukturen muß nun weitere Bedingungen beachten, die auf der ersten Stufe noch ausgeklammert waren. Diese Debatte führen wir seit fast zwanzig Jahren; sie steht heute im Mittelpunkt.

Brösse hat davor gewarnt, aus dem „sustainable development" konkrete Leitbilder ableiten zu wollen, und dabei auf die Offenheit menschlichen Wollens verwiesen. Dies führt aber zur Frage, welches Wollen wir heute gesamtgesellschaftlich zulassen wollen und können, und damit zur Frage nach dem Staat bzw. den institutionellen Strukturen im allgemeinen. Diese waren zwar schon bisher aus Raumforschung und Raumordnung nicht ausgeklammert, sollten aber nun auf einer dritten Stufe verstärkt einbezogen und dem Spannungsverhältnis von Raumnutzungen und Umwelt zugeordnet werden:

- Bestimmte „policies" lassen sich nicht mit jedem beliebigen institutionellen Arrangement realisieren.
- Bestimmte institutionelle Arrangements machen nicht jede beliebige „policy" möglich.

Neben der Wechselbeziehung zwischen Raumnutzung und Umwelt ist die Wechselbeziehung zwischen diesen beiden und dem politisch-administrativen System bei Analysen und Entwürfen zu beachten.

Dafür hat schon diese Diskussion wichtige Anregungen geboten, etwa wenn Finke die Region als ideale Entscheidungsebene für eine Politik des „sustainable development" anspricht oder wenn Lendi betont, die schweizerische Raumordnungspolitik habe nie versucht, das politisch-administrative System zu überfordern. Solche Überlegungen sollten vermehrt Gegenstand der Arbeit der Akademie werden.

Heinz Weyl

Diskussionsbeitrag

Im Verhältnis zu der im wesentlichen nur fortzuführenden bzw. zu verfeinernden oder sich an neuere Entwicklungen anpassenden Regionalplanung in den alten Bundesländern steht die Regionalplanung in den östlichen Ländern weiterhin vor einer Fülle von grundsätzlichen Problemen, die mit der Erarbeitung und Umsetzung der Landesentwicklungsprogramme überwiegend nur formal zu tun haben.

Denn während die Siedlungs- und Sozialstruktur in den alten Bundesländern nach wie vor konstant bleibt, kommen - gerade in den altindustrialisierten Regionen Ostdeutschlands - diese Grundpfeiler räumlicher Ordnung in der Folge von Abwanderung und Deindustrialisierung vielfach ins Schwimmen. Hier treten auch nicht nur Funktionsverdünnungen auf, sondern schwerwiegende Funktionsverluste als Folge der Schließung und Schleifung des überkommenen Besatzes sowohl an Großbetrieben als auch an mittelständischem, vormals bodenständigem Gewerbe.

Die damit verbundene oder daraus resultierende starke und immer noch andauernde Abwanderung entzieht den bisherigen Infrastrukturausstattungen - besonders des Einzelhandels - die Existenzbasis. Die betroffenen Regionen beginnen auszubluten, nach der Abwanderung der „freigesetzten" Facharbeitskräfte wandert auch die Mantelbevölkerung ab. Im Erzgebirge entsteht eine Situation, die historisch mit dem Auslaufen des Bergbaus im 17. Jahrhundert verglichen werden könnte. Im mitteldeutschen Industriegebiet kommt es zu riesigen Industriebrachen als Folge des Fortfalls bzw. des Obsoletwerdens der industriellen Basisfunktionen, ein Phänomen, das - im Gegensatz zur Kohlekrise im Ruhrgebiet seit Ende der fünfziger Jahre - nur als Strukturzusammenbruch, aber leider noch nicht als Strukturwandel verstanden werden kann.

Unter diesen Umständen ist es in der Tat die Frage, ob und inwieweit die Einführung eines - funktionsflexiblen - Zentrale-Orte-Systems, also eines Zentrale-Orte-Systems mit Grundbesatz unter Freihaltung einer später zu erwartenden funktionalen Differenzierung oder neuen Schwerpunktbildung (im Erzgebirge Tourismus, Erholung oder wiederum kleinstrukturiertes Gewerbe) für eine heute noch nicht absehbare Übergangszeit ein regionales Überleben, wenn auch vielleicht auf etwas niedrigerer Grundlage, ermöglichen kann. Denn im Grundsatz muß ja jedes Zentrale-Orte-System als räumlich-ökonomische Rahmensetzung zur Sicherung von Mindestausstattungen verstanden werden und nur im - vielfach fälschlich angewandten - abgeleiteten Sinne darüber hinaus auch als Gliederungsschema in verdichteten Räumen.

Til P. Koch

Diskussionsbeitrag

Ich möchte zwei Punkte ansprechen, die mir für die Raumordnungspolitik in Deutschland in nächster Zeit besonders bedeutsam erscheinen:

Mein erstes Postulat ist, daß wir alle darauf achten müssen, daß die Begriffe und ihre Definitionen in den Landesplanungen in den Ländern nicht weiter auseinanderklaffen, sondern einheitliche Begriffe mit einheitlichen Definitionen gewählt werden. Durch die Vermehrung auf 16 Bundesländer hat die unterschiedliche Definition von Raumkategorien und zentralen Orten weiter zugenommen. Wenn uns dies nicht gelingt, sind die Chancen gering, gegen die durch Bundesrecht abgesicherten Rechtsansprüche der Bürger und Gemeinden auf die von ihnen gewünschte Entwicklung etwas zu erreichen. Das gleiche gilt für die Egoismen der für die Gestaltung des Raumes durch Großinfrastrukturen meist handelnden oder fördernden Bundesressorts. Ich verkenne nicht die Bedeutung der persuasorischen Planung, aber im Bereich von Festlegungen von Flächen, Punkten und Linien mit klar definierten Zielsetzungen liegt der Kern der Wirkungsmöglichkeiten der Landesplanung.

Weiterhin halte ich es für die Effektivität der Raumordnung und Landesplanung als erstes für notwendig, daß das Bundesbauministerium als das für die Raumordnung zuständige Haus, das einen nicht unbeachtlichen Teil der Bautätigkeit in der Bundesrepublik, insbesondere in den neuen Ländern, beeinflußt, seine Förderrichtlinien mit raumordnerischen Kriterien anreichert. Denn hier herrscht eine erschreckende Lücke. Gäbe es etwa um 5 % bessere Fördersätze für Wohnbauten an Nahverkehrslinien und um 5% schlechtere für Wohnbauten in festgelegten Grünzonen, so wäre dies ein wesentlicher Fortschritt für die Raumordnung. Hierdurch würde auch der erstgenannte Punkt befördert werden. Solange nicht mit einer solchen Differenzierung im eigenen Hause begonnen wird, ist ein wesentlicher Fortschritt der Raumordnung bei ihrem Einfluß auf Disparitätenausgleich und Schutz des wenig zersiedelten Raumes im Vorfeld von schutzwürdigen Bereichen nicht zu erwarten. Das gleiche gilt auch für die Verbesserung der Steuerung des Individualverkehrs bei den Tagespendlern.

Diese Punkte spreche ich nur beispielhaft an, eine Vielzahl weiterer sinnvoller Verknüpfungen von Wohnungsbauförderung und Raumordnung ist möglich.

■ **Akademiediskussion**

GÜNTER BRENKEN

Diskussionsbeitrag

Zur EG-Vereinbarung von Maastricht möchte ich auf folgendes hinweisen:

1. Zur Kompetenzverteilung zwischen EG und den Mitgliedstaaten.

Hier gibt es keine unserem Grundgesetz vergleichbare Regelung über die Aufteilung der Gesetzgebungs- bzw. Regelungskompetenzen. Während das Grundgesetz für alle denkbaren Regelungsbereiche die Zuständigkeiten zwischen Bund und Ländern exakt aufteilt, enthält der EG-Vertrag eine wesentliche Kompetenzzuweisung nicht, nämlich keine Angabe darüber, welche Bereiche zu regeln ausschließlich den Mitgliedstaaten vorbehalten ist. Einer Regelungsmöglichkeit durch EG-Organe auf allen Sachbereichen steht ggf. nur das in Maastricht auf deutsches Drängen eingeführte Subsidiaritätsprinzip des neuen Artikels 3b entgegen, das allerdings nur zum Zuge kommt, wenn es sich nicht um einen der im Vertrag genannten Bereiche ausschließlicher Zuständigkeit der EG handelt und wenn zudem eine Regelung auf Gemeinschaftsebene „wegen ihres Umfangs oder ihrer Wirkungen auf die Ziele der Gemeinschaft" nicht vorzuziehen ist. Da somit auch hier die Auslegung unbestimmter Rechtsbegriffe eine Rolle spielt und dies der - bisher der Rechtsauffassung der Bundesrepublik wenig gewogenen - Rechtsprechung des Europäischen Gerichtshofs unterliegt, sollte für eine Fortentwicklung des EG-Rechts eine enumerative Anführung der in ausschließlicher Zuständigkeit der Mitgliedstaaten verbleibenden Regelungsbereiche angestrebt werden. Ggf. sollte auch die Raumordnung hierzu Vorschläge machen können, etwa aus Erfahrungen über unangebrachte Detailregelungen oder -vorgaben durch EG-Instanzen.

2. Zur Anführung des Regionsbegriffs im EG-Vertrag

Um Aktivitäten in Teilräumen der Mitgliedstaaten unmittelbarer zu berücksichtigen, aber auch um föderativen Staatssystemen besser Rechnung zu tragen, spricht der EG-Vertrag auch von „Regionen" und meint damit wohl nur allgemein ein politisch-administrativ bedeutsames Teilgebiet. Ob darunter auch in Deutschland ausgewiesene Regionen der Raumordnung und Landesplanung zu verstehen sind - also sozioökonomische Verflechtungsräume um ein Oberzentrum, in Verdichtungsräumen auch mehrere Oberzentren -, ist zumindest zweifelhaft, m.E. insbesondere dann, wenn die Kompetenzen der Regionsorgane kaum über Planungszuständigkeiten hinausgehen. Immerhin hat Frau Bundesministerin Dr. Schwaetzer gestern bekannt, daß eine Beschränkung des Regionsbegriffs auf „Bundesländer" ihr „zu eng" erscheine. Um in Brüssel als Region anerkannt zu werden, müßte der betreffende Teilraum über bestimmte Handlungskompetenzen, insbesondere der Verwirklichung, verfügen. Die Regionsorgane müßten m.E. jedenfalls verbindliche Finanzierungskonzepte für die in Betracht kommenden Maßnahmen erstellen und deren Durchführung, ggf. im Zusammenwirken mit den zuständigen Stellen des Landes, überwachen können. Eine Einschaltung des jeweiligen Bundeslandes erscheint mir bei Aktivitäten der EG ohnehin stets unverzichtbar.

Somit ergibt sich aus dem erweiterten EG-Vertrag eine Reihe von Fragen, die die künftige Gestaltung und Handhabung der Regionalplanung, ja im weiteren Sinne der Planung in Teilräumen und deren Verwirklichung betreffen. Sie geben zweifellos Anlaß zu intensiver weiterer Forschung. Insbesondere die Arbeitskreise der Akademie „Fortentwicklung des Föderalismus" und „Regionalplanung 2000", eventuell auch der „Europa-Ausschuß" der Akademie, sollten sich dieses Themenbereichs annehmen, wobei nicht zuletzt auch erneut Fragen der räumlichen Ausdehnung von Regionen und der Grenzregionen zu behandeln sein werden.

Konrad Lammers

Diskussionsbeitrag

Ich möchte noch einmal zurückkommen auf die Fragen der europäischen Integration, die im Referat von Professor Kuklinski im Vordergrund standen.

Meiner Ansicht nach steht die Europäische Gemeinschaft in den kommenden Jahren vor einer schweren Zerreißprobe. Die Gemeinschaft wird sich entscheiden müssen, ob sie weiter den Weg der institutionellen Vertiefung oder den der Erweiterung um die osteuropäischen Länder gehen will. Durch den Vertrag von Maastricht sind wichtige Schritte in Richtung einer Vertiefung getan worden. So sind die Weichen für eine Währungsunion, für eine stärkere Harmonisierung von sozialen Standards auf Gemeinschaftsebene sowie eine Ausweitung der regionalen Umverteilungspolitik durch die Strukturfonds gestellt worden. Dies erhöht die Hürden für einen Beitritt der mittel- und osteuropäischen Länder ungemein; schon heute wären bei den gegebenen Anspruchs- und Verteilungskriterien die Transferzahlungen im Rahmen der EG-Agrarpolitik und der regionalen Strukturpolitik, die bei einem Beitritt der mittel- und osteuropäischen Länder zu leisten wären, nicht bezahlbar. Der Betritt der mittel- und osteuropäischen Länder würde im Gegensatz zum eingeschlagenen Weg eine Reduzierung von regionalen Verteilungsmaßstäben erzwingen. Auch hätte die Erweiterung der Gemeinschaft um die mittel- und osteuropäischen Länder tiefgehende Folgen für die regionalen Produktionsstrukturen, z.B. für die ländlichen Räume. Hier artikuliert sich Widerstand. Leider sehe ich starke Kräfte in der Gemeinschaft, die den weiteren Weg der Vertiefung in eine Umverteilungsgemeinschaft gehen wollen. Diese Kräfte nehmen zumindest stillschweigend in Kauf, daß dadurch eine Erweiterung der Gemeinschaft um die mittel- und osteuropäischen Länder auf absehbare Zeit nicht möglich sein wird. Vielleicht ist der eingeschlagene Weg aber auch eine bewußte Strategie, um dies zu verhindern.

Wenn aber eine Erweiterung der Gemeinschaft um die mittel- und osteuropäischen Staaten auf die lange Bank geschoben wird, so wird die Zuwanderung aus Osteuropa in die Kernländer der Gemeinschaft, insbesondere in die Bundesrepublik, ganz ungemein zunehmen. Es führt letztendlich kein Weg an einer Erweiterung vorbei. Wenn die Gemeinschaft den Zustrom von Menschen in großem Ausmaß verhindern will, dann muß sie ihre Märkte für Güter aus diesen Ländern öffnen, insbesondere auch im Agrar-

■ Akademiediskussion

bereich. Meiner Einschätzung nach ist es wegen starker regionaler und gruppenspezifischer Interessen in den etablierten EG-Ländern noch ein steiniger Weg, bis die Staaten Mittel- und Osteuropas voll in den europäischen Wirtschaftsraum integriert sind und sich jene räumlichen Strukturen herausbilden werden, die Professor Kuklinski als Perspektive beschrieben hat.

Heinz Konze

Regionalisierung

Bei dem Wort Regionalisierung müßte bei jedem Regionalplaner Freude aufkommen. Aber was ist gemeint? Sicher ist es nicht die Euphorie über frühere Entwicklungsplanungen. Nicht gemeint ist die regionale Entwicklungspolitik etwa des großen Hessen-Planes. Regionalplaner müssen sich auch hüten zu glauben, daß die von Fachpolitiken entdeckte Regionalisierung die Wiederentdeckung der Regionalplanung bedeuten könnte. Es ist eher ein glücklicher Zufall, daß Politikfelder, die für die gesellschaftliche Entwicklung mit räumlichen, d.h. regionalen Auswirkungen als relevant bezeichnet werden müssen, die Region als Handlungsebene in den Vordergrund rücken. Begriffe wie Dezentralisierung, Profit-Center-Bildung und ebenso lean production - aus der Wirtschaft entlehnt - standen dafür Pate.

Bei der Regionalisierung geht es letztlich um die Einbeziehung von know-how und Verantwortungsbereitschaft der regionalen Akteure. Es geht - angesichts steigender Unübersichtlichkeiten, d.h. zunehmend komplexer, mehrdimensionaler Zielkonflikte - um den Neugewinn größerer Handlungsfähigkeit in der sogenannten Bewältigung des immer schwieriger gewordenen Strukturwandels vor dem Hintergrund großer Veränderungen der Rahmenbedingungen (Entwicklung in Europa, öffentliche Finanznot, Öffnung Osteuropas).

Regionalisierung ist letztlich ein Aufruf an alle, näher zusammenzustehen und gemeinsam Lösungen zu suchen, die gemeinsam getragen werden müssen!

Als Regionalplaner muß man von all dem angetan sein, weil wir ja ausschließlich nach dieser Methode (Gegenstromprinzip, regionaler Konsens) Regionalpläne aufstellen, und zwar nicht nur mit einzelnen, sondern mit allen raumrelevanten Fachbereichen - allerdings nur, soweit sie sich mit flächenbezogenen Aspekten befassen.

Hier wird das eigentliche Manko der Regionalplanung deutlich. Wir Regionalplaner machen „schöne", vielleicht auch gemeinsam getragene und fachlich qualifizierte Pläne, aber es sind dennoch oft eher bunte „Papiertiger" als tatsächliche Geschäftsgrundlagen für die konkrete Umsetzung in konkrete Maßnahmen, die ihrerseits eine förderpolitische Unterstützung finden. Es fehlt der Regionalplanung oft die ausreichende Anbindung an die förderpolitischen Entscheidungsträger.

Akademiediskussion

Gerade auch aus meiner Erfahrung als Regionalplaner für ein Plangebiet mit über 5 Mio. Einwohnern und mit großen wirtschaftsstrukturellen Problemen (Kohle und Stahl) meine ich, daß jetzt die Zeit für ein Aufeinanderzugehen von Planung und Politik gekommen ist, um für beide Bereiche deutliche Zugewinne auch für eigene Ziele zu erreichen.

Für die Regionalplanung heißt das,

1. umsetzungsorientierter in Inhalt und Verfahren zu werden,

2. noch offener zu werden für Kontakte zu allen für die Entwicklung einer Region relevanten Akteuren (d.h. mehr Teilnahme an informellen Gesprächskreisen, z.B. Durchführung von Regionalkonferenzen unter Teilnahme von Politikern und Unternehmern),

3. die Planung „anzubieten" als Wegbereiter nicht nur für langfristige, vielleicht auch visionäre Ziele, sondern ebenfalls für die planerische Absicherung angedachter konkreter Projekte.

4. Die Regionalplanung sollte sich zur Verfügung stellen - durchaus mit eigenen konzeptionellen Vorschlägen - für die Zusammenführung nicht nur der für die wirtschaftliche Entwicklung relevanten Akteure, wie das richtigerweise für die regionalisierte Strukturpolitik in Nordrhein-Westfalen gilt, sondern für alle Beteiligten; d.h. einschließlich der traditionellen Klientel der Regionalplanung. Mit einem Wort: das Ziel wäre, die Regionalplanung weiter zu entwickeln zu einem „Regional-Koordinator".

In Nordrhein-Westfalen haben wir begonnen, dies umzusetzen; ich will das am Beispiel des Regierungsbezirks Düsseldorf kurz erläutern.

Der Regierungspräsident (als Behörde),

- der in Nordrhein-Westfalen zugleich auch Bezirksplanungsbehörde ist und den Regionalplan erarbeitet,
- der mit dem sogen. Bezirksplanungsrat den kommunal besetzten Regionalplanungsträger in seinen Mauern beherbergt,
- der viele Fachdienststellen unter einem Dach bündelt,

hat auch für die Landesregierung die Federführung in der regionalisierten Strukturpolitik in seinem Bezirk übernommen. Zugleich hat innerhalb der Bündelungsbehörde Regierungspräsident der Bezirksplaner als der oberste Regionalplaner im Bezirk die Federführung für alle beteiligten Fachdezernate einschließlich der Bezirksplanungsbehörde erhalten.

Wir haben damit die organisatorischen Voraussetzungen geschaffen, die uns gestellte Aufgabe zu erfüllen, regionale Strukturpolitik und regionale Planung zu einer für die Region effizienten regionalen Entwicklungspolitik zusammenführen zu können. Ge-

Akademiediskussion

meinsam mit vier eigenständig gebildeten regionalen Arbeitseinheiten im Bezirk werden die Schwerpunkte der regionalen Problemfelder wie etwa Arbeitsmarkt, Wirtschaftsförderung, Technologietransfer, Flächenmobilisierung und -vorsorge und andere bearbeitet.

Abschließend möchte ich ein in unserer Region wichtiges Beispiel neuartiger Zusammenarbeit kurz skizzieren: Auf dem Gebiet von zwei Städten wird derzeit ein gemeinsamer Gewerbepark für vier Städte mit zusammen rund 200.000 Einwohnern geplant. Anlaß für diese Planung war der Wegfall von rund 3.000 Arbeitsplätzen aufgrund einer Zechenstillegung. Erste Lösungsversuche waren, in jeder einzelnen Stadt weitere Gewerbeflächen an zum Teil suboptimalen Standorten zu planen. Nicht zuletzt auf Anregung der Regionalplanung wurde im zweiten Lösungsversuch nunmehr dieses neue gemeinsame Gewerbegebiet entwickelt - und zwar auf einer Fläche, die auch aus regionaler Sicht über hervorragende Standortfaktoren für eine zukunftsweisende Wirtschaftsstruktur verfügt.

Als Pilotprojekt für Nordrhein-Westfalen wird dieses Gewerbegebiet unterstützt und gefördert von verschiedenen Ressorts der Landesregierung wie dem Wirtschaftsministerium, dem Umweltministerium, dem Innenministerium, um nur die wichtigsten zu nennen. Auch in den vier Städten gibt es eine große Gemeinsamkeit nahezu aller relevanten Gruppen für dieses neue Projekt. Es wird getragen vom regionalen Konsens auch der Nachbarn einschließlich des Oberzentrums Duisburg. Nicht zuletzt wird es in allen Arbeitsschritten, die von der Landesentwicklungsgesellschaft betreut werden, von der Bündelungsbehörde Regierungspräsident mit der Federführung beim Regionalplaner „begleitet".

Zusammenfassend kann man feststellen:

Wenn mit Regionalisierung durch das Zusammenführen der wichtigsten Akteure in der Region sogenannte Synergieeffekte erzielt werden und die Zusammenarbeit von Regionalplanung, Fachplanung und öffentlicher Förderpolitik zu einer schnelleren und effizienteren Projektumsetzung beiträgt, dann können alle Beteiligten zufrieden sein - auch die Regionalplanung, die den Ausgleich von gewerblicher Entwicklung und Freiraumentwicklung im Auge behalten muß.

Karl-Hermann Hübler

Schlußwort

Herr Präsident, verehrte Gäste, verehrte Mitglieder!

I. Den diesjährigen Versuch unserer Akademie, in einer offeneren Diskussion als in vorangegangenen Veranstaltungen die Arbeitsfelder „auszuleuchten" und zu problematisieren, die voraussichtlich in den nächsten Jahren sowohl die Raumplanungspraxis als auch die Raumforschung bestimmen und beeinflussen werden, schätze ich unter den gegebenen Bedingungen als begrenzt erfolgreich ein.

Ich gehe von der begründeten Vermutung aus, daß wir mit der Benennung der drei Themenkomplexe

- gleichwertige Lebensbedingungen und dauerhafte, umweltgerechte Raumentwicklung,
- Finanzsystem und föderale Struktur sowie
- Regionalisierung

den inhaltlichen Rahmen abgesteckt haben, innerhalb dessen sich die künftigen Hauptarbeitsfelder der Akademie bewegen sollten. Die Fokussierung der Diskussion war also aktuell, und sie kann richtungweisend sein. Sie brachte es freilich mit sich, daß sich die Ergebnisse der Diskussionen vielfach auf einer normativen und abstrakten Ebene bewegten, und dies auch bei einer sehr unterschiedlichen Ausgangslage im Wissensstand. Den Älteren unter uns ist nicht verborgen geblieben, daß diese Themen - zum Teil mit anderen Etiketten und Begriffen versehen - schon in den 60er und 70er Jahren diskutiert wurden, damals allerdings unter anderen Rahmenbedingungen.

Diesen drei Arbeitsfeldern ist die europäische Dimension rahmensetzend übergeordnet. Sie ist insbesondere heute durch das Referat des Kollegen Kukliński und die Diskussionsbeiträge aus den Nachbarländern hinreichend deutlich geworden.

Die Vorbereitungsarbeiten zu dieser Plenarsitzung und die Vorträge und Diskussionsbeiträge von gestern und heute haben für diesen Rahmen wichtige Bausteine geliefert, die jetzt noch der gedanklichen und systematischen Ordnung bedürfen.

Freilich wird es nun Aufgabe der zuständigen Gremien der Akademie sein, die Ergebnisse der Vorträge und Diskussionen zu operationalisieren, d.h. es nicht nur bei einem Veröffentlichungsband zu belassen, sondern die Forschungsarbeiten in die Richtung dieser Problemfelder zu organisieren. Ich kann mir demzufolge künftig keinen Arbeitskreis oder keine Ad-hoc-Gruppe oder Landesarbeitsgemeinschaft mehr vorstellen, in der nicht auch diese europäische oder internationale Dimension ein Beratungs- und Untersuchungsgegenstand sein sollte.

Schlußwort

Die eben erwähnte normative Dimension der Raumplanung entzieht sich weitgehend eines wissenschaftlichen Zuganges. Dessenungeachtet ist es eine legitime Aufgabe einer wissenschaftlichen Akademie, auch diese den Arbeitsrahmen absteckende Dimension hin und wieder kritisch zu überprüfen. Dies ist gestern und heute geschehen.

II. Das Präsidium mißt dem gestrigen Referat von Frau Bundesministerin Dr. Schwaetzer besondere Bedeutung bei. Einmal begrüßen wir es, daß Frau Bundesministerin die Plattform unserer Akademie benutzt hat, um ihre raumordnungspolitischen Vorstellungen und Optionen in die öffentliche Diskussion zu bringen. Ich darf daran erinnern, daß das Verhältnis zwischen dem zuständigen Bundesministerium, vor allem dessen Leitung, und der Akademie nicht immer so konstruktiv war, wie es heute ist.

Bedeutsamer erscheint mir jedoch, daß die Raumordnungsministerin „Flagge" zeigt; daß sie nämlich die Aufgaben, aber auch die Schwierigkeiten anspricht und Lösungsansätze aufzeigt und die Verantwortung des Bundes für die Aufgabe „Raumordnungspolitik" wahrzunehmen versucht, die über die von vormaligen Raumordnungsministern wahrgenommenen „Raumnotariatsfunktionen" hinausreichen und von der Sache her geboten sind. Insofern erkennen wir hier einen Kurswechsel beim Bund, der sicher auch im Interesse der Länder und Regionen sein muß. Die Akademie wird sich den aufgeworfenen Fragen stellen!

III. Lassen Sie mich noch eine andere Beobachtung skizzieren, die ich als ein erstes - und im Präsidium noch nicht abgestimmtes - Ergebnis der Wissenschaftlichen Plenarsitzung in die Diskussion bringen möchte.

Die Akademie hat sich in den letzten Jahren in verstärktem Maße aktuellen Forschungsfragen - z.T. mit beachtlichem Erfolg - zugewandt. Erfolg möchte ich in dem Zusammenhang definieren als das Umsetzen von Ergebnissen der ARL-Arbeit in politische Entscheidungen und Handlungen. Etwas zu kurz gekommen ist dabei die theoretische Diskussion in der Akademie.

Die Gründe hierfür liegen einmal in begrenzten Ressourcen. Zum anderen sind sie sicher auch dem Tatbestand geschuldet, daß in Zeiten von Umbrüchen oder von Paradigmenwechseln Theorie immer schwieriger zu betreiben ist als in gesellschaftlich stabilen Zeitepochen. Wir sollten diesen satzungsgemäßen Auftrag jedoch nicht ohne Not über längere Zeit zurückstellen, denn sonst würde die Akademie mittelfristig gesehen sich ihres konstitutiven „Standbeines" entledigen. Der jetzt in Gang zu setzende Arbeitskreis „Raumtheorie" soll ein erster neuer Anfang dafür sein. Und ich denke, auch Überlegungen, die hier in Kassel vorgetragen wurden, müssen in die Ausgangsüberlegungen dieses Arbeitskreises und anderer einfließen!

Insbesondere in der Amtsperiode des letzten Präsidenten ist es gelungen, die Zusammenarbeit mit den europäischen Nachbarn maßgeblich zu intensivieren und entscheidende Weichenstellungen vorzunehmen, die vom jetzigen Präsidium nachhaltig

Schlußwort

fortgeführt werden. Ich denke, dieser Anschub ist - trotz aller Schwierigkeiten - auf einem guten Weg. Die Ergebnisse können meinungsbildend wirken und auch auf politische Entscheidungen über die weitere planerische Zusammenarbeit mit den Nachbarstaaten Einfluß nehmen.

Indes scheint es m.E. notwendig, jetzt noch einen weiteren Schritt zu gehen und stärker auch die Forschungsergebnisse, die von Kolleginnen und Kollegen in den Nachbarstaaten erarbeitet werden, in unsere Arbeit einzubeziehen. Wir haben in den letzten Jahren viele Forschungsfragen noch in zu starkem Maße aus der Sicht einer, wenn auch erweiterten, „nationalen Brille" untersucht. Ich denke, der interessante Vortrag des Herrn Kollegen Kukliński hat wiederum diesen internationalen Rahmen deutlich bezeichnet.

Und: Gleichwertige Lebensverhältnisse oder die Funktionen künftiger Finanztransfers oder Regionalisierungsprobleme nur auf nationaler Ebene untersuchen zu wollen, ohne die theoretischen Ansätze in Großbritannien oder den skandinavischen Ländern, Griechenland oder auch Polen oder Tschechien zu kennen und zu bewerten, wird künftig ziemlich einseitig und in der Validität nur zu begrenzten Ergebnissen führen können.

Wenn dies richtig ist, müssen wir uns künftig noch stärker als bisher um die Mitarbeit solcher Kolleginnen und Kollegen bemühen, die Einsichten und Kenntnisse über den Forschungsstand und die verwendeten Methoden in diesen Ländern haben.

IV. In der heutigen Diskussion, aber auch am Rande der Veranstaltung ist heftige Kritik an der „Westlastigkeit" der Vorbereitungsarbeiten, der Referate und Diskussionen geübt worden. Ich stimme dieser Kritik zum Teil zu.

Die Akademie hat in den letzten drei Jahren auf vielfältige Weise versucht, ostdeutsche Fragestellungen und Probleme, aber auch ostdeutsche Kolleginnen und Kollegen in die Akademiearbeit zu integrieren. Daß hier noch ein längerer Weg zu gehen sein wird, hat die heutige Diskussion verdeutlicht. Diese Integration erfordert aber auch, daß unsere ostdeutschen Kolleginnen und Kollegen ihre Problemsicht und ihre Lösungsvorschläge in diese Akademiearbeit einbringen und nicht „nur" Kritik üben.

Ich denke, die noch in diesem Herbst zu konstituierenden Landesarbeitsgemeinschaften sind hier besonders gefordert. Aber diese beiden neuen LAGs dürfen keine „Alibi-Veranstaltungen" nach dem Motto werden: Probleme der Planung in den neuen Bundesländern werden in der LAG Nord und Süd verhandelt; alle anderen und grundsätzlichen Verhandlungsgegenstände behandeln wir in den anderen Einrichtungen der ARL. Es ist auch eine erklärte Absicht des Präsidiums, die „Durchmischung" voranzubringen. In der gestrigen Mitgliederversammlung sind wohlbedachte Entscheidungen in diese Richtung getroffen worden.

Schlußwort

V. Wir haben in Kassel zwei Tage in einem guten Ambiente beraten. Der Stadt Kassel ist für ihre Gastfreundschaft zu danken! Den Referenten, Diskutanten und jenen, die die inhaltliche Vorbereitung betrieben haben, gilt der besondere Dank der Akademie. Last not least bedanke ich mich beim Generalsekretär und bei den Mitarbeiterinnen und Mitarbeitern des Sekretariats für das gelungene und erfolgreiche Tagungsmanagement.

Ich wünsche Ihnen eine gute Heimreise und schließe die Wissenschaftliche Plenarsitzung der Akademie für Raumforschung und Landesplanung 1993 mit der Bitte, daß Sie der Akademie Ihr Wohlwollen erhalten und tatkräftig an der Lösung der vor uns stehenden Probleme und Aufgaben mitwirken.

FORSCHUNGS- UND
SITZUNGSBERICHTE

Regional- und Landesplanung für die 90er Jahre
Wissenschaftliche Plenarsitzung 1990

Aus dem Inhalt

Theodor Fliedner
Wissenschaftsstadt Ulm
Beispiel für ein wegweisendes Konzept kooperativer Strukturpolitik

Gottfried Schmitz/Peter Treuner
Herausforderungen und Aufgaben der Raumordnung, Landes- und Regionalplanung
für die 90er Jahre

Karl Goppel
Landesplanerisches Instrumentarium - Rahmenbedingungen, Herausforderungen und
Handlungsbedarfe unter Berücksichtigung der Grenzöffnung nach Osten

Hans-Dieter Frey
Internationalität und Dezentralität - Die Raumordnung im Spannungsfeld

Gerd-Rainer Damm
Verhältnis Land - Bund / Landesplanung - Fachplanungen

Karl-Hermann Hübler
Ökologischer Umbau der Industriegesellschaft - Anforderungen an die räumliche
Planung, insbesondere die Landesplanung

Dieter Gust
Auftrag und Anwendung der Regionalplanung

Lothar Finke
Vorranggebiete für Naturraumpotentiale

Jörg Maier
Planungsmanagement und Planungsmarketing

Klaus Wolf
Planung und regionale Identität

1990, Band 186, 144 S.,26,- DM, Best.-Nr. 3-888 38-012-x
Auslieferung
VSB-Verlagsservice Braunschweig

AKADEMIE FÜR RAUMFORSCHUNG UND LANDESPLANUNG

FORSCHUNGS- UND SITZUNGSBERICHTE

176 Räumliche Auswirkungen der Waldschäden - dargestellt am Beispiel der Region Südlicher Oberrhein. 1988, 111 S., 39,- DM, 39,- SFr, 310,- ÖS, ISBN 3-88838-002-2

177 Räumliche Auswirkungen neuerer agrarwirtschaftlicher Entwicklungen. 1988, 172 S., 42,- DM, 42,- SFR, 330,- ÖS, ISBN 3-88838-003-0

178 Politikansätze zu regionalen Arbeitsmarktproblemen. 1988, 247 S., 45,- DM, 45,- SFr, 350,- ÖS, ISBN 3-88838-004-9

179 Umweltgüte und Raumentwicklung. 1988, 178 S., 38,- DM, 38,- SFr, 300,- ÖS, ISBN 3-88838-005-7

181 Regionalentwicklung im föderalen Staat (27. Wissenschaftliche Plenarsitzung 1988). 1989, 80 S., 18,- DM, 18,- SFr, 140,- ÖS, ISBN 3-88838-007-3

182 Zur geschichtlichen Entwicklung der Raumordnung, Landes- und Regionalplanung in der Bundesrepublik Deutschland. 1991, 454 S., 75,- DM, 75,- SFr, 580,- ÖS, ISBN 3-88838-008-1

183 Einsatz graphischer Datenverarbeitung in der Landes- und Regionalplanung. 1990, 176 S., 45,- DM, 45,- SFr, 350,- ÖS, ISBN 3-88838-009-x

184 Europäische Integration - Aufgaben für Raumforschung und Raumplanung (28. Wissenschaftliche Plenarsitzung 1989). 1990, 165 S., 28,- DM, 28,- SFr, 220,- ÖS, ISBN 3-88838-010-3

185 Aufgabe und Gestaltung von Planungskarten. 1991, 282 S., 66,- DM, 66,- SFr, 510,- ÖS, ISBN 3-88838-011-1

186 Regional- und Landesplanung für die 90er Jahre (29. Wissenschaftliche Plenarsitzung 1990). 1990, 144 S., 26,- DM, 26,- SFr, 210,- ÖS, ISBN 3-88838-012-x

187 Regionale Wirtschaftspolitik auf dem Weg zur europäischen Integration. 1992, 82 S., 29,- DM, 29,- SFR, 230,- ÖS, ISBN 3-88838-013-8

188 Grenzübergreifende Raumplanung - Erfahrung und Perspektiven der Zusammenarbeit mit den Nachbarstaaten Deutschlands. 1992, 241 S., 59,- DM, 59,- SFR, 460,- ÖS, ISBN 3-88838-014-6

189 Regionale und biographische Mobilität im Lebensverlauf. 1992, 199 S., 65,- DM, 65,- SFr, 510,- ÖS, ISBN 3-88838-015-4

190 Perspektiven der Raumentwicklung in Europa (30. Wissenschaftliche Plenarsitzung 1991). 1992, 172 S., 42,- DM, 42,- SFr, 340,- ÖS, ISBN 3-88838-016-2

191 Berufliche Weiterbildung als Faktor der Regionalentwicklung. 1993, 303 S., 59,- DM, 59,- SFr, 460,- ÖS, ISBN 3-88838-017-0

192 Wassergütewirtschaft und Raumplanung. 1994, 249 S., 55,- DM, 55,- SFr, 430 ÖS, ISBN 3-88838-018-9

193 Infrastrukturelle Voraussetzungen des Strukturwandels (31. Wissenschaftliche Plenarsitzung 1992). 1993, 71 S., 29,- DM, 29,- SFr, 230,- ÖS, ISBN 3-88838-019-7

194 Aktuelle Fragen der Landesentwicklung in Nordrhein-Westfalen. 1994, 160 S., 39,- DM, 39,- SFr, 310,- ÖS, ISBN 3-88838- 023-5

195 Aspekte einer raum- und umweltverträglichen Abfallentsorgung, Teil I. 1993, 632 S., 90,- DM, 90,- SFR, 700,- ÖS, ISBN 3-88838-024-3

196 Aspekte einer raum- und umweltverträglichen Abfallentsorgung, Teil II. 1993, 611 S., 90,- DM, 90,- SFR, 700,- ÖS, ISBN 3-88838-025-1

197 Raumordnungspolitik in Deutschland (32. Wissenschaftliche Plenarsitzung 1993). 1994, 154 S., 35,- DM, 35,- SFr, 280,- ÖS, ISBN 3-88838-026-x

AKADEMIE FÜR RAUMFORSCHUNG UND LANDESPLANUNG